国家自然科学基金（项目编号：71572080，70971068，70701018）
教育部人文社会科学研究项目（项目编号：14YJAZH006，08JC630045）
教育部留学回国人员科研启动基金（项目编号：教外司留〔2012〕940 号）

大数据审计
理论、方法与应用

陈 伟 著

科 学 出 版 社
北 京

内 容 简 介

大数据技术与应用的发展使得大数据审计成为目前审计领域研究与应用的热点。本书分析了大数据审计的内涵、大数据审计的研究与应用情况，以及大数据审计技术与工具。在此基础上，紧密结合当前金融审计、扶贫审计、污染防治审计、信息系统风险审计等审计实务，以通俗的语言、翔实的案例，从大数据环境下的电子数据审计和大数据环境下的信息系统审计两个方面出发，系统地研究了大数据审计理论、方法与应用。

本书为开展大数据审计提供了新思路、新方法、新模型、新工具，可作为审计从业人员的专业培训教材和业务学习资料，以及审计专业人士、审计科技工作者的参考书，同时可作为高等学校审计、会计、财务管理等专业的教材。

图书在版编目（CIP）数据

大数据审计理论、方法与应用 / 陈伟著.—北京：科学出版社，2019.7
ISBN 978-7-03-061148-2

Ⅰ．①大… Ⅱ．①陈… Ⅲ．①互联网络－应用－审计方法－研究 Ⅳ．①F239.1-39

中国版本图书馆 CIP 数据核字（2019）第 084442 号

责任编辑：方小丽 / 责任校对：王丹妮
责任印制：张 伟 / 封面设计：无极书装

科学出版社 出版
北京东黄城根北街 16 号
邮政编码：100717
http://www.sciencep.com
北京凌奇印刷有限责任公司印刷
科学出版社发行 各地新华书店经销
*
2019 年 7 月第 一 版 开本：B5（720×1000）
2024 年 11 月第九次印刷 印张：16 3/4
字数：320 000

定价：88.00 元

（如有印装质量问题，我社负责调换）

序

审计是党和国家监督体系的重要组成部分。随着信息技术的飞速发展和广泛应用，审计对象的信息化使得审计信息化成为必然，创新审计理念、方法与技术成为当务之急。中共中央办公厅、国务院办公厅2015年12月印发的《关于实行审计全覆盖的实施意见》中指出，“创新审计技术方法是实现审计全覆盖的一个重要手段，要求构建大数据审计工作模式，提高审计能力、质量和效率，扩大审计监督的广度和深度”。中共中央办公厅、国务院办公厅2017年3月印发的《关于深化国有企业和国有资本审计监督的若干意见》也要求“创新审计理念，完善审计监督体制机制，改进审计方式方法”。中共中央总书记、国家主席、中央军委主席、中央审计委员会主任习近平2018年5月23日在主持召开的中央审计委员会第一次会议上指出，“要坚持科技强审，加强审计信息化建设”。

长期以来，审计署高度重视审计信息化建设。审计署党组曾指出，“中国审计的根本出路在于信息化”。随着大数据技术与应用的发展，大数据审计成为目前审计领域研究与应用的热点问题。审计署党组指出要积极跟踪国内外大数据分析技术的新进展、新动态，探索在审计实践中运用大数据技术的途径，为推动大数据背景下的审计信息化建设做好准备。审计署在2018年1月召开的全国审计工作会议上指出“积极推进大数据审计”。

在当前审计信息化事业发展的重要阶段，加强大数据审计理论研究，培养国家审计事业需要的大数据审计人才显得尤为迫切。《大数据审计理论、方法与应用》一书的出版对我国培养大数据审计人才具有积极作用。本书作者2017～2018年在我办挂职工作期间，参与了中央企业经济责任审计、金融审计等多个大型审计实务项目，将大数据审计理论研究应用于审计实务之中，取得了丰硕的成果。作者丰富的审计实务经验使得本书的研究内容很好地体现了审计实务的最新发展。本书不仅紧密联系审计实务的最新发展，系统地研究了大数据审计理论，还结合我国“三大攻坚战”金融审计、扶贫审计、污染防治审计以及经济责任审计、联网审计、信息系统风险审计等目前最新的审计实务，研究了大数据审计的实际应用。本书的内容不仅便于读者熟悉最新的大数据审计理论，还能便于读者掌握大数据审计的具体应用。

最后，衷心希望更多的科技、教育工作者和审计实务工作者投入到大数据审计的研究与应用工作中来，期待这样的好书越来越多！

审计署驻上海特派办 特派员

2019 年 4 月 16 日

前　言

审计对象的信息化使得审计信息化成为必然，我国高度重视审计信息化工作，审计署曾指出：中国审计的根本出路在于信息化。大数据时代的到来为各行业带来了机遇和挑战。随着大数据技术与应用的发展，大数据审计成为目前审计领域研究与应用的热点问题。审计署在 2013 年 12 月 27 日召开的全国审计工作会议上指出，积极跟踪国内外大数据分析技术的新进展、新动态，探索在审计实践中运用大数据技术的途径，为推动大数据背景下的审计信息化建设做好准备。2015 年 12 月 8 日，中共中央办公厅、国务院办公厅印发的《关于实行审计全覆盖的实施意见》指出，“创新审计技术方法是实现审计全覆盖的一个重要手段，要求构建大数据审计工作模式，提高审计能力、质量和效率，扩大审计监督的广度和深度”。2017 年 3 月，中共中央办公厅、国务院办公厅印发的《关于深化国有企业和国有资本审计监督的若干意见》提出，“创新审计理念，完善审计监督体制机制，改进审计方式方法”。在中国审计署的倡导下，世界审计组织大数据工作组于 2016 年 12 月成立，并于 2017 年 4 月 18 日在南京召开第一次会议。审计署在 2018 年 1 月召开的全国审计工作会议上指出“积极推进大数据审计”。中共中央总书记、国家主席、中央军委主席、中央审计委员会主任习近平 2018 年 5 月 23 日在主持召开的中央审计委员会第一次会议上指出“要坚持科技强审，加强审计信息化建设”。国外实务界也高度关注大数据在审计中的应用，国际内部审计师协会 2017 年发布了《理解与审计大数据》指南。

伴随着这一审计信息化浪潮，作者在近 15 年的时间一直致力于审计信息化方向的科研、教学与社会服务工作，主持完成近 20 项国家级、省部级审计信息化相关的项目，出版了《审计信息化》、《计算机审计》、《计算机辅助审计原理及应用（第三版）》（江苏省高等学校重点教材、全国电子信息类和财经类优秀教材）、《电子数据审计模拟实验》、《联网审计技术方法与绩效评价》等多部著作，并在审计署挂职工作 1 年，参与了中央企业经济责任审计、金融审计等多项大型审计项目。本书在理论研究和审计实践的基础上，紧密结合审计实务，以通俗的语言、翔实的案例、可行的操作，系统地讲解大数据审计的理论、方法与应用，目的是让即使没有较多专业知识和审计实务经验的读者也能快速地掌握大数据审计的基本理论与方法，以及如何开展大数据审计。

内　容

本书紧密结合审计实务，基于审计的视角研究大数据审计，少谈复杂的大数据理论技术，系统地研究了大数据审计理论与方法，为开展审计信息化提供了新思路、新方法、新模型、新工具。

在理论上，本书系统地研究了大数据审计的理论框架。

在方法上，本书提出了大数据审计的若干有效方法。

在应用上，基于理论和方法的研究，本书结合金融审计、扶贫审计、污染防治审计“三大攻坚战”以及目前经济责任审计、联网审计、信息系统风险审计等实际应用案例，研究了大数据审计的实际应用。

特　色

理论上先进吗？本书在前期得到国家自然科学基金等项目的资助，已发表相关论文数十篇。

方法上适于实务吗？本书的一些研究已在参与的审计实务项目中得到应用，取得了丰硕的成果。

应用案例适合学习吗？基于本书的内容，作者已经为审计机关、会计师事务所、央企内部审计等讲授大数据审计百余场，相关内容也在研究生和本科生的教学中进行了广泛的应用。

本书注重理论源于审计实务、服务于审计实务。书中相关案例均为作者根据所承担的实际审计项目脱密后加工而成的，未经许可，请勿引用。

对　象

本书可作为审计从业人员的专业培训教材和业务学习资料，以及审计专业人士、审计科技工作者的参考书，同时也可作为高等学校审计、会计、财务管理等专业的教材，可供本科生、研究生等多个层次的读者使用。

致　谢

在本书的写作过程中，南京审计大学以及审计署等审计实务部门的有关领导和专家对本书写作的指导思想和框架结构提出了许多中肯的意见，特别是审计署上海特派办的各位领导和专家对本书相关内容的研究提供了大力的帮助。

本书相关成果的研究先后得到了国家自然科学基金（项目编号：71572080，70971068，70701018）、教育部人文社会科学研究项目（项目编号：14YJAZH006，08JC630045）、教育部留学回国人员科研启动基金（项目编号：教外司留〔2012〕940 号）和中国博士后科学基金（项目编号：20060390281）、江苏省社会科学基金（项目编号：13GLC016）、江苏省“六大人才高峰”高层次人才项目（项目编号：2014-XXRJ-015）、江苏省高校“青蓝工程”中青年学术带头人项目（项目编号：苏教师〔2010〕27 号）以及江苏省“333 高层次人才培养工程”等项目的资助。

科学出版社对本书的出版给予了大力的支持，在此一并表示感谢！

本书抛砖引玉，希望广大审计专业人士和大数据爱好者能多多关注大数据技术在审计领域中的应用。不足之处，恳请读者不吝赐教指正，作者将在下一版中进一步完善。

E-mail：chenweich@nau.edu.cn。

陈 伟

2018 年 12 月于南京

目　录

第 1 章　大数据审计概述

1.1　引　　言

审计作为一种独立性的经济监督活动，一直受到国内外政府和社会的重视。传统手工环境下，审计人员常用的审计方法包括检查法、观察法、重新计算法、外部调查法、分析法、鉴定法等。随着信息技术（information technology，IT）的发展，被审计单位的运行越来越依赖于信息化环境。信息化环境下审计工作发生了巨大的变化，以查账为主要手段的审计职业遇到了来自信息技术的挑战，利用信息技术开展审计工作成为必然。这种情况下，审计工作的内容和方法发生了变化，电子数据审计成为近年来审计信息化领域的热点问题。审计人员若不掌握电子数据审计技术，将面临无法胜任审计工作的挑战。审计信息化对审计人员和审计工作的开展提出了更高的要求。我国高度重视审计信息化工作，为了适合审计信息化建设的需要，审计署已经成功开展了“金审工程”一期和二期的建设工作。为了探索适合我国国情的联网审计实施方案以及数据采集与分析方法，审计署还成功开展了两期国家“863”计划项目，并依托国家“十二五”科技支撑计划项目开展审计信息化的研发及应用示范工作。另外，“金审工程”三期也正在建设之中。目前，大数据（big data）时代的到来使得审计工作不得不面临被审计单位的大数据环境。审计署在 2013 年 12 月 27 日召开的全国审计工作会议上指出，积极跟踪国内外大数据分析技术的新进展、新动态，探索在审计实践中运用大数据技术的途径，为推动大数据背景下的审计信息化建设做好准备。2015 年 12 月 8 日，中共中央办公厅、国务院办公厅印发的《关于实行审计全覆盖的实施意见》指出，“创新审计技术方法是实现审计全覆盖的一个重要手段，要求构建大数据审计工作模式，提高审计能力、质量和效率，扩大审计监督的广度和深度”。2017 年 3 月，中共中央办公厅、国务院办公厅印发的《关于深化国有企业和国有资本审计监督的若干意见》提出“创新审计理念，完善审计监督体制机制，改进审计方式方法”。在中国审计署的倡导下，世界审计组织大数据审计工作组于 2016 年 12 月成立，并于 2017 年 4 月 18 日在南京召开第一次会议。审计署胡泽君审计长在 2018 年 1 月召开的全国审计工作会议上指出“积极推进大数据审计”。中共中央总书记、国家主席、中央军委主席、中央审计委员会主任习近平 2018 年 5 月 23 日在主持召开的中央审计委员会第一次会议上指出，“要坚持科技强审，加强审计信息化建设”。国外实务界也高度关注大数据在审计中的应用，国际内部审计师协会（Institute of Internal Auditors，IIA）2017 年发布了《理解与审计大数据》指南。

综上所述，大数据审计的研究与应用成为目前审计领域的热点问题，研究大数据审计问题具有重要的理论意义和应用价值。

1.2 大数据审计产生的背景

1.2.1 大数据概念的来源

在 2008 年 9 月 4 日 *Nature*（《自然》）上的“Big data special”大数据专题论文中，*Nature* 记者对目前正在制定的、能最充分地利用海量数据的最新策略进行了探讨，首次提出大数据的概念（Lynch，2008），认为大数据来源有三个：①天体物理和粒子物理。这些领域的研究产生大量数据，根本来不及处理，连分类都来不及，更谈不上再利用。②生物科学，基因、蛋白研究产生的数据。③社交网。社交网产生巨量的数据，而且非结构化，尚没有较好的数据库存储。

2011 年 6 月，世界著名咨询机构麦肯锡公司（以下简称“麦肯锡”）发布了报告 *Big data：The next frontier for innovation，competition，and productivity*（《大数据：下一个创新、竞争和生产力的前沿》），给出了大数据的定义：大数据指的是大小超出常规数据库工具获取、存储、管理和分析能力的数据集（Manyika et al.，2011）。Gartner（高德纳咨询公司）把大数据定义为：大数据是具有大容量、快速和（或）多样性等特点的信息资产，为了能提高决策、洞察发现和优化流程，这种信息资产需要新形式的处理方法（Gartner，2012）。

大数据时代的到来为各行业带来了机遇和挑战。《科学》（*Science*）杂志 2011 年专刊讨论如何管理大数据（Science，2011）。Gartner（高德纳咨询公司）把大数据技术列入全球未来 5 年十大关键技术趋势之一，并认为大数据技术将会给科学研究、商业、公共管理等领域带来重大变革（Gartner，2012）。目前，大数据的研究和应用已经成为国内外的热点。世界各国均高度重视大数据相关问题的研究与探索，并从国家战略层面推出研究规划以应对大数据带来的机遇和挑战。2012 年 3 月，美国政府公布了“大数据研究与发展计划”，未来的 10 年将是一个大数据引领的智慧科技时代。

1.2.2 审计信息化

1. 信息化环境给传统审计带来挑战

在我国，20 世纪 80 年代，以查账为主要手段的审计职业遇到了来自信息技术的挑战。金融、财政、海关、税务、民航、铁道等重要行业开始广泛运用计算机、数据库、网络等现代信息技术进行管理，国家机关、企事业单位信息化趋向普及。信息技术与组织业务的关系如图 1.1 所示。可见，信息技术对一个组织的运行起着至关重要的作用。以银行为例，银行的业务运行都离不开信息技术的支持，如存款系统、贷款系统、资金交易系统、国际业务系统、身份证识别系统、理财资产管理系统、信用风险管理系统、信用卡审批影像平台等，以及当前流行的手机银行系统、直销银行系统、微信银行系统等。

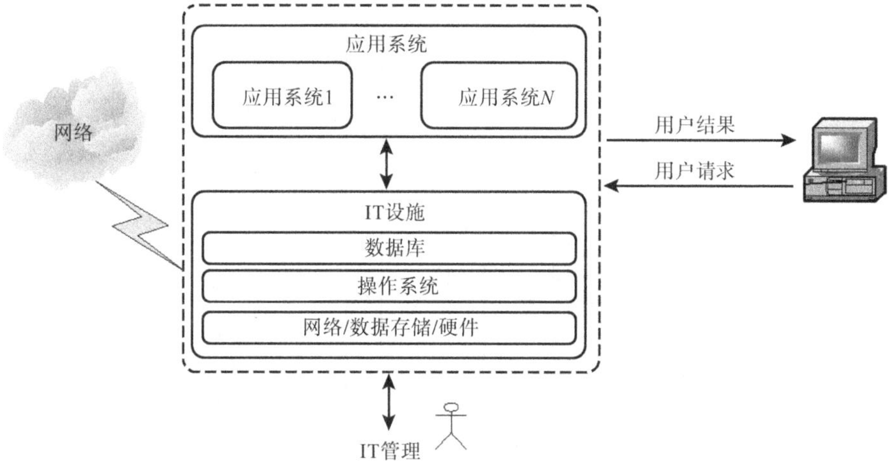

图 1.1　信息技术与组织业务的关系

不难发现，信息化环境下审计工作发生了巨大的变化，以查账为主要手段的审计职业遇到了来自信息技术的挑战。审计对象的信息化客观上要求审计单位的作业方式必须及时做出相应的调整，要运用信息技术，全面检查被审计单位的经济活动，发挥审计监督的应有作用。因此，利用信息技术开展审计工作成为必然。

一方面，信息化环境下信息技术成为审计的对象，即如何对被审计单位应用的信息技术进行审计，一般情况下多称为信息系统审计（information system audit，ISA）；另一方面，审计信息化环境下信息技术成为审计的技术，即审计人员如何应用信息技术开展审计工作，即计算机辅助审计技术（computer assisted audit techniques，CAATs）。根据相关文献的研究（Robert et al.，2003；INTOSAI，2004；Lambrechts et al.，2011），计算机辅助审计技术（CAATs）可以概括为：为了满足信息化环境下审计的需要，基于计算机的应用对信息系统，或被信息系统处理的数据进行审计的技术，其分类如图 1.2 所示（陈伟等，2007；陈伟，2012；Chen et al.，2012）。概括来说，经典常用的计算机辅助审计技术可以分成两类：一类是用于验证程序/系统的计算机辅助审计技术，即面向系统的计算机辅助审计技术；另一类是用于分析电子数据的计算机辅助审计技术，即面向数据的计算机辅助审计技术，也可以称为电子数据审计技术。电子数据审计是目前我国开展审计信息化的重点。国际上也高度关注电子数据审计问题，国际内部审计师协会 2011 年发布的全球技术审计指南《数据分析技术》中重点分析了面向数据的 CAATs 在审计数据分析中的应用（Lambrechts et al.，2011）。

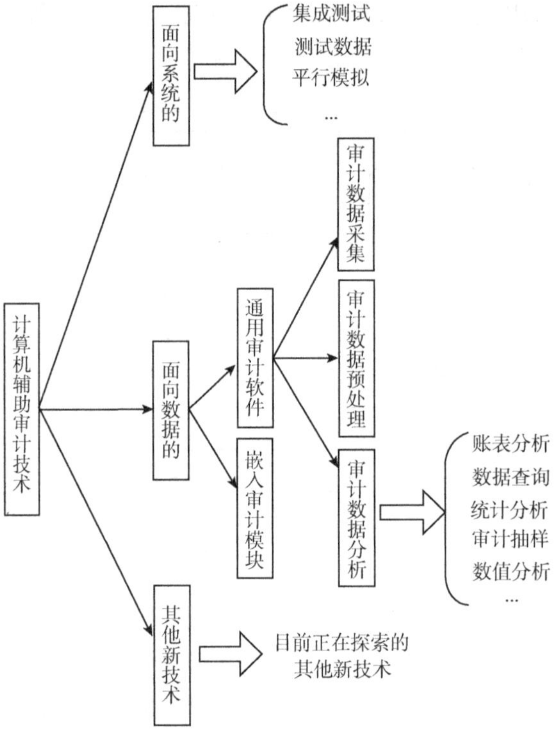

图 1.2　计算机辅助审计技术的分类

2. 审计信息化的内容

传统环境下，审计人员可以采用检查法、观察法、重新计算法、外部调查法、分析法、鉴定法等收集审计证据。信息化环境下，审计证据的获取更多是采用计算机技术对被审计电子数据进行分析来完成的，也就是说，通过对被审计数据的分析，发现可疑数据，通过对可疑数据进行确认，最终获取审计证据。因此，信息化环境下，电子审计证据（electronic audit evidence，EAE）成为一种重要的证据形式。

此外，信息化环境下，除了通过审计电子数据获得审计证据之外，审计被审计单位的信息系统，即信息系统审计，也是目前开展审计工作的一项重要工作。例如，《中华人民共和国国家审计准则》（2010）第六十二条和第七十六条指出了信息系统审计的重要性。

第六十二条　审计人员可以从下列方面调查了解被审计单位信息系统控制情况：

（一）一般控制，即保障信息系统正常运行的稳定性、有效性、安全性等方面的控制；

（二）应用控制，即保障信息系统产生的数据的真实性、完整性、可靠性等方面的控制。

第七十六条　审计人员认为存在下列情形之一的，应当检查相关信息系统的有效性、安全性：

（一）仅审计电子数据不足以为发现重要问题提供适当、充分的审计证据；

（二）电子数据中频繁出现某类差异。

另外，为减少纸质文件流转，提高审计工作效率，审计单位需要大力推进无纸化办公，审计管理信息化也越来越重要。

分析到这里，不难发现，目前审计信息化可以主要归纳成以下两部分内容，如图 1.3 所示。

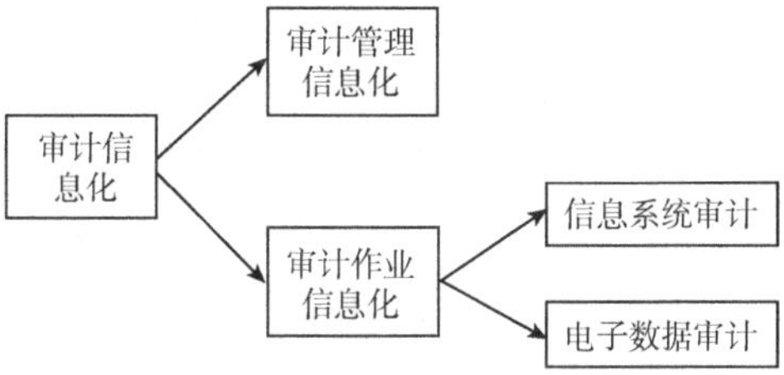

图 1.3　审计信息化的主要内容

（1）审计管理信息化。

（2）审计作业信息化，其内容与计算机审计相似，主要包括信息系统审计和电子数据审计。

3. 审计管理信息化

审计管理一般包括审计公文与文书处理、被审计单位资料信息管理、审计人员信息管理、项目资料管理、项目计划管理、经费安排、法律法规管理、人员培训等，除审计作业外，都可以归入审计管理系统。信息化环境下，审计管理信息化势在必行。办公自动化（office automation，OA）是目前管理信息化的重要实现方式，办公自动化主要是为了改变传统复杂、低效的手工办公方式，推行一种无纸化办公模式，它面向单位的日常运作和管理，采用互联网/移动互联网技术，使单位内部工作人员可以方便快捷地共享信息，高效协同工作，从而实现迅速、全方位的信息采集、处理，为单位管理和决策提供科学依据。办公自动化对审计单位的管理工作同样非常重要，审计单位开展审计管理信息化可以借助 OA 办公，提升审计行政管理水平，实现公文办理等全过程的数字化。

概括来说，开展审计管理信息化的意义主要表现在如下方面。

（1）为减少纸质文件流转，审计单位需要大力推进无纸化办公，审计管理信息化越来越重要。

（2）通过建立科学的审计管理系统，实现审计单位管理信息化，可以有效促进审计管理上规范、上层次。

（3）通过审计管理信息化，可以加强审计单位的审计管理，规范电子文件的流转处理程序。

（4）通过审计管理信息化，可以为审计单位提供风险评估、审计计划制订、审计项目实施、审计整改跟踪、档案管理等方面的全过程规范化管理，从而提高审计单位的管理效率。

4. 信息系统审计

信息系统审计也是目前常用的概念，一般理解为对计算机系统的审计，信息系统审计的国际权威组织——国际信息系统审计与控制协会（Information System Audit and Control Association，ISACA）将信息系统审计定义如下：信息系统审计是收集和评估证据，以确定信息系统与相关资源能否适当地保护资产、维护数据完整、提供相关和可靠的信息、有效完成组织目标、高效率地利用资源并且存在有效的内部控制，以确保满足业务、运作和控制目标，在发生非期望事件的情况下，能够及时地阻止、检测或更正的过程。

我国对信息系统审计也非常重视，在这方面所做的主要工作如下。

1999 年 2 月，中国注册会计师协会发布了《中国注册会计师独立审计准则》，其中包括《独立审计具体准则第 20 号——计算机信息系统环境下的审计》；2006 年 3 月，中国注册会计师协会发布了《中国注册会计师审计准则第 1633 号——电子商务对财务报表审计的影响》。

2008 年 9 月，中国内部审计协会发布了《内部审计具体准则第 28 号——信息系统审计》；2013 年 8 月，中国内部审计协会发布了新修订的《中国内部审计准则》，其中包括第 2203 号内部审计具体准则——信息系统审计。

2012 年 2 月，审计署发布了《信息系统审计指南——计算机审计实务公告第 34 号》。

相关行业也高度重视信息系统审计的应用，例如：

中国银行业监督管理委员会（以下简称“银监会”）于 2009 年 3 月发布了《商业银行信息科技风险管理指引》，同时废止了 2006 年 11 月发布的《银行业金融机构信息系统风险管理指引》；

中国保险监督管理委员会于 2008 年 3 月发布了《保险业信息系统灾难恢复管理指引》；

中国证券监督管理委员会于 2014 年 12 月发布了金融行业推荐性标准《证券期货业信息系统审计规范》，于 2016 年 11 月发布了金融行业推荐性系列标准《证券期货业信息系统审计指南——第 1 部分：证券交易所》《证券期货业信息系统审计指南——第 2 部分：期货交易所》《证券期货业信息系统审计指南——第 3 部分：证券登记结算机构》《证券期货业信息系统审计指南——第 4 部分：其他核心机构》《证券期货业信息系统审计指南——第 5 部分：证券公司》《证券期货业信息系统审计指南——第 6 部分：基金管理公司》《证券期货业信息系统审计指南——第 7 部分：期货公司》。

5. 电子数据审计

电子数据审计是目前审计工作的一个重要方面。在实际的审计工作中，为了避免影响被审计单位信息系统的正常运行，并保持审计的独立性，规避审计风险，审计人员在开展电子数据审计时，一般不直接使用被审计单位的信息系统进行查询分析和检查，而是将所需的被审计单位的电子数据采集到审计人员的计算机中，利用相关软件进行分析，其原理如图 1.4 所示。由图 1.4 可知，目前电子数据审计工作中，数据对审计人员来说非常重要，审计的过程也是一个“用数据说话、用数据决策”的过程。

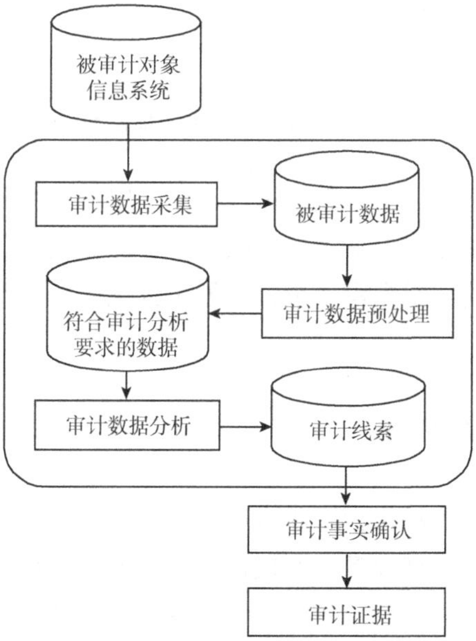

图 1.4　电子数据审计原理

对于电子数据审计，目前还没有明确的定义，根据目前对该术语的使用情况，电子数据审计一般可以理解为“对被审计单位的电子数据进行采集、预处理以及分析，从而发现审计线索，获得审计证据的过程”。

6. 远程联网电子数据审计——持续审计（联网审计）

审计人员根据审计任务的需要，到被审计单位现场采集电子数据，然后对这些电子数据进行预处理并完成数据分析，获得审计证据，这种开展电子数据审计的方式可称为现场电子数据审计，这是目前电子数据审计的主要方式。信息技术的发展使得审计信息化向持续、动态、实时的方向发展，持续审计（或连续审计，continuous auditing，CA）成为审计信息化的一个重要发展方向（CICA/AICPA，1999；Lambrechts et al.，2011；Vasarhelyi et al.，2012；Gonzalez，2012；Rutgers Accounting Web，2017）。目前常用的联网审计（online auditing）也是持续审计的一种方式，其实现原理如图 1.5 所示（国家 863 计划审计署课题组，2006；陈伟，2012；Chen，2012；陈伟，2017）。

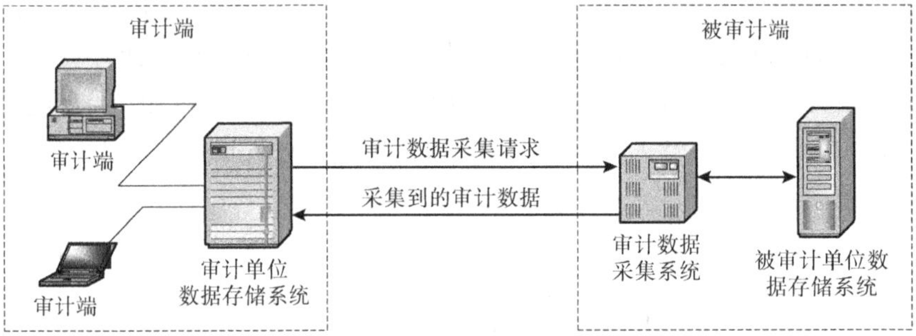

图 1.5 联网审计的实现原理

不难发现，相对于现场电子数据审计，联网审计的实现原理可以看成一个采用远程联网方式从被审计单位采集电子数据，并对其进行分析，获取审计证据的过程。联网审计技术的应用为审计单位积累了大量的电子数据，这为开展大数据审计提供了条件。

1.2.3 大数据审计的内涵

目前，被审计单位信息化程度越来越高，信息系统越来越复杂，需要采集的数据量越来越大，数据类型较多，不仅仅是数据库中的结构化电子数据，还包括一些与被审计单位相关的会议记录、会议决议、办公会通知、办公文件、业务介绍、部门年度工作总结、风险分析报告、相关审计报告、政策文件、内部控制手册、信息系统使用手册等非结构化数据。因此，审计工作与大数据之间已经密不可分。大数据环境对审计工作来说，既是机遇，又是挑战，大数据环境下需要考虑如何利用大数据技术审计电子数据、如何审计大数据环境下的电子数据、如何利用大数据技术审计信息系统、如何审计大数据环境下的信息系统等，大数据审计与审计信息化的关系如图 1.6 所示。

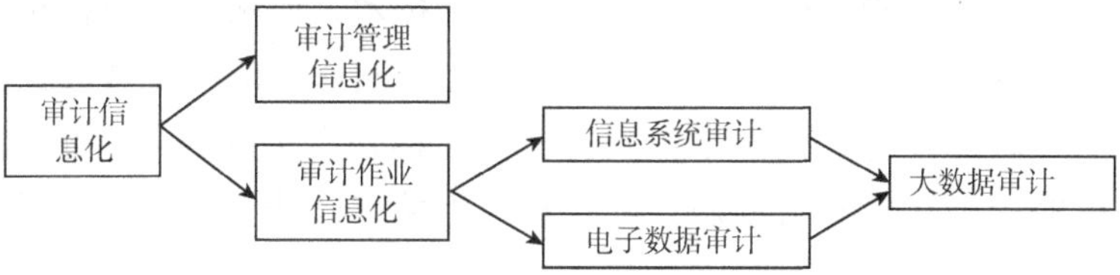

图 1.6 大数据审计与审计信息化的关系

综上所述，大数据审计是随着大数据时代的到来以及大数据技术的发展而产生的一种新的计算机审计（审计作业信息化）方式，其内容包括大数据环境下的电子数据审计（如何利用大数据技术审计电子数据、如何审计大数据环境下的电子数据）和大数据环境下的信息系统审计（如何利用大数据技术审计信息系统、如何审计大数据环境下的信息系统）两方面。大数据审计的主要内容如图 1.7 所示。

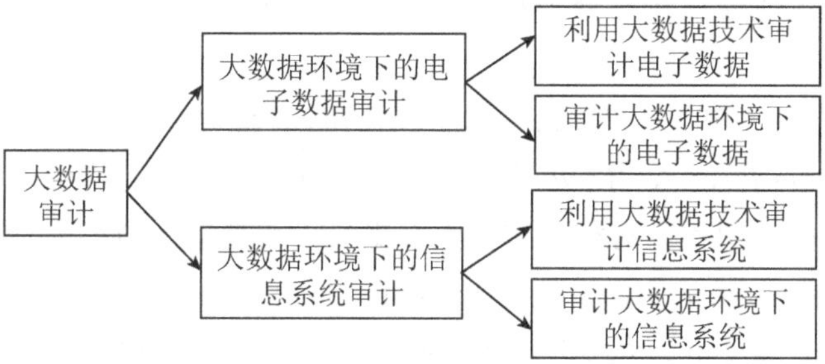

图 1.7 大数据审计的主要内容

1.3 国外大数据审计的相关研究与应用情况

1.3.1 实务界及国外政府应用情况

1. 实务界应用情况

国外审计实务界高度关注大数据在审计中的应用，国际内部审计师协会 2011 年 8 月发布了全球技术审计指南《数据分析技术》，分析了审计数据分析技术，如分类分析、重号分析、断号分析、Benford 定律等（Lambrechts et al.，2011）。大数据审计得到了美国注册会计师协会（American Institute of Certified Public Accountants，AICPA）的重视，AICPA（2014）于 2014 年 8 月发布了一份名为 *Reimagining auditing in a wired world*（《在数字世界里重构审计》）的白皮书，分析了大数据环境对审计工作的影响，并指出：可以利用相关大数据作为实际被审计数据的辅助数据，通过数据分析技术，识别和发现被审计数据中的关联，从而发现审计线索。例如，报表、会计欺诈、破产或持续经营问题等和从公司的一些文件与数据源中得到的一些指标是有关联的，因此，通过分析从公司获得的一些文件和数据源，可以发现相关审计线索，这为开展大数据审计打下了基础。

美国证券交易委员会（the Securities and Exchange Commission，SEC）使用大数据分析来确定内幕交易和会计欺诈，运用大数据策略来监督金融市场活动，例如，它们利用自然语言处理程序和网络分析来帮助识别违规交易活动。美国联邦住房管理局（the Federal Housing Authority，FHA）运用大数据分析来帮助预测违约率、偿还率和索赔率，利用大数据技术为可能出现的场景构建现金流模型，以确定维持正向现金流所需的保费。美国社会保障局（the Social Security Administration，SSA）利用大数据技术来分析海量的非结构化伤残索赔数据，通过更快、更高效地处理医学分类和预期诊断，重塑整个决策过程，更好地识别可疑的不实索赔。

普华永道 2015 年 2 月在 *Data Driven：What Students Need to Succeed in a Rapidly Changing Business World* 中指出：高校应该为审计、会计专业的学生提供大数据审计方面的课程，对相关审计人员提供大数据审计方面的培训工作，教会他们使用大数据分析程序语言与工具（如 R 语言、Python、Java 等）、数据可视化分析工具，从而满足审计人员开展大数据审计的需要（PwC，2015）。另外，普华永道的调查还发现：在实际的审计工作中，计算机辅助审计技术（CAATs），特别是数据审计技术的使用要比预期低（PwC，2015）。Brown-Liburd（2015）认为要多关注审计人员处理大数据的能力。例如，如何对审计人员进行大数据审计方面的培训，如何开发大数据审计工具或借助其他领域的软件工具来开展大数据审计。

麦肯锡认为，目前已有经典技术可用于大数据分析之中，这些技术有关联规则挖掘、数据聚类、数据挖掘、集成学习、遗传算法、机器学习、自然语言处理、神经网络、模式识别、预测模型、回归、信号处理、空间分析、统计、监督式学习、无监督式学习、时间序列分析、时间序列预测模型等；此外，也有一些可专门用于整合、处理、管理和分析大数据的关键技术，主要包括 Big Table、商业智能、云计算、Hadoop、HBase、MapReduce、Mashup、元数据、非关系型数据库、关系型数据库、R 语言、可视化技术等，其中，可视化技术是大数据应用的重点之一（Manyika et al.，2011）。

2. 国外政府开展大数据审计情况

2017 年 4 月 18 日，世界审计组织大数据审计工作组第一次会议在南京召开。来自美国、中国、英国、印度、巴西、奥地利、挪威、俄罗斯、泰国、印度尼西亚等多个国家的代表分别介绍了本国开展大数据审计的情况。主要相关情况概括如下。

英国国家审计署（National Audit Office of UK，NAOUK）大数据审计的重点是增加价值，减少成本。目前是借助开源工具 R 语言、Shiny 软件和可视化软件，应用统计、机器学习、文本挖掘和可视化等技术开展大数据审计。

印度审计署（Comptroller and Auditor General of India，CAG）于 2016 年 9 月设立了数据管理和分析中心，广泛使用来自审计署内部、被审计单位和第三方的各类数据，采用统计、可视化等技术开展大数据审计。

巴西联邦审计署（Tribunal de Contas da Uniao，TCU）审计信息管理办公室自 2006 年以来一直注重审计数据的采集与应用工作，目前，已采集了巴西 56 个最重要的政府部门相关数据库，汇总了 7TB 的审计数据，供审计部门根据需要使用这些数据开展审计。审计人员可以使用 SQL、审计软件 ACL、R 语言等软件与工具开展数据分析。

奥地利审计法院（Austrian Court of Audit，ACA）对简单的数据分析使用 Microsoft Excel，对于复杂的数据分析、建模和大数据审计则采用 R 语言进行，对文本分析采用词云技术。

厄瓜多尔审计署（The Office of the Comptroller General of Ecuador）从民政局、全国选举委员会、劳动部、财产登记机构、国内收入服务机构、社会保障国家机构等部门收集信息，并采用数据挖掘技术和开发相关 APP（手机软件）利用这些大数据。

尽管爱沙尼亚审计署（National Audit Office of Estonia，NAOE）在审计中没有使用大数据分析的经验，但其国家的一些大学和科研机构正在开展大数据方面的应用研究。

芬兰国家审计署（National Audit Office of Finland，NAOF）高度重视大数据审计的应用，目前所有国家部门和机构都使用相同的会计系统，会计数据已电子化，审计人员已系统地使用 CAATs 相关分析工具开展电子数据审计，审计的对象包括传统的财务数据、电子邮件、社交媒体、视频、声音等。今后计划把机器人技术、可视化技术应用于审计之中。

印度尼西亚设计了 CRISP-DM 系统来开展大数据审计，采用该系统进行数据分析的步骤为：业务理解、数据理解、数据准备、建模、评价、部署。

挪威审计署（Office of the Auditor General of Norway，OAGN）采用 IDEA、Microsoft Excel 等工具开展数据审计，目前主要分析结构化数据，下一步准备也对非结构化数据进行分析，现在正在建立数据科学和数据分析的能力，今后将使用微软的数据仓库技术（SQL Server Analysis Services）、可视化技术、开源工具 R 语言、Shiny 等开展大数据审计。

泰国目前是采用审计软件 ACL 分析从被审计单位采集的电子数据。

1.3.2 学术研究情况

研究大数据审计问题具有重要的理论意义和应用价值。目前国外学术界关于大数据的研究较多，但大数据审计的相关研究成果还较少，主要研究情况如下。

Earley（2015）分析了大数据技术给审计工作带来的机遇和挑战，研究了大数据技术在注册会计师审计中的应用；Wang（2015）调查发现：数据审计在审计工作中具有重要的作用，但社会审计和内部审计人员对数据审计的重视与应用还不够。目前对社会审计和内部审计人员来说，在开展数据审计时存在以下困难：难以获得合适的数据、缺少训练有素的员工、不愿意在数据审计方面投资、不知道从哪里开始、审计收益与成本不确定，并建议学术界从 8 个问题出发，研究数据审计问题。

大数据时代产生的数据量太大，而许多组织的数据存储能力不足，另外，在本地存储系统中管理如此大量的数据也是很困难的，因此，云计算成为解决大数据存储与管理的一种重要方式。但这种方式使得组织缺乏对其数据的控制和物理占有，因此，这些存储在云计算系统中的外包数据的完整性和安全性仍然是数据所有者担心的主要问题。为了解决这一问题，Sookhak 等（2017）提出一种有效的远程数据审计方案，以验证存储在云计算中的数据的完整性。Zhang 等（2016）提出一种基于 ID 的外包数据审计方法，以确保存储在云计算系统中的外包数据的安全性和完整性。Li et al.（2017）提出一种名为 SA-EDS 模型的智能加密方法，用来确保云计算中分布式大数据存储的安全性。这类研究可以看成对大数据环境下的计算机信息系统进行审计。

1.4 国内大数据审计的相关研究与应用情况

1.4.1 政府及实务界对大数据审计的重视情况

根据目前大数据技术的发展，我国审计署指出要积极跟踪国内外大数据分析技术的新进展、新动态，探索在审计实践中运用大数据技术的途径，为推动大数据背景下的审计信息化建设做好准备。2015 年 8 月 31 日，国务院印发《促进大数据发展行动纲要》。2015 年 12 月 8 日，中共中央办公厅、国务院办公厅印发的《关于实行审计全覆盖的实施意见》指出，“创新审计技术方法是实现审计全覆盖的一个重要手段，要求构建大数据审计工作模式，提高审计能力、质量和效率，扩大审计监督的广度和深度”。2017 年 3 月 31 日，中共中央办公厅、国务院办公厅印发的《关于深化国有企业和国有资本审计监督的若干意见》指出，“创新审计理念，完善审计监督体制机制，改进审计方式方法”。审计署胡泽君审计长在 2018 年 1 月召开的全国审计工作会议上指出“积极推进大数据审计”。中共中央总书记、国家主席、中央军委主席、中央审计委员会主任习近平 2018 年 5 月 23 日下午主持召开中央审计委员会第一次会议，并指出“要坚持科技强审，加强审计信息化建设”。对于社会审计，中国注册会计师协会（2017）提出了研究大数据、人工智能等先进信息技术在注册会计师行业的落地应用，促进会计师事务所信息化。

1.4.2 学术研究情况

如前所述，研究大数据审计问题具有重要的理论意义和应用价值。目前国内学术界也越来越重视大数据审计问题的研究，但大数据审计的研究成果还较少，以作者的研究为例，主要研究情况如下。

1. 研究了大数据审计方法的原理

研究了大数据环境下电子数据审计的重要性，分析了电子数据审计的内涵及原理；在此基础上，重点研究了大数据环境下电子数据审计面临的机遇与挑战，并结合大数据的特点以及目前已有的大数据分析技术与工具，研究了大数据环境下开展电子数据审计的方法。此外，综合现有文献的分析，比较了大数据环境下电子数据审计方法与现有电子数据审计方法（陈伟，Smieliauskas，2016）。

2. 研究了大数据环境下基于模糊匹配的大数据审计方法

大数据环境下从不同地方采集的被审计数据中可能含有相似重复的数据，这些相似重复的数据可能就是审计过程中要查找的可疑数据，如何对这些相似重复的数据进行关联分析是大数据分析过程中的一个重要问题。目前常用的电子数据审计方法，如 SQL（structured query language，结构化查询语言）数据查询、数值分析（重号分析）等，只能查找完全符合查询条件的数据。为了查找被审计数据中的相似重复数据，解决 SQL 数据查询的不足，针对大数据环境下电子数据审计的需要，作者提出一种基于模糊匹配的审计方法，并在电子数据审计模拟实验室软件中设计并实现了这种审计数据分析方法（陈伟，2016）。借助该软件，以某税收数据审计为例，分析了该方法的应用。

3. 研究了大数据环境下基于数据可视化技术的大数据审计方法

大数据时代，为了让审计人员能够“洞察”被审计单位的大数据，数据可视化成为必然。陈伟（2017）结合案例重点研究了大数据环境下基于数据可视化技术的电子数据审计方法，并与目前常用的基于 SQL 的数据查询方法，以及基于审计软件的分析方法进行了对比分析。

4. 研究了基于大数据可视化分析技术的审计线索特征挖掘方法

传统的电子数据审计方法一般是查找审计线索，发现被审计单位存在的问题，没有进一步挖掘审计线索的特征，分析产生相关问题的规律和原因。因此只能是发现被审计单位存在的部分问题，不能通过发现的审计线索分析出更深层次的问题，达到审计免疫的目的。大数据可视化分析技术的发展为解决这一问题提供了机遇。陈伟（2018）分析了研究审计线索特征挖掘方法的重要性、目前常用审计方法及其存在的不足，在分析大数据可视化分析技术的基础上，提出了基于大数据可视化分析技术的审计线索特征挖掘方法，并分析了该方法的原理。以某医院审计为例，验证了该方法的有效性。最后，探讨了该方法的优缺点及适用情况。

5. 研究了基于网络爬虫技术的大数据审计方法

如何获得审计需要的相关数据是开展大数据审计的关键环节。陈伟（2018）分析了目前大数据审计数据采集过程中存在的问题；在此基础上，提出了基于网络爬虫技术的大数据审计方法原理；最后，以某审计项目为例分析了如何采用网络爬虫技术实现所需要审计数据的采集。

6. 研究了大数据技术在扶贫审计中的应用

针对扶贫审计的需要，陈伟（2018）分析了基于大数据技术的扶贫审计方法原理和利用大数据技术开展扶贫审计的有效方法，从基于大数据可视化分析技术总体分析发现扶贫相关可疑数据和基于大数据技术分析扶贫资金使用过程中的具体违规问题两个方面出发，研究了如何应用大数据技术开展扶贫审计，并在一些扶贫审计项目中进行了探索应用，从而为今后在扶贫审计项目中应用大数据技术提供理论基础和经验数据。

7. 研究了基于大数据技术的经济责任审计

针对经济责任审计的需要，陈伟（2018）从审计数据来源和现场审计数据采集范围两方面出发，详细分析了大数据环境下经济责任审计的数据采集，并对大数据环境下开展经济责任审计的主要数据分析方法和主要数据分析内容进行了详尽阐述，在此基础上，给出了基于大数据技术的经济责任审计方法的原理，即基于“总体分析，分散核查”的审计思路，借助大数据技术发现审计线索，获得审计证据。

8. 研究了大数据环境下的联网审计风险控制

联网审计的研究与应用是近年来审计领域的热点问题，大数据时代的到来给联网审计带来了机遇与挑战。陈伟（2018）结合联网审计的实现原理以及大数据的特点，分析了大数据环境对联网审计的影响，研究了大数据环境下联网审计面临的风险；在此基础上，研究了大数据环境下开展联网审计的方法以及风险控制对策。

9. 研究了基于文本数据分析的大数据审计方法

研究如何对文本数据进行分析对开展大数据审计具有重要的应用价值。陈伟（2018）根据目前开展大数据审计的需要提出了基于文本数据分析的大数据审计方法；在此基础上，采用 Python 语言实现了相似度分析和标签云分析两种可行的文本数据审计方法；最后，结合具体案例，分析了基于文本数据分析的大数据审计方法的应用。

另外，一些论文还研究了大数据技术在大气污染防治审计、金融审计等领域的应用（陈伟，2019）。

1.5 大数据审计的发展与建议

由以上本节的研究可知，大数据审计对审计工作越来越重要，审计实务界和学术界目前都高度重视大数据审计的研究与应用，但相比于审计实务界，学术界目前对大数据审计的相关研究还较少。另外，今后在研究与应用大数据审计时应注意以下问题。

1. 开发通用、易用的大数据审计软件

相对于传统的审计数据分析，审计大数据分析要更复杂一些。目前大数据分析技术还处于发展阶段，现有的大数据技术和工具不能完全解决所有的大数据问题，还需要政府、企业、学术界的共同努力，从软、硬件方面出发，研究解决大数据问题。因此，如何设计高效、实时的审计大数据分析系统是今后开展大数据审计的一项重要任务，这需要我们不断地创新审计技术和审计思路。在开展大数据审计时，应该充分利用大数据技术带来的优势，回避大数据技术带来的风险，根据需要和实际情况选择最佳实施方案。在开发大数据审计软件时应注意以下问题。

1）针对不同的需要设计好的系统架构

传统的信息系统架构设计不能满足大数据系统设计的需要，好的大数据系统要有高层次的系统架构设计，但是，即使是一个好的大数据系统架构也不能适合所有的大数据应用。因此，在大数据系统设计初期，针对不同的大数据应用系统，需要设计不同的、合适的系统架构。例如，为了满足大数据实时分析的需要，采用NoSQL技术；为了满足大数据批处理分析的需要，采用Map/Reduce技术。

2）合理使用不同的大数据分析平台

每一种大数据分析平台都有自己的优势和局限性，没有一种大数据分析平台能够解决所有审计问题，如果审计人员通过使用不同的、合适的大数据分析平台来解决不同的审计数据分析问题，便可充分发现审计证据，降低审计风险。

3）能够支持多种审计大数据分析方法

目前审计任务多种多样，如企业审计、海关审计、银行审计、税务审计、社保审计、固定资产投资审计等，不同的审计任务需要不同的审计数据分析方法，因此，为了满足不种行业、不同种类电子数据审计的需要，所设计的审计大数据分析平台需要能支持多种审计大数据分析方法。

2. 加强数据可视化技术在大数据审计中的应用

大数据环境下，采集来的审计数据在数量和复杂度上都给审计数据分析带来

巨大挑战，传统的电子数据审计方法，如 SQL 数据查询、统计分析、断号分析、重号分析等虽然也能满足目前电子数据审计的基本需要，但审计过程中，枯燥的数字和难懂的结论严重影响了审计效率以及审计人员对审计工作的热情。大数据环境下审计人员想全面、直观地了解审计大数据，有没有其他更好的方式？能否使审计大数据更易于被审计人员感知和接受，进而降低审计工作的枯燥性？能否利用审计人员对颜色、图形、图像等的感官敏感性，帮助审计人员从审计大数据中发现被审计单位电子数据中的关系、规律和趋势？信息技术的发展促进了数据可视化技术的发展，这为解决以上大数据环境下电子数据审计面临的问题提供了机遇。数据可视化技术有助于审计人员对审计大数据的直观分析，有助于审计人员探索、分析和解释复杂的海量数据。数据可视化技术借助图形化的手段，可以清晰有效地传达与沟通信息，帮助审计人员从审计大数据中快速发现问题。通过数据可视化，提高审计效率，使被审计大数据的分析结果更有意义。因此，大数据时代，为了让审计人员能够“洞察”被审计单位的大数据，数据可视化成为必然。

3. 加强大数据审计教育与培训

如前文所述，PwC（2015）认为高校应该为审计、会计专业的学生提供大数据审计方面的课程，对相关审计人员提供大数据审计方面的培训工作。由此可见，大数据审计的相关教材建设对高校来说非常重要。因此，作者在出版的《审计信息化》《计算机辅助审计原理及应用（第三版）》《计算机审计》中增加了大数据审计的相关知识，从而满足大数据时代计算机审计课程教学的需要。除了开展理论教育与培训之外，实践操作对提高审计人员的大数据审计能力也非常重要。因此，作者基于自主研发的电子数据审计模拟实验室软件，出版了《电子数据审计模拟实验》，从而满足大数据时代审计人员掌握和学习电子数据审计方法的需要，为开展大数据审计打下基础。

4. 大数据审计促进 CAATs 的发展

1）重新定位经典 CAATs 方法

Earley（2015）的研究表明：大数据时代的到来使得审计人员再次认识到计算机辅助审计技术的重要性，如 Benford 定律在大数据环境下可以重新发挥重要作用。

2）在审计软件中扩展经典 CAATs 方法

Earley（2015）的研究还表明，大数据环境下，传统的 CAATs 存在一定的不足，如缺少对文本文件、社交数据等非结构化数据的分析功能，不能满足大数据环境下数据分析的需要。因此，审计软件中应该增加文本文件、社交数据等非结构化数据的分析功能，从而扩展经典的 CAATs 方法，满足大数据审计的需要。

5. 尽快制定大数据审计的相关审计准则、规范与指南

审计准则与规范是审计人员开展审计工作时必须遵循的行为规范与要求，是审计人员执行审计业务、获取审计证据、形成审计结论、出具审计报告的专业标准。审计指南可以为审计人员提供指导性的审计操作规程和方法。为了满足信息系统审计的需要，国外制定了一系列信息系统审计相关的审计准则、规范与指南，如 COSO（the Committee of Sponsoring Organizations of the Treadway Commission，全美反舞弊性财务报告委员会发起组织）内部控制框架、国际信息系统审计与控制协会（the Information System Audit and Control Association，ISACA）制定的信息及相关技术控制目标（control objectives for information and related technology，COBIT）、国际内部审计师协会发布的全球技术审计指南（global technology audit guide，GTAG）等，其中，国际内部审计师协会 2017 年发布了《理解与审计大数据》指南（GTAG，2017）。尽管大数据审计越来越重要，但目前在制定大数据审计的审计准则、规范与指南方面的工作尚不足，这限制了大数据审计的广泛应用。因此，尽快制定更多、更详细的大数据审计相关审计准则、规范与指南成为今后大数据审计研究与应用的一项重要任务。

1.6 本书的内容与结构

为了更清晰地理解本书的内容以及各章之间的逻辑关系，本书的章节组织结构可总结为如图 1.8 所示。在后面的章节中，将按这一组织结构进行分析。

1.7 本 章 小 结

为什么要研究大数据审计？本章根据目前审计信息化的研究与应用现状，分析了研究与应用大数据审计的重要性、大数据审计产生的背景，包括审计信息化与大数据审计的关系，大数据审计的内涵；在此基础上，系统地分析了国内外大数据审计的相关研究与应用情况，并给出了大数据审计的发展与建议，以及本书的内容与结构。通过本章的内容，可以快速掌握大数据审计研究与应用的基本现状，从而为后续章节中深入分析大数据审计理论、方法与应用打下基础。

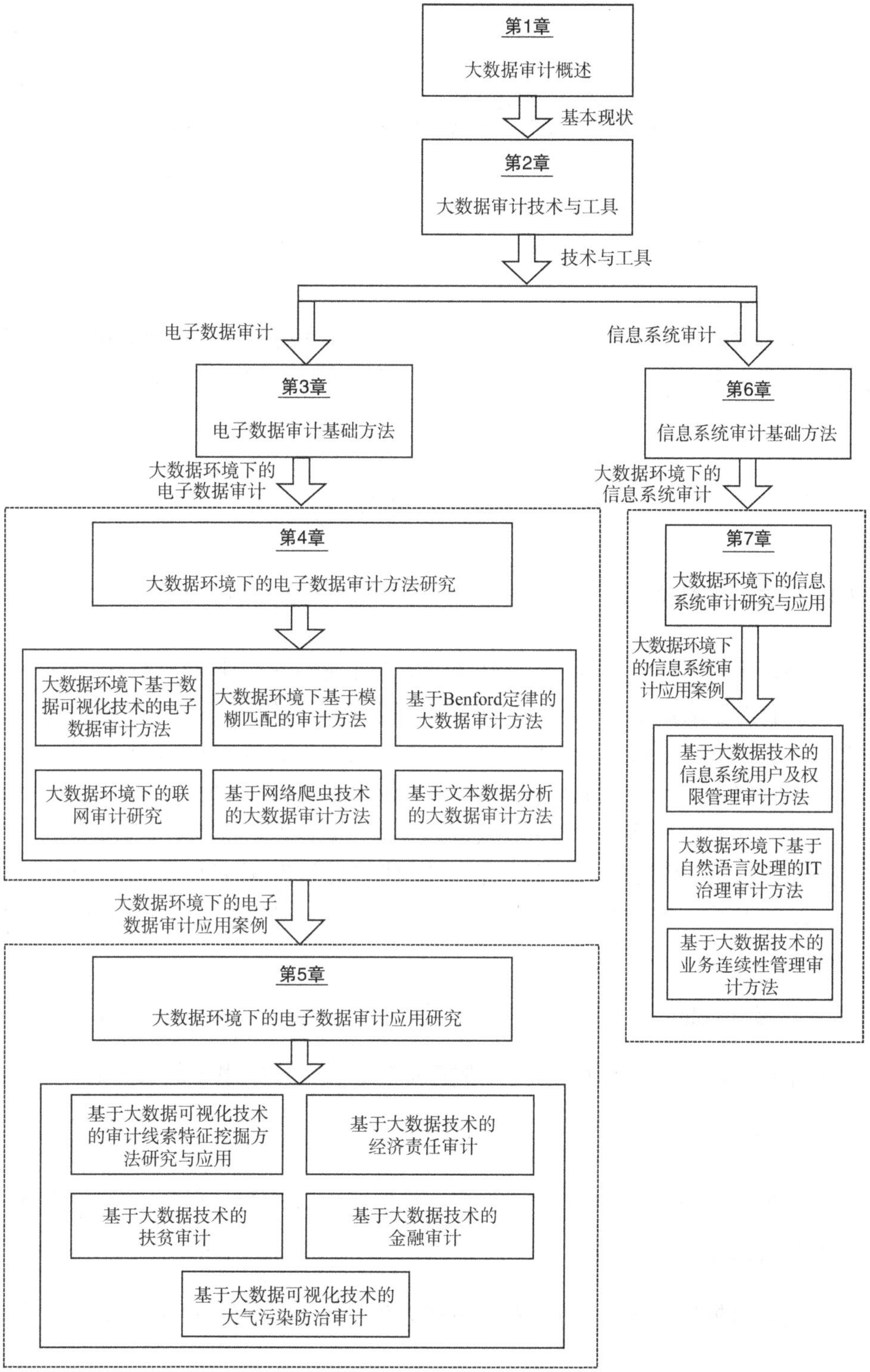

图 1.8　全书章节结构及其逻辑关系示意图

第2章　大数据审计技术与工具

2.1　引　　言

开展大数据审计需要一定的技术和工具。为了更好地研究大数据审计，本章分析目前可用于大数据审计的技术与工具，从而为后续章节中大数据审计的研究与应用打下基础。

2.2　大数据审计技术分析

2.2.1　大数据的特点

目前，大数据的研究与应用已经成为国内外的热点，《科学》杂志 2011 年专刊讨论如何管理大数据（Science，2011），不同的文献给出了不同的大数据定义。世界著名咨询机构麦肯锡将大数据定义为：大数据指的是大小超出常规数据库工具获取、存储、管理和分析能力的数据集（Manyika et al.，2011）。Gartner 将大数据定义为：大数据是具有大容量、快速和（或）多样性等特点的信息资产，为了能提高决策、洞察发现和优化流程，这种信息资产需要新形式的处理方法（Gartner，2012）。概括来说，大数据主要具有以下四个特点（Science et al.，2011；Gartner，2012）。

1. 大量（volume）

数据量大，非结构化数据的超大规模和增长，比结构化数据增长快 10～50 倍。

2. 多样性（variety）

大数据的形式多样，有很多不同形式，如文本、图像、视频、机器数据等。

3. 快速（velocity）

一方面数据量增长速度快；另一方面大数据要求实时分析，处理速度要快。

4. 真实性（veracity）

数据必须是准确的、可靠的、一致的，具有可追溯性。

另外，国际内部审计师协会在 2017 年发布的《理解与审计大数据》指南中，把可视化（visualization）也作为大数据的一个重要特点（GTAG，2017）。

2.2.2 大数据审计技术分类

目前，针对审计行业，关于大数据技术的相关理论和方法研究一般从以下三个方面展开。

1. 大数据智能分析技术

大数据智能分析技术以各种高性能处理算法、智能搜索与挖掘算法等为主要研究内容，这是目前大数据分析领域的研究主流，它是从计算机的视角出发，强调计算机的计算能力和人工智能，如各类面向大数据的机器学习和数据挖掘方法等。目前大数据智能分析技术在审计领域的应用仍不成熟，多停留在理论研究层面。

2. 大数据可视化分析技术

大数据可视化分析技术是从人作为分析主体和需求主体的视角出发，强调基于人机交互的、符合人的认知规律的分析方法，目的是将人所具备的、机器并不擅长的认知能力融入数据分析过程中。大数据可视化分析技术是目前大数据审计应用比较成熟和主流的内容。

3. 大数据多数据源综合分析技术

大数据多数据源综合分析技术是对采集来的各行、各业、各类大数据，采用数据查询等常用方法或其他大数据技术方法进行相关数据的综合比对和关联分析，从而发现更多隐藏的审计线索的技术。大数据多数据源综合分析技术也是目前审计领域应用大数据比较成熟和主流的内容。

由于大数据环境下数据量较大，所以审计人员一般采用 Oracle 数据库系统开展相关大数据的综合比对和关联分析。另外，大数据环境下，常用审计数据分析方法，如账表分析、数据查询、统计分析、数值分析等，仍可以根据审计工作的实际情况，与大数据技术一起组合使用，对被审计大数据中的部分数据进行分析等。

2.2.3 大数据智能分析技术

1. 常见大数据智能分析技术简介

可用于大数据智能分析的技术很多，如 A/B Testing、关联规则分析、分类、聚类、遗传算法、神经网络、预测模型、模式识别、时间序列分析、回归分析、系统仿真、机器学习、优化、空间分析、社会网络分析、自然语言分析等。本书仅介绍目前已经应用于大数据审计中的有效分析方法，对仍处于理论研究阶段、尚在审计实务应用中无成功案例的技术不做介绍。

2. 自然语言处理技术

1）自然语言处理技术简介

自然语言处理（natural language processing，NLP）是语言学、逻辑学、计算机科学、人工智能等计算机和人类（自然）语言交叉的研究与应用领域，它主要研究如何实现人与计算机之间用自然语言进行有效通信的各种理论和方法。

自然语言处理研究与应用涉及的内容很广，各种技术及分类层出不穷，部分典型技术介绍如下。

（1）词性标注（part-of-speech tagging，POS）。词性标注又称词类标注或者简称标注，即确定句子中每个词的词性，如名词、动词、形容词、副词等。

（2）词干提取。词干提取就是将词语去除变化或衍生形式，转换为词干或原形形式的过程。

（3）词形还原。词形还原就是将一组词语还原为词源或词典的词目形式的过程。

（4）句法分析（syntactic analysis）。句法分析的主要任务是自动识别句子中包含的句法单位，以及这些句法单位相互之间的关系，即句子的结构。

（5）命名实体消歧。命名实体消歧就是对句子中提到的实体进行识别的过程。一般来说，命名实体要求有一个实体知识库，能够将句子中提到的实体和知识库联系起来。

（6）命名实体识别。命名实体识别就是识别一个句子中有特定意义的实体并将其区分为人名、机构名、日期、地名、时间等类别的任务。

（7）语义文本相似度分析。语义文本相似度分析是对两段文本的意义和本质之间的相似度进行分析的过程。

（8）文本摘要。文本摘要就是通过识别文本的重点并使用这些重点创建摘要来缩短文本的过程。文本摘要的目的是在不改变文本含义的前提下最大限度地缩短文本。

（9）情感分析。情感分析就是使用自然语言处理技术来识别客户评论的语义情感、语句表达的情绪正负面以及通过语音分析或书面文字判断其表达的情感，等等。

（10）机器翻译（machine translation）。机器翻译是利用计算机把一种自然源语言转变为另一种自然目标语言的过程，也称自动翻译。

（11）文本相似度分析。文本相似度分析是对两篇（段）文本内容之间的相似度进行分析的过程。文本相似度计算在信息检索、机器翻译、文档复制检测等领域有着广泛的应用。文本相似度常用的计算方法有 TF-IDF、LSI、LDA、编辑距离计算等，其中 TF-IDF 是最常用的方法。

自然语言处理技术可用于文本相似度计算、信息检索、语音识别、文本分类、机器翻译等方面。用于自然语言处理的平台或工具较多，一般基于 Python、Java、C 或 C++等不同程序设计语言来实现。

2）自然语言处理技术应用示例——相似度分析方法

自然语言处理技术目前对于大数据审计来说，可以起到一定的总体辅助分析作用，但尚不能精确地直接发现审计证据。对于大数据审计来说，文本相似度计算有一定的应用价值。

文本相似度常用的计算方法有 TF-IDF、LSI、LDA、编辑距离计算等，其中 TF-IDF 是最常用的方法，但对于一义多词和一词多义问题，TF-IDF 并不能很好地解决，需要采用 LSI（latent semantic indexing，潜在语义索引）方法来解决，LSI 又称潜在语义分析（latent semantic analysis，LSA），它主要利用 SVD 降维的方法将词项和文本映射到一个新的空间，从而解决一义多词和一词多义问题。

LDA（latent dirichlet allocation，潜在狄瑞雷克模型）是一种非监督机器学习技术，它是一种文档主题生成模型，可以用来识别大规模文档集（document collection）或语料库（corpus）中潜藏的主题信息，这种方法将每一篇文档视为一个词频向量，将文本信息转化为易于建模的数字信息。

大数据环境下，相似度分析是较为有效的一种文本数据审计方法。大数据审计环境下，有时需要分析文本数据之间是否相似，成熟可行的方法有 TF-IDF（term frequency-inverse document frequency，词频-逆文档频率），它是一种常用的自然语言处理方法，TF-IDF 的主要思想是：根据字词在文本中出现的频率和在整个文本库中出现的频率来计算一个字词在整个文本库中的重要程度。如果某个词或短语在一篇文章中出现的频率高，并且在其他文本中出现得很少，则认为该词或者短语具有很好的代表性，适合用来分类。TF-IDF 可用于比较两个文本文件相似程度、文本聚类、文本分类等方面。TF-IDF 的计算步骤如下。

（1）计算 TF（term frequency，词频）。TF 表示某个词组在整个文本中出现的频率，其计算公式如下：

$$\mathrm{TF}=\frac{\text{某个词在文本中的出现次数}}{\text{文本中所有词的个数}}$$

（2）计算 IDF（inverse document frequency，逆文档频率）。IDF 计算逆文档频率。文档频率是指某个关键词在整个文本库所有文件中出现的次数。逆文档频率又称倒文档频率，它是文档频率的倒数，主要用于降低所有文档中一些常见却对文档影响不大的词语的作用。为防止分母为 0（词语在文本库中不存在），使用“包含该词的文本数+1”作为分母。IDF 的计算公式如下：

$$\mathrm{IDF}=\log\left(\frac{\text{文本库中文本的总数}}{\text{包含该词的文本数}+1}\right)$$

（3）计算 TF-IDF。综上，TF-IDF 的计算方法如下：

$$\text{TF-IDF}=\mathrm{TF}\times\mathrm{IDF}$$

不难发现，TF-IDF 值越大表示该特征词对文本的重要性越大。

由以上分析可知，TF-IDF 的优点是能过滤掉一些常见的却无关紧要的词语，同时保留影响整个文本的重要词语，该方法简单快速，结果比较符合实际情况；缺点是有时重要的词语可能出现次数并不多，仅仅以词频衡量一个词的重要性还不够全面，另外，这种算法无法体现词语的位置信息。

综上分析，如果同时计算一个文件中所有词组的 TF-IDF，将这些词的 TF-IDF 相加，可以得到整个文本文件的值，从而可用于文本文件的相似度比较。

（4）相似度分析方法的实现。根据前文对 TF-IDF 方法的分析，采用 Python 语言实现了文本数据相似度检测方法，运行代码示例如图 2.1 所示。

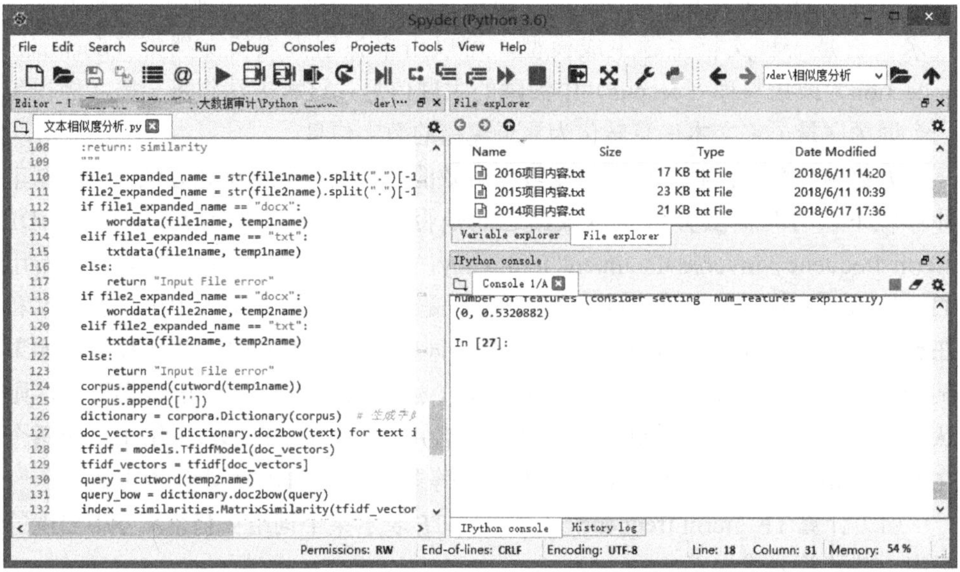

图 2.1 基于 Python 语言的文本数据相似度检测方法运行代码示例

3. 社会网络分析技术

1）社会网络分析方法原理分析

网络指的是各种关联，社会网络就是社会关系所构成的一种结构关系，一个社会网络是由一些特定范围的行动者以及行动者之间的关系组成的，它可以反映行动者之间的社会关系。构成社会网络的主要因素简述如下。

（1）行动者（actor）。行动者可以是具体的个人，也可以是一个团体或组织。这些行动者在网络中构成关系的节点（node）。

（2）关系（relationship）。行动者之间的关系形式是多种多样的，如股权关系、合作关系、亲属关系、交换关系等，这些关系构成了不同的网络。

（3）纽带（tie）。行动者之间相互的关联即关系纽带。

社会网络分析（social network analysis）是对社会网络的关系结构及其属性加以分析的一套规范和方法，它是基于信息学、数学、社会学、管理学、心理学等多学科的融合理论和方法，为理解人类各种社会关系的形成、行为特点以及信息传播的规律提供的一种可计算的分析方法。社会网络分析采用的方式和方法从概念上有别于传统的统计分析与数据处理方法，它是研究一组行动者的关系的分析方法，关注的焦点是关系和关系的模式。

在社会网络分析方法中，许多社会系统可以描述成对象，看作节点，对象间关系看作节点间关系纽带的网络。例如，航空网络中节点表示机场，关系纽带表示机场间存在的航班关系。

2）社会网络分析方法的实现

目前，社会网络分析在市场营销、广告、企业招聘、跟踪预测流感的爆发、预测票房等方面得到应用，一些流行的大数据可视化分析工具，如 R 语言、Python、Gephi、Pajek 等也具有强大的社会网络分析功能。因此，大数据环境下，可以借助社会网络分析方法开展大数据审计，发现相关审计线索。

对于社会网络分析方法，审计人员没有必要研究太多的理论，采用 Python、Pajek、Gephi 等工具实现该方法，完成审计数据分析，发现审计线索是关键。相关社会网络分析工具简介如下。

（1）Pajek。Pajek 在斯洛文尼亚语中是蜘蛛的意思。Pajek 在 Windows 环境下运行，是一种大型复杂网络分析工具，可用于目前所存在的各种复杂非线性网络的分析和可视化操作。基于 Pajek 的社会网络分析结果示例如图 2.2 和图 2.3 所示。

（2）Gephi。Gephi 是一款开源免费、跨平台的复杂网络分析软件，它基于 Java 虚拟机（java virtual machine，JVM），允许开发者开发新程序，创建新功能。它可以用于社会网络分析、探索性数据分析、可视化分析等方面。基于 Gephi 的社会网络分析结果示例如图 2.4～图 2.7 所示。

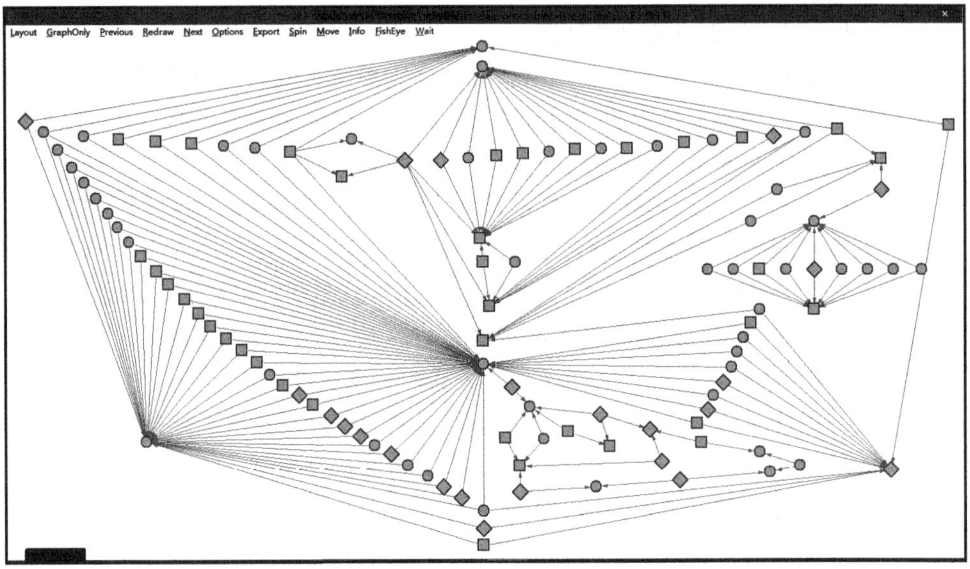

图 2.2　基于 Pajek 的社会网络分析结果示例一

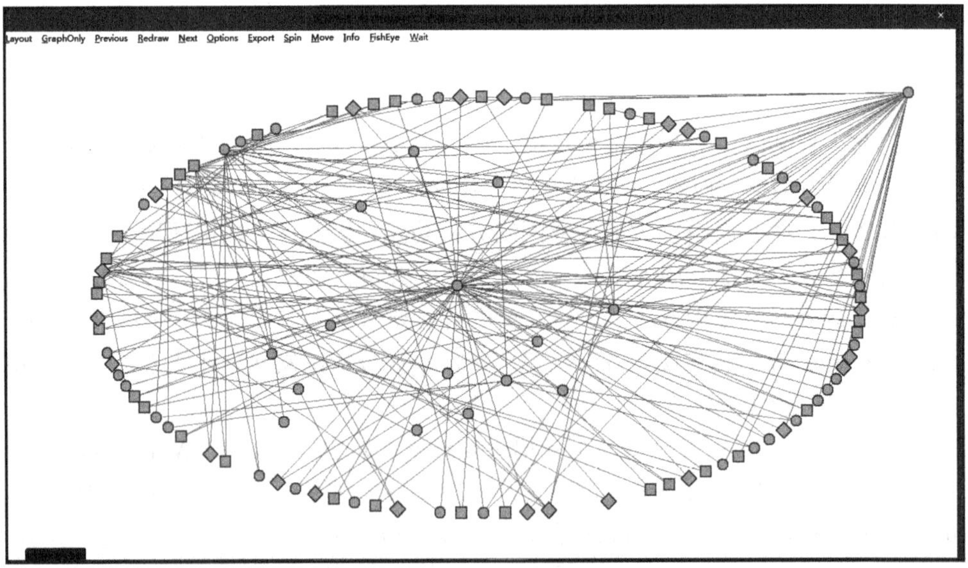

图 2.3　基于 Pajek 的社会网络分析结果示例二

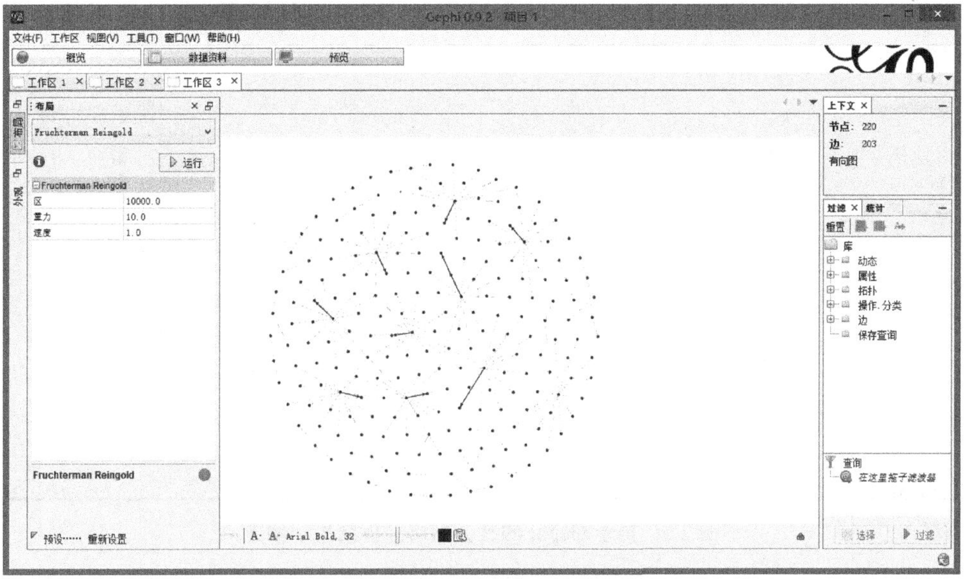

图 2.4　基于 Gephi 的社会网络分析结果示例一

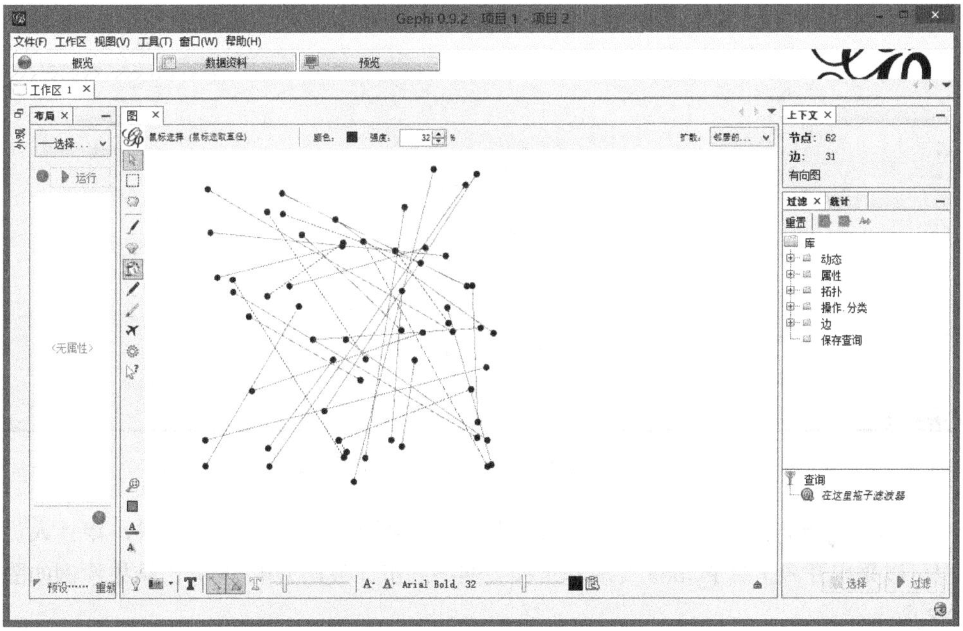

图 2.5　基于 Gephi 的社会网络分析结果示例二

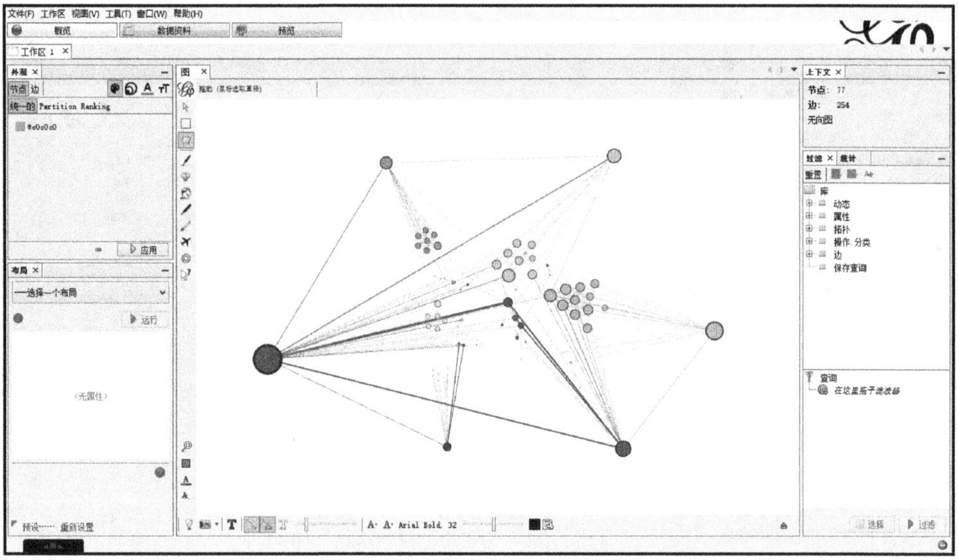

图 2.6 基于 Gephi 的社会网络分析结果示例三

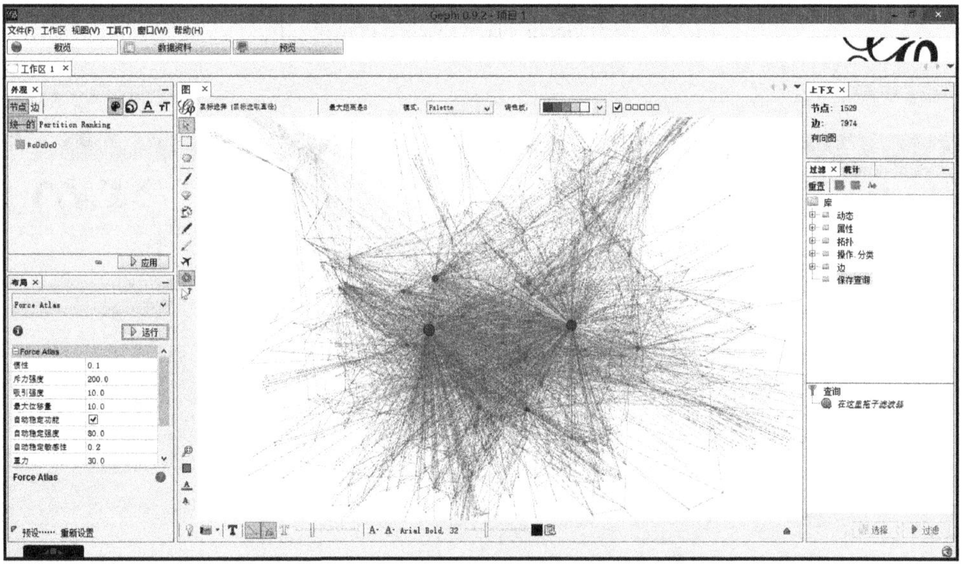

图 2.7 基于 Gephi 的社会网络分析结果示例四

（3）Python。除了采用 Pajek、Gephi 等工具实现社会网络分析之外，审计人员也可以采用开源工具 Python 实现基于社会网络的审计数据分析，其分析结果示例如图 2.8 所示。

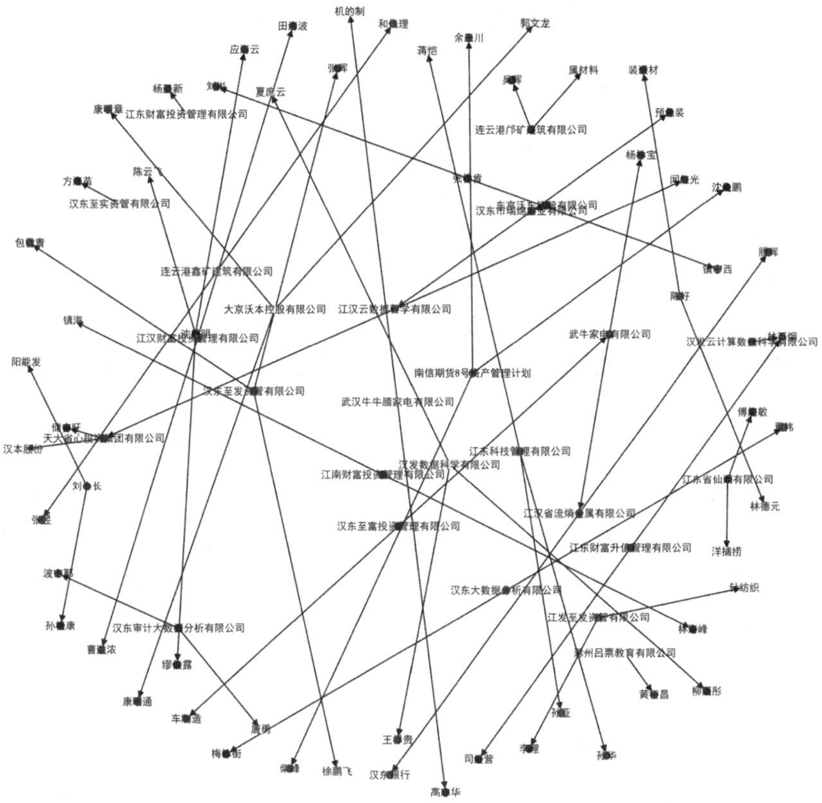

图 2.8　基于 Python 的企业与股东关系社会网络分析结果示例

4. 图形数据库技术

随着大数据时代的到来，传统的关系型数据库如 SQL Server、My SQL 等已经难以支撑目前大数据审计需要。因此，NoSQL 横空出世。图形数据库（graph database）是 NoSQL 数据库家族中特殊的存在，用于存储丰富的关系数据。

图形数据库是大数据时代的一种新型数据库，它是基于数学中图论的理论和算法而实现的高效处理复杂关系网络的新型数据库系统。从图形数据库的结构来看，图是由顶点（vertex）、边（edge）和属性（property）组成的，顶点也称作节点，边也称作关系，节点可以带标签，节点和关系也都可以设置属性。每个节点和关系都可以有一个或多个属性。图形数据库是专门为处理复杂关系而创建出来的，擅长处理大量的、复杂的、互联的、多变的网状数据，且处理效率远远高于传统的关系型数据库。因此，它特别适用于社会网络、实时推荐、金融征信系统领域的大数据分析。一些流行的图形数据库工具被开发出来，如 Neo4J、Titan 等。大数据环境下，可以借助图形数据库技术开展大数据审计，发现相关审计线索。

2.2.4 大数据可视化分析技术

1. 大数据可视化分析技术简介

人类非常擅长通过视觉获取有用信息，一图胜千言。现代数据分析也日益依赖通过呈现图形来揭示含义和表达结果。一般来说，大数据可视化分析技术包括文本可视化技术、多维数据可视化技术、网络可视化技术、时空可视化技术等。以文本可视化技术为例，文本数据是大数据时代非结构化数据的典型代表。文本可视化的意义在于能够将文本中蕴含的语义特征（如词频、重要程度、动态演化规律、逻辑结构等）直观地展示出来，标签云就是一种典型的文本可视化技术。通过标签云，可以将关键词根据词频或其他规则进行排序，按照一定规律进行布局排列，用大小、颜色等图形属性对关键词进行可视化，例如，用字体大小代表该关键词的重要性。常见的其他大数据可视化分析技术还有：柱状图（bar chart）、折线图（line chart）、饼图（pie chart）、散点图（scatter chart）、气泡图（bubble chart）、雷达图（radar chart）、地区分布图（choropleth map）、树地图（tree map）、热力图（heat map）等。

在何种情况下应该用何种可视化方法，才能够让审计数据分析达到最佳的效果是大数据可视化分析技术在审计中应用的重点。例如，在分析我国新型农村社会养老保险制度的发展情况时，对每年、每个地方、每个参保人员的信息进行逐一计算，再把数据在地图软件上可视化之后，其具有的特点就能很好地显现出来，审计人员便可以轻松地看出全国各地新型农村社会养老保险制度近年来的发展变化情况。

目前，常用的大数据可视化分析工具主要包括如下方面。

（1）开源的、可编程的工具，如 R 语言、Python、D3.js、Leaflet、Processing.js 等。

（2）商业化软件工具，如 Tableau、Qlikview、SAS、SAP Business Objects 水晶易表、IBM Cognos 等。

本节根据审计的需要，考虑到大数据可视化分析工具 R 语言、Python 等是比较简单的、开源的大数据可视化分析软件，以 R 语言、Python 等大数据可视化分析工具为例，分析标签云、散点图、条形图、折线图等常用的数据可视化技术。

2. 标签云分析

1）标签云分析方法原理分析

大数据环境下，大量的文本数据使审计人员分析的难度越来越大，传统的浏览和筛选等方法无法满足大数据环境下非结构化数据审计的需要。将文本中的内容或规律以视觉符号的形式展示给审计人员，有助于审计人员利用视觉感知的优势来快速获取大数据中蕴含的重要信息，从而发现审计线索。

标签云（tag cloud）是常用的可视化分析方式之一，它由一组相关的标签以及与标签相对应的权重组成，这些标签按字母顺序或其他顺序，或者再结合颜色深浅进行排列，呈现出来供用户浏览的文本可视化方法。其中，权重值的大小决定标签的字体大小、颜色或其他视觉效果。

通过对被审计文本数据进行标签云可视化分析，可以总体把握被审计文本数据的主要内容。实现标签云分析的主要步骤包括：①分词；②统计词频；③根据词频自动设置颜色深浅、字体大小并进行可视化展示。

2）标签云分析方法的实现

基于以上分析，可以采用 R 语言、Python 实现文本数据的标签云分析方法。

以 Python 为例，其实现代码示例如图 2.9 所示。

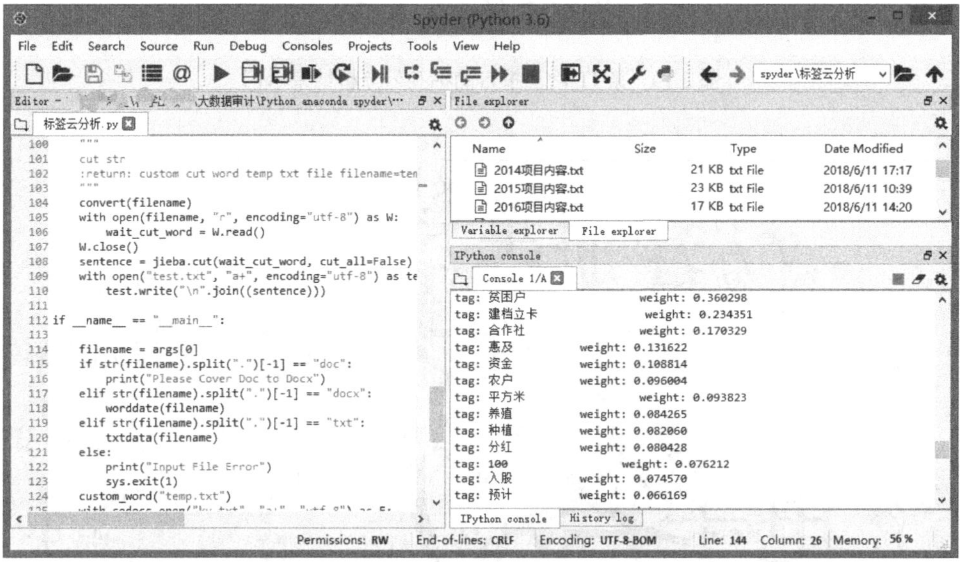

图 2.9　基于 Python 语言的标签云分析方法实现代码示例

以 R 语言为例，其标签云分析结果示例如图 2.10 和图 2.11 所示。

3. 散点图分析

1）散点图分析方法简介

散点图可以用于表示 X、Y 轴坐标之间数据的变化关系，借助可视化分析工具，X、Y 轴坐标之间数据的变化关系可以被可视化地分析并展示出来。

图 2.10　某 IT 治理报告的标签云分析结果示例

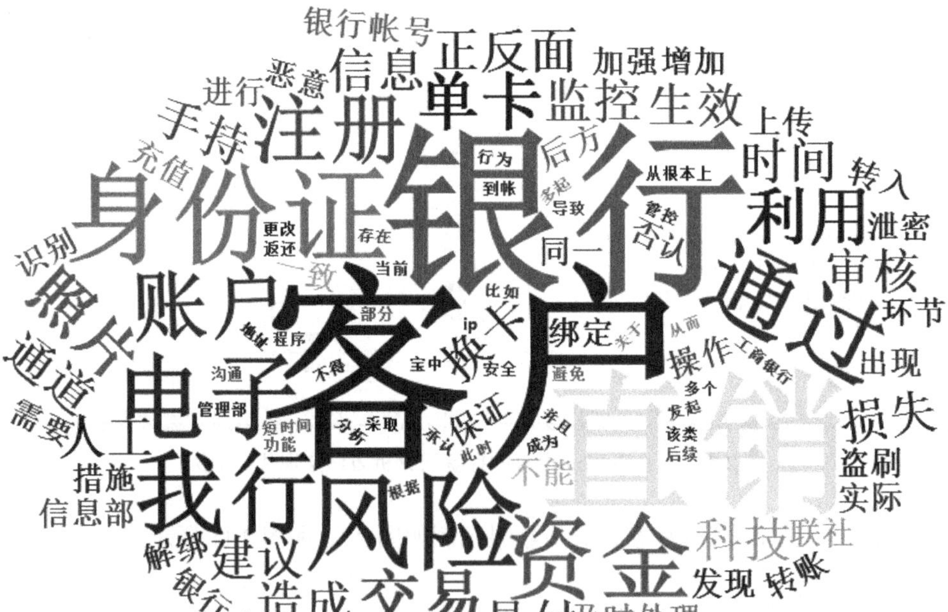

图 2.11　某直销银行系统风险报告的标签云分析结果示例

2）散点图分析方法的实现

散点图分析方法在审计工作中具有一定的用途。例如，在金融审计中，通过散点图分析，审计人员可以分析客户购买股票的情况，从而判断客户购买股票的类型是否比较单一。基于以上分析，采用 Python 语言实现了针对某一股票交易数据的散点图分析，其分析结果示例如图 2.12 所示。在图 2.12 中，X 轴表示被分析的客户编号，Y 轴表示被分析的客户购买股票的代码（标的代码）。

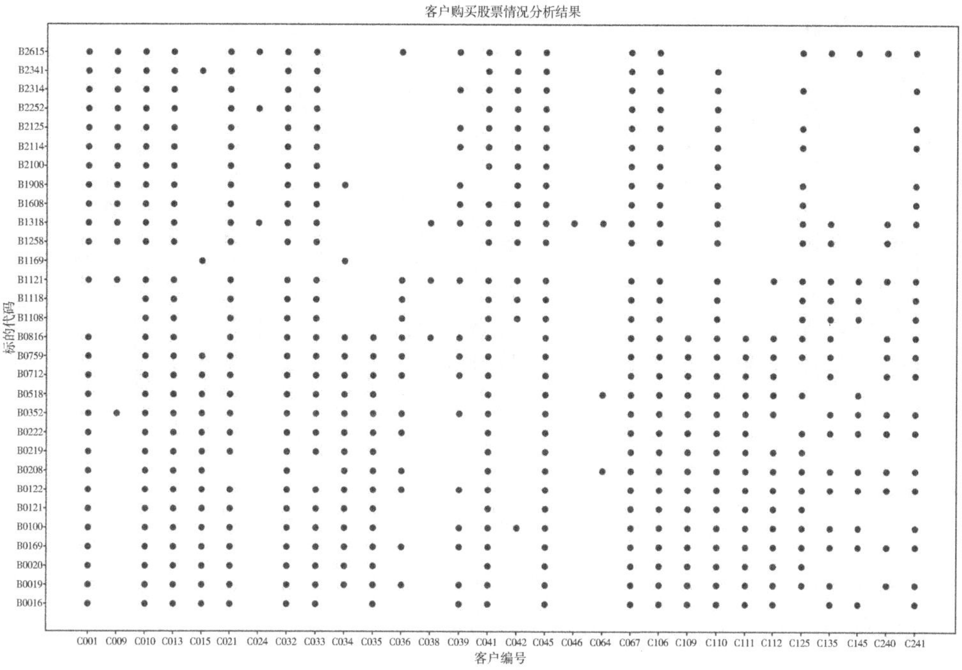

图 2.12　基于 Python 语言的散点图分析结果示例

由图 2.12 不难发现，编号为 C024、C038、C046、C064 的客户购买股票的类型比较单一。

4. 条形图分析

1）条形图分析方法简介

条形图是数据分析中常用的图形之一。通过条形图，可以把数据表中列或行数据生成条形图，从而直观地显示各个项目之间的比较情况。条形图的主要特点是：方便审计人员很容易地看出各个项目数据的大小；容易比较各个项目数据之间的差别。

2）条形图分析方法的实现

条形图分析方法在审计工作中具有一定的用途。例如，在金融审计中，通过条形图分析，审计人员可以分析客户购买股票的情况，从而判断客户购买股票的类型是否比较单一。基于以上分析，采用 Python 语言实现了针对某一股票交易数据的条形图分析，其分析结果示例如图 2.13 所示。在图 2.13 中，X 轴表示被分析的客户编号，Y 轴表示被分析的客户所购买的股票的总数（购买标的总数）。

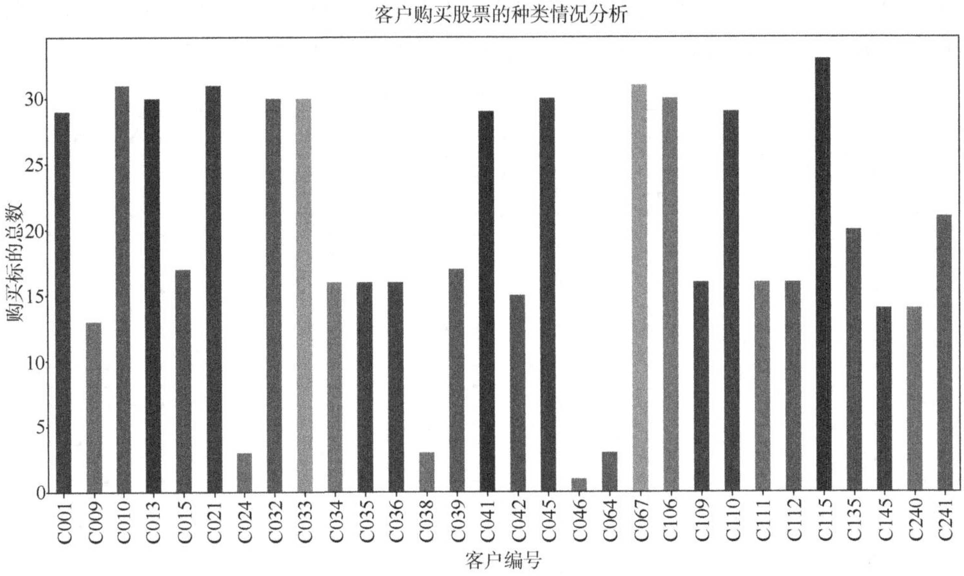

图 2.13　基于 Python 语言的条形图分析结果示例

由图 2.13 不难发现，编号为 C024、C038、C046、C064 的客户购买股票的类型比较单一，这些客户是审计人员关注的重点。

5. 折线图分析

1）折线图分析方法简介

折线图是数据分析中常用的图形之一。通过折线图，可以把数据表中列或行数据生成折线图，从而直观地显示各个项目数据之间的比较情况。折线图的主要特点是：方便审计人员很容易地看出各个项目数据的大小；容易比较各个项目数据之间的差别。折线图可以显示随时间（根据常用比例设置）而变化的连续数据，因此非常适用于显示在相等时间间隔下数据的趋势。

2）折线图分析方法的实现

折线图分析方法在审计工作中具有一定的用途。例如，在金融审计中，通过折线图分析，审计人员可以分析客户购买股票的情况，从而判断客户购买股票的类型是否比较单一。基于以上分析，采用 Python 语言实现了针对某一股票交易数据的折线图分析，其分析结果示例如图 2.14 所示。在图 2.14 中，X 轴表示被分析的客户编号，Y 轴表示被分析的客户所购买的股票的总数（购买标的总数）。

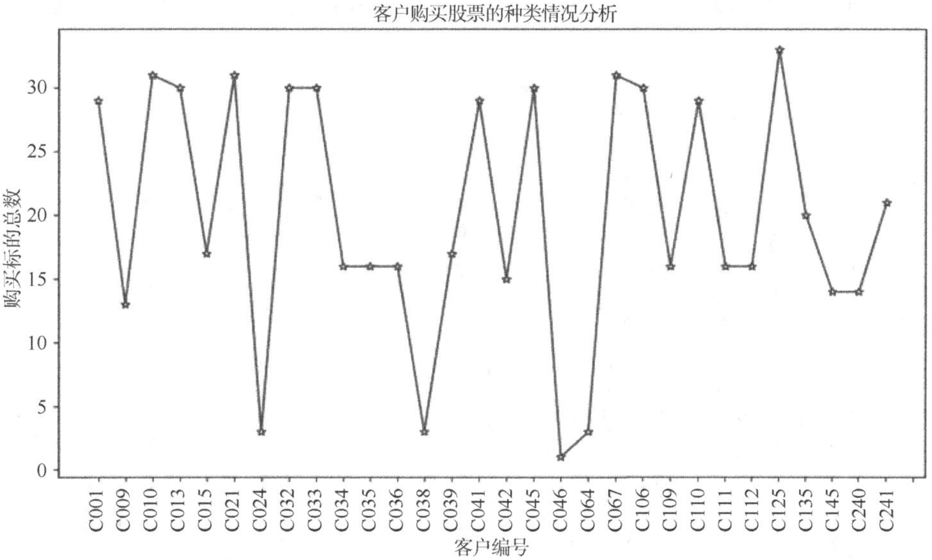

图 2.14　基于 Python 语言的折线图分析结果示例

由图 2.14 不难发现，编号为 C024、C038、C046、C064 的客户购买股票的类型比较单一，这些客户是审计人员关注的重点。

6. 直方图分析

1）直方图分析方法简介

直方图是一种展示数据频率的特殊柱状图，利用直方图，可以对数据进行频率分析，从而帮助审计人员了解数据的分布情况。

2）直方图分析方法的实现

直方图分析方法在审计工作中具有一定的用途。例如，在金融审计中，通过直方图分析，审计人员可以分析客户购买股票的频率，从而判断客户购买股票的类型是否比较单一。基于以上分析，采用 Python 语言实现了针对某一股票交易数据的直方图分析，其分析结果示例如图 2.15 所示。在图 2.15 中，X 轴表示被分析的客户编号，Y 轴表示被分析的客户购买股票的频率。

由图 2.15 不难发现，编号为 C024、C038、C046、C064 的客户购买股票的类型比较单一，这些客户是审计人员关注的重点。

7. 气泡图分析

1）气泡图分析方法原理分析

气泡图可以用于表示 X、Y 轴坐标之间数据的变化关系，并可以通过图中散点的大小来直观感受其所表示的数值大小。气泡图类似散点图，可以像彩色散点图给点上色，不同之处是气泡图允许在图表中额外加入一个表示大小的变量进行对比。

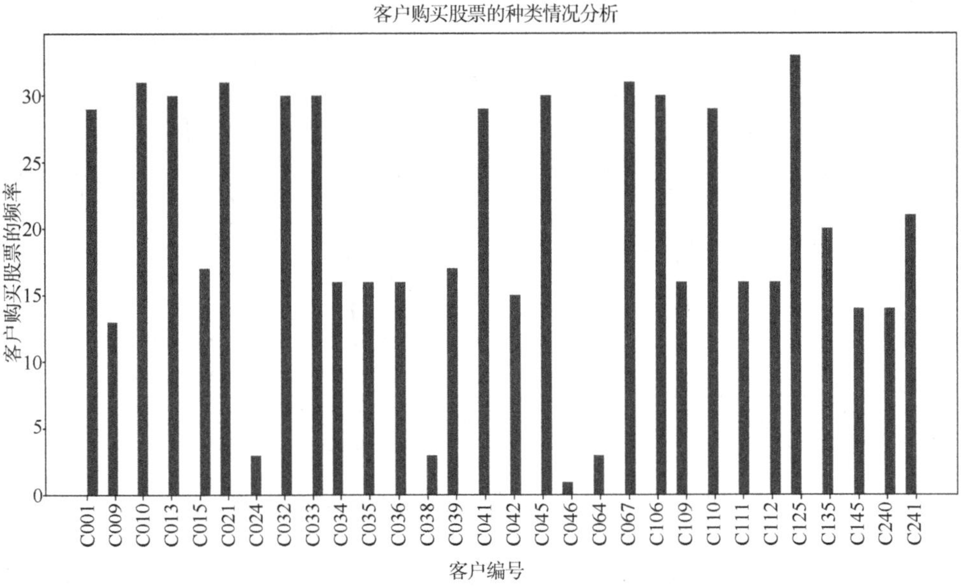

图 2.15　基于 Python 语言的直方图分析结果示例

2）气泡图分析方法的实现

气泡图分析方法在审计工作中具有一定的用途。一些图形可以帮助审计人员分析客户购买股票的类型是否比较单一，但不能总体体现客户购买股票的获利情况。而通过气泡图，审计人员可以总体了解客户购买股票的获利情况。

基于以上分析，采用 Python 语言实现了针对某一股票交易数据的气泡图分析，客户购买股票及获利金额规模情况分析结果示例如图 2.16 所示。在图 2.16 中，X 轴表示被分析的客户编号，Y 轴表示被分析的客户所购买股票的代码（标的代码）。

由图 2.16 不难发现，编号为 C024 和 C064 的客户购买股票的类型比较单一，且购买的股票获利较大（如标的代码为 B1318 的股票），这些客户数据是审计人员关注的重点。

8. 小提琴图

1）小提琴图分析方法简介

小提琴图（violin plot）结合了箱线图与核密度估计图的特点，用于显示数据的分布形状及其概率密度。

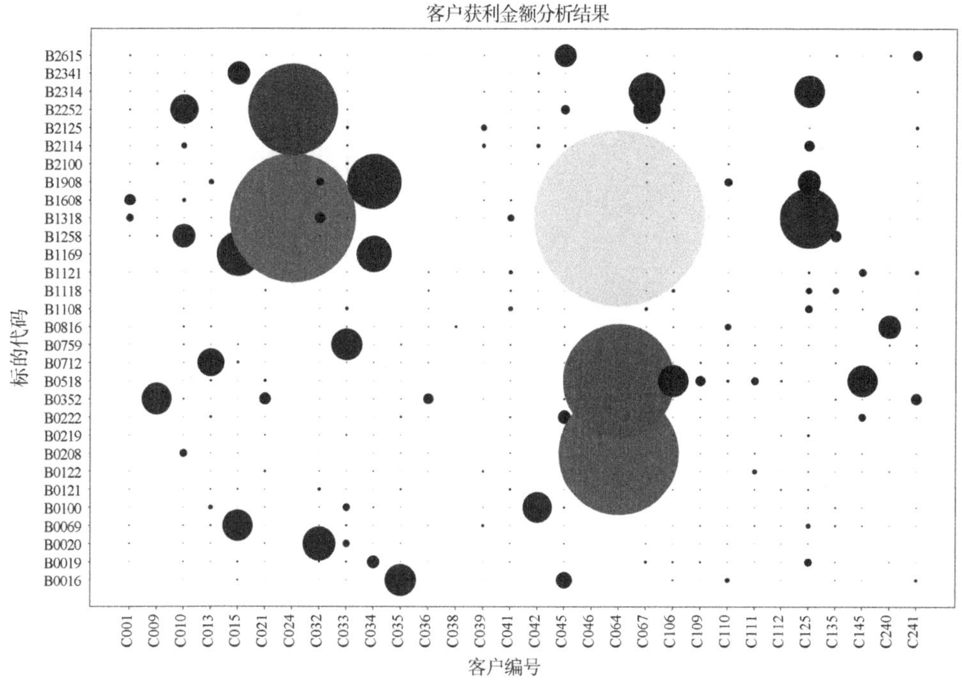

图 2.16　基于 Python 语言的气泡图分析结果示例

2）小提琴图分析方法的实现

小提琴图分析方法在审计工作中具有一定的用途。例如，在金融审计中，通过小提琴图分析，审计人员可以分析客户购买股票的频率，从而判断客户购买股票的类型是否比较单一。基于以上分析，采用 Python 语言实现了针对某一股票交易数据的小提琴图分析，客户购买股票及获利金额规模情况分析结果示例如图 2.17 所示。在图 2.17 中，小提琴的宽度表示客户购买股票类型的数量，小提琴的高度表示客户购买股票的获利金额。

由图 2.17 不难发现，编号为 C024 和 C064 的客户购买股票的类型比较单一，且获利较大，是审计人员关注的重点。而编号为 C038 和 C046 的客户虽然购买股票的类型比较单一，但购买股票获利很小，没有太多可疑之处。

9. 热力图

1）热力图分析方法简介

热力图是一种可将变量值用不同的颜色或高亮形式描绘出来的数据可视化技术，它可以非常直观地呈现一些不易理解或表达的数据，如频率、密度、温度等。

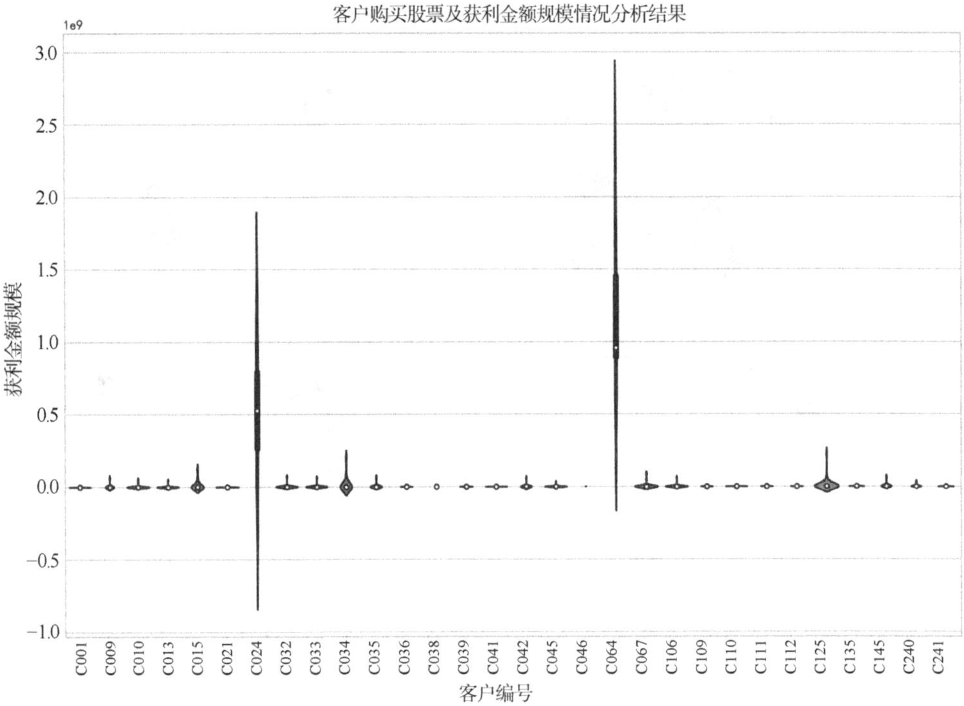

图 2.17　基于 Python 语言的小提琴图分析结果示例

2）热力图分析方法的实现

热力图分析方法在审计工作中具有一定的用途，如在金融审计中，通过对客户的股票交易数据进行热力图分析，审计人员可以总体了解客户所购买股票的获利情况，从而为下一步的审计工作打下基础。以某一股票交易数据分析为例，通过采用 R 语言进行热力图分析，其客户获利金额情况分析结果示例如图 2.18 所示。其中，X 轴表示被分析的客户编号，Y 轴表示被分析的客户所购买股票的代码（标的代码）。在图 2.18 中，颜色的深浅可以清晰地表达出每个客户获利金额的大小。由图 2.18 不难发现：客户编号为 C024 和 C064 的客户购买的股票获利较大（如标的为 B1318 的股票），这些客户数据是审计人员关注的重点。

2.2.5　大数据多数据源综合分析技术

1. 大数据多数据源综合分析技术简介

如前文所述，大数据多数据源综合分析技术是通过对采集的各行、各业、各类大数据，采用数据查询等常用方法或其他大数据技术方法进行相关数据的综合比对和关联分析，从而发现更多隐藏的审计线索的技术。这类技术方法是目前审计领域应用大数据比较成熟和主流的内容。

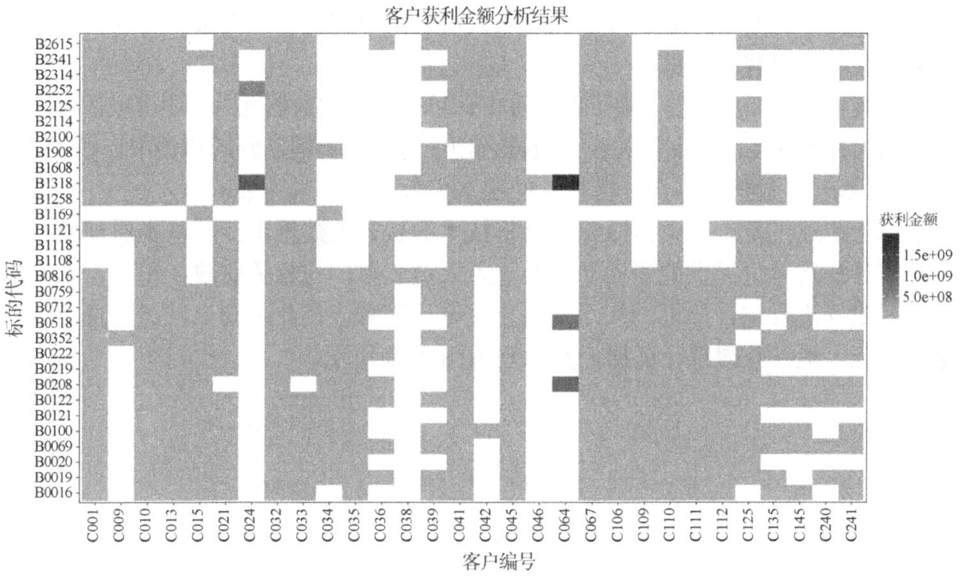

图 2.18　基于 R 语言的热力图分析结果示例

2. 大数据多数据源综合分析技术应用示例——扶贫审计

1）所需数据

大数据环境为扶贫审计提供了全方位分析的相关数据，一般可以对以下数据进行分析。

（1）被审计单位主要内部数据。

①文本数据。文本数据指从被审计单位采集来的被审计单位的业务介绍、部门年度工作总结、扶贫项目情况、相关审计报告等相关数据。通过这些文本数据，可以了解目前被审计单位的相关业务情况等，便于审计人员开展相关审计工作。

②相关扶贫数据。从被审计单位采集的相关扶贫数据，包括低收入人员名单信息等。通过该数据，可以掌握目前的低收入人员相关信息等。

（2）被审计单位主要外部数据。

①工商数据。为了掌握与扶贫审计线索有关的相关公司的股东、法人、投资关系等信息，需要分析相关工商数据。

②财政数据。为了分析低收入人员名单中是否有财政供养人员，需要分析相关财政数据。

③税务数据。为了分析低收入人员的纳税情况、房屋交易情况以及车辆购置情况，需要分析相关税务数据。

④金融数据。为了分析低收入人员的股票账户情况、银行存款情况，在有条件的情况下，经批准授权后，需要分析相关金融数据。

⑤农机登记数据。为了分析低收入人员名单中拥有农用机械设备的情况，需要分析相关农机登记数据。

⑥其他外部相关数据。除了以上被审计单位的相关数据之外，还可以通过一些大数据工具抓取互联网上相关公开数据，便于审计人员辅助判断相关审计线索。

2）基于多数据源综合分析技术的扶贫大数据审计原理分析

综上所述，基于多数据源综合分析技术的扶贫大数据审计的基本原理就是根据被审计扶贫单位提供的建档立卡低收入人员名单，与相关财政、税务、工商、金融等数据进行综合分析，从而发现相关审计线索，在此基础上，通过进一步的延伸取证，最终获得审计证据，其原理如图 2.19 所示。

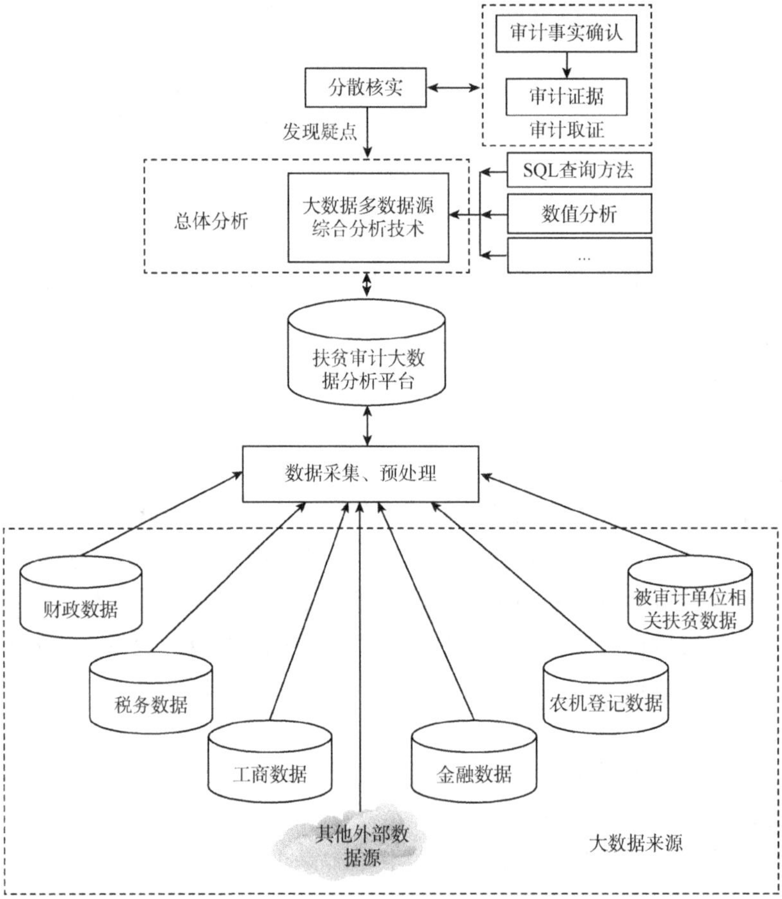

图 2.19　基于多数据源综合分析技术的扶贫大数据审计原理

具体分析过程示例如下。

（1）低收入人员名单信息与工商数据综合分析。可以根据所采集的低收入人员名单信息与相关工商投资人、高管数据进行比对，分析低收入人员名单中是否有某公司的投资人和高管，以及低收入人员名单中是否有人注册成立公司。

（2）低收入人员名单信息与财政数据综合分析。可以根据所采集的低收入人员名单信息与相关财政供养人员数据进行比对，分析低收入人员名单中是否有财政供养人员（公务员、事业单位人员等）。

（3）低收入人员名单信息与税务数据综合分析。

①可以根据所采集的低收入人员名单信息与税务数据中个人所得税数据等相关数据进行比对，分析是否存在纳税的低收入人员。

②可以根据所采集的低收入人员名单信息与税务数据中房屋契税数据等相关数据对比，分析低收入人员名单中人员的房屋交易情况。

③可以根据所采集的低收入人员名单信息与税务数据中车辆购置税数据等相关数据比对，分析低收入人员名单中的人员是否有购车记录。

（4）低收入人员名单信息与金融数据综合分析。可以根据所采集的低收入人员名单信息与相关金融数据进行比对，分析低收入人员股票账户情况、银行存款情况（定期余额、活期交易金额等）。

（5）低收入人员名单信息与农机登记数据综合分析。可以根据所采集的低收入人员名单信息与相关农机登记数据进行比对，分析低收入人员名单中的人员是否拥有农用机械设备。

3）基于多数据源综合分析技术的大数据审计示例

（1）审计案例背景简介。江汉省江开县是一个贫困人口聚集、脱贫任务艰巨的地方，为了检查该地贯彻落实精准扶贫政策情况，根据江展市审计局 2018 年的审计计划安排，现对该地进行扶贫审计。重点是审计江开县 2013～2017 年落实“贫困户精准识别”的情况，特别是查找“五有”（有国家公职、有工商注册登记、有小轿车、有商品房、有农用机械设备）人员（注：本案例中相关数据已经过脱密处理，相关地名、人名等数据为虚构）。

（2）审计案例设计。整个案例内容设计如下。

①审前准备阶段。掌握如何进行审前准备，如何编写审计通知书、审计实施方案等文件。

②审计实施阶段。掌握如何编写审计需求单、如何进行数据采集与分析、如何编写审计取证单、如何编写审计工作底稿等工作。

③审计报告阶段。掌握如何编写审计报告征求意见稿（审计事实确认书）、如何编写审计报告等文件。

（3）案例实现。

①低收入农户数据与财政数据综合分析。为了检查被审计单位是否做到精准扶贫，审计人员可以通过对低收入农户数据与财政数据做综合分析，分析低收入人员名单中是否有财政供养人员，相应的 SQL 查询语句如下。

```
SELECT *
FROM 低收入农户数据，财政供养人员数据
WHERE 低收入农户数据.身份证号码= 财政供养人员数据.身份证;
```

采用自主研发的易智通审计软件（电子数据审计模拟实验室软件）对采集来的低收入农户数据、财政数据等进行综合分析，其分析过程及结果示例如图2.20所示。

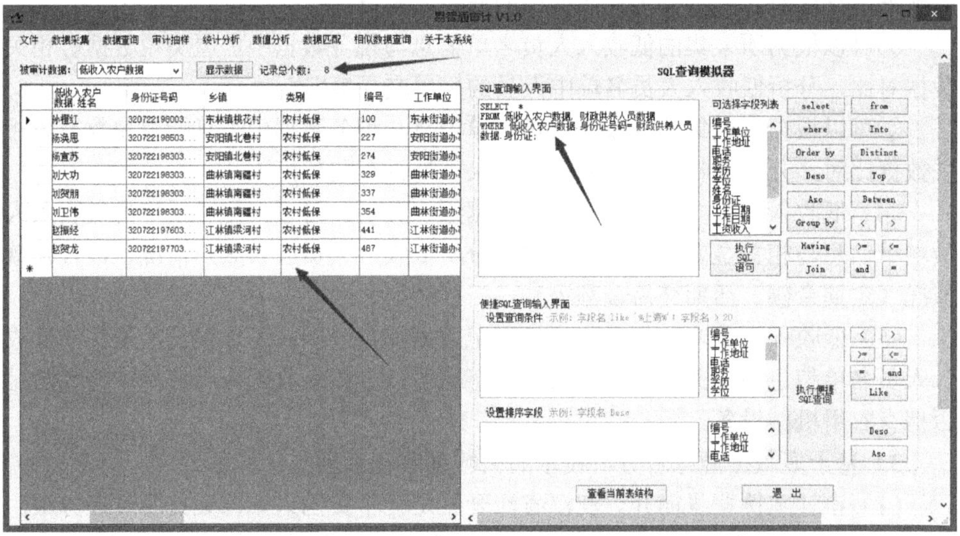

图2.20　基于易智通审计软件的低收入农户数据与财政数据综合分析过程及结果示例

若采用数据库工具对采集来的低收入农户数据、财政数据等进行综合分析，以Microsoft Access为例，其分析过程与分析结果示例分别如图2.21和图2.22所示。

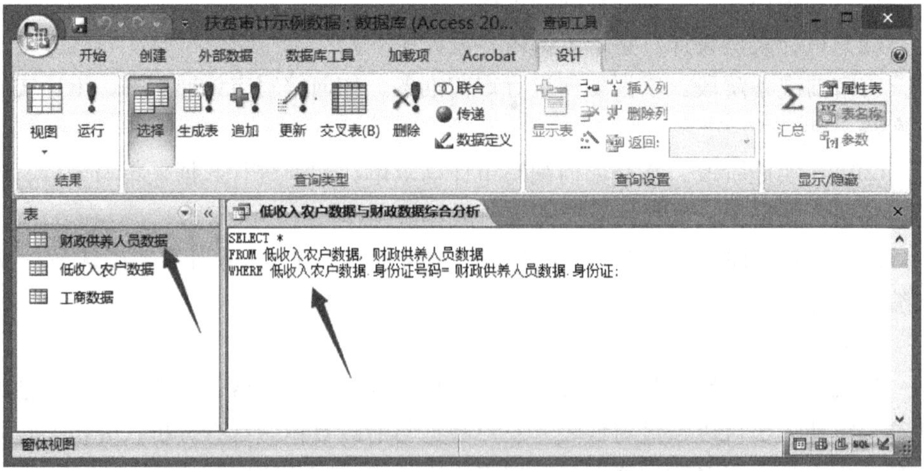

图2.21　基于Microsoft Access的低收入农户数据与财政数据综合分析过程示例

图 2.22　基于 Microsoft Access 的低收入农户数据与财政数据综合分析结果示例

由图 2.20 或图 2.22 都可以发现，在该地认定的扶贫对象中，有 8 人属于财政供养人员，应该对这些人做进一步的延伸审计，确认是否符合扶贫建档立卡标准。

②低收入农户数据与工商数据综合分析。为了检查被审计单位是否做到精准扶贫，审计人员可以通过对低收入农户数据与工商数据做综合分析，分析低收入人员名单中是否有注册公司的人员，相应的 SQL 查询语句如下。

```
SELECT   *
FROM 低收入农户数据, 工商数据
WHERE 低收入农户数据.身份证号码= 工商数据.身份证号码;
```

采用自主研发的易智通审计软件（电子数据审计模拟实验室软件）对采集的低收入农户数据、工商数据等进行综合分析，其分析过程及结果示例如图 2.23 所示。

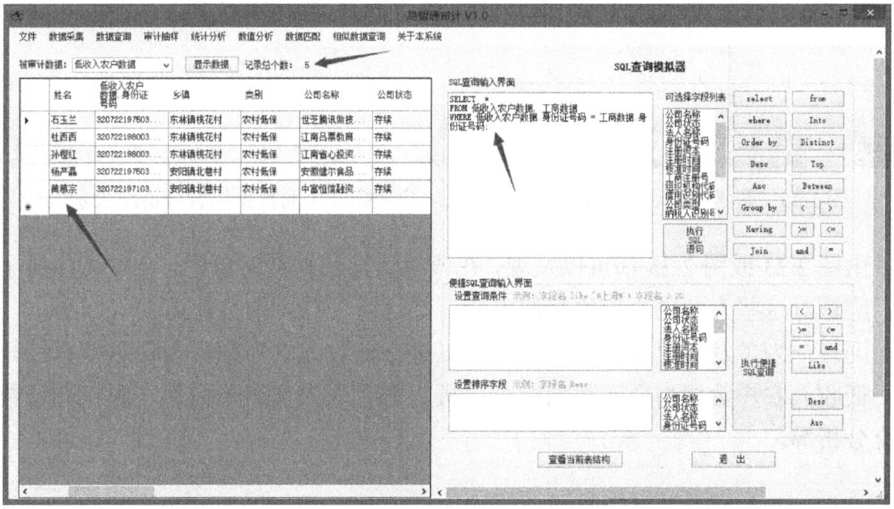

图 2.23　基于易智通审计软件的低收入农户数据与工商数据综合分析过程及结果示例

若采用数据库工具对采集的低收入农户数据、工商数据等进行综合分析，以 Microsoft Access 为例，其分析过程与分析结果分别如图 2.24 和图 2.25 所示。

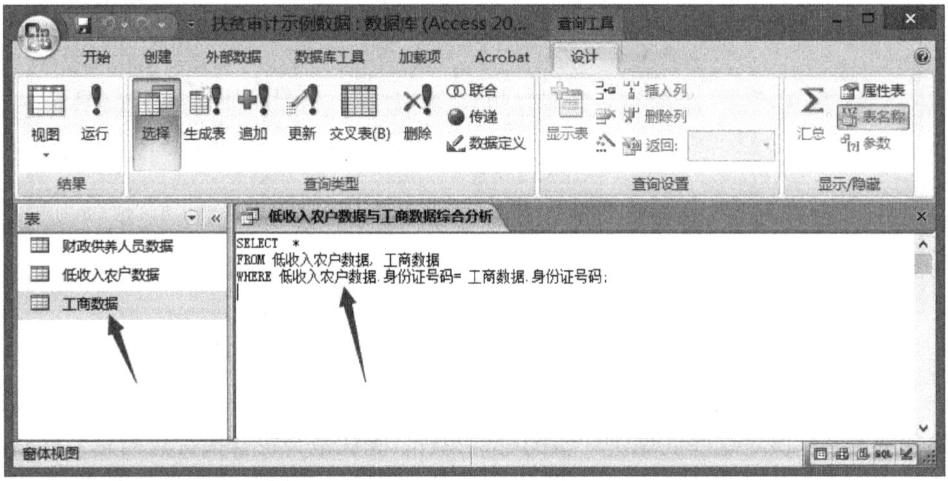

图 2.24　基于 Microsoft Access 的低收入农户数据与工商数据综合分析过程示例

图 2.25　基于 Microsoft Access 的低收入农户数据与工商数据综合分析结果示例

由图 2.23 或图 2.25 都可以发现，在该地认定的扶贫对象中，有 5 人注册了公司，应该对这些人做进一步的延伸审计，确认是否符合扶贫建档立卡标准。

同理，为了发现更多类似情况，可以进行低收入农户数据与税务数据综合分析、低收入农户数据与金融数据综合分析、低收入人员名单信息与农机登记数据综合分析等。

3. 大数据多数据源综合分析工具示例

由于大数据环境下被审计的数据量较大，所以审计人员可以采用 Oracle 数据库系统开展大数据多数据源综合分析。Oracle 数据库的 SQL 查询工具 PL/SQL Developer 8.0 简介如下。

（1）在 PL/SQL Developer 8.0 中新建一个查询窗口的操作，如图 2.26 所示，新建后的操作窗口如图 2.27 所示。

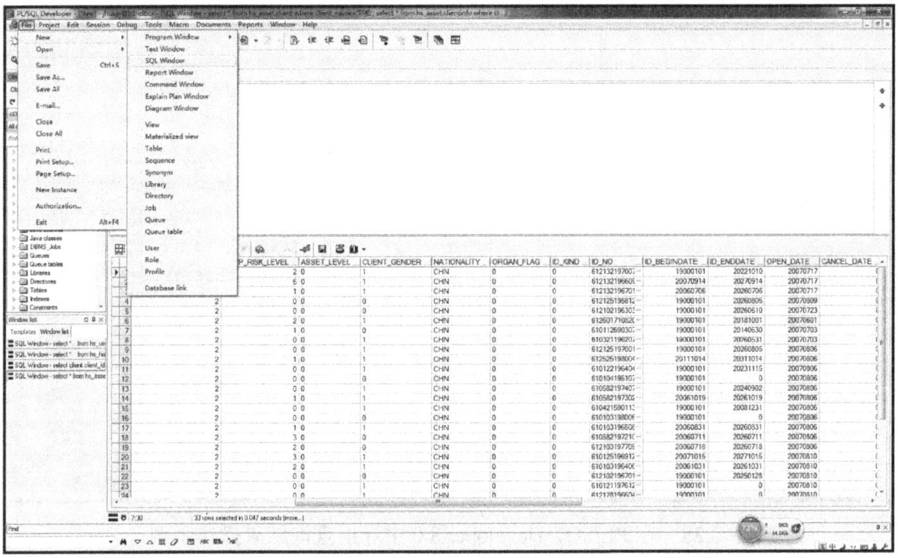

图 2.26　在 PL/SQL Developer 8.0 中新建查询窗口操作示例

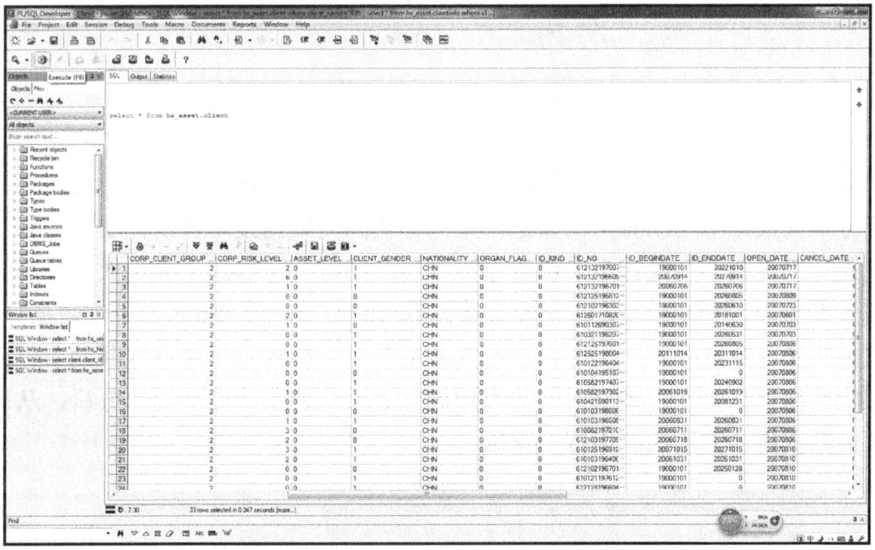

图 2.27　在 PL/SQL Developer 8.0 中运行 SQL 语句示例

（2）在 PL/SQL Developer 8.0 的查询窗口中运行 SQL 语句的示例如图 2.27 所示。

（3）在 PL/SQL Developer 8.0 的查询窗口中导出查询结果的操作示例如图 2.28 所示。

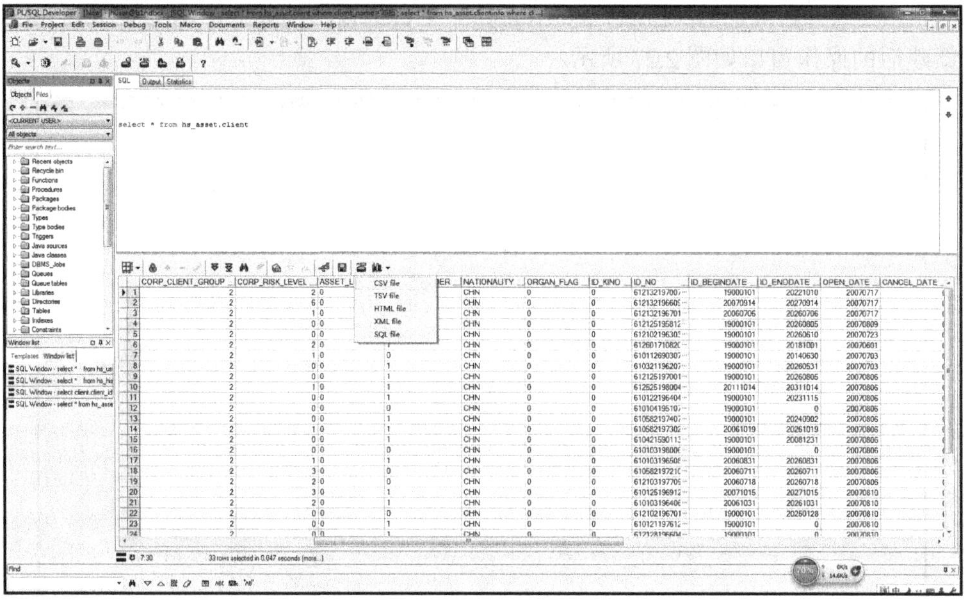

图 2.28　在 PL/SQL Developer 8.0 中导出查询结果操作示例

2.3　大数据审计工具分析

2.3.1　大数据审计工具概述

大数据分析需要一些能在有限的时间内对大量数据进行有效分析的技术。为了充分从大数据中挖掘有用的信息，不同种类的大数据技术被研究出来，这些技术覆盖计算机科学、统计学、经济学等学科。同时，一些用于分析大数据的工具也被开发出来。不同的大数据分析工具有不同的专长，一些擅长批处理数据分析，一些擅长实时数据分析。另外，一些大数据开源工具也可以很好地帮助审计人员开展大数据审计工作。本节对一些有效的大数据审计工具做一简单分析，从而为后续大数据审计方法的应用打下基础。

2.3.2　R 语言

1. R 语言简介

R 语言在统计领域广泛使用，它诞生于 1980 年左右，是 S 语言的一个分支，可以认为 R 语言是 S 语言的一种实现。S 语言是由 AT&T 贝尔实验室开发的一种用来进行数据探索、统计分析和作图的解释型语言。最初 S 语言的实现版本主要是 S-PLUS。S-PLUS 是一个商业软件，它基于 S 语言，并由 MathSoft 公司的统计科学部进一步完善。后来，新西兰奥克兰（Auckland）大学的 Ross Ihaka 和 Robert Gentleman 开发了 R 语言，由于 Ross Ihaka 和 Robert Gentleman 两人名字的首字母都是 R，因此称为 R 语言。

R 语言作为一种统计分析软件，集统计分析与图形显示于一身，是一个免费的自由软件，它提供了广泛的统计分析和绘图技术，包括线性和非线性模型、统计检验、时间序列、分类、聚类等方法。它有 Unix、Linux、MacOS 和 Windows 版本，都是可以免费下载和使用的。R 语言的主要优点概述如下。

1）使用方便

R 语言是一款开源的大数据可视化分析软件，目前广泛应用于数据分析与统计等领域，是目前最受欢迎的数据分析和可视化软件之一；R 语言软件（如 RStudio 等）安装方便，所占计算机内存小；相较其他编程语言来说，其操作难度要小很多。这些特点为审计人员应用 R 语言提供了方便。

2）数据采集功能强大

R 语言能读取各种不同类型的被审计数据，如 Microsoft Excel、SPSS、SAS 等，以及从网页上抓取的数据，完全满足审计人员开展大数据审计工作的需要。

3）数据分析功能强大

R 语言包含众多不同功能的函数、程序包，可满足审计人员的需要；作为免费开源软件，用户还在不断创建新的程序包来更新丰富 R 语言的使用功能；R 语言作为大数据分析软件，能够实现大量数据分析。

4）数据可视化功能强大

R 语言强大的数据可视化功能可以满足审计人员在可视化分析方面的各种需求。利用关联、聚类等建模手段，通过可视化手段直观分析被审计数据间隐藏的各种关联信息，方便审计人员对分析结果进行宏观观察、分析，从而帮助审计人员从被审计大数据中发现审计线索及其规律。

2. R 语言开发工具简介

常见的 R 语言开发工具如下。

1）R

R 是一个免费的自由软件，它有 Windows、Unix、Linux 和 Mac OS 版本，R 可以在 CRAN（Comprehensive R Archive Network）上免费下载（http：//cran.r-project.org），审计人员可以根据所选择的平台安装和使用。Windows 中的 R 主界面如图 2.29 所示。

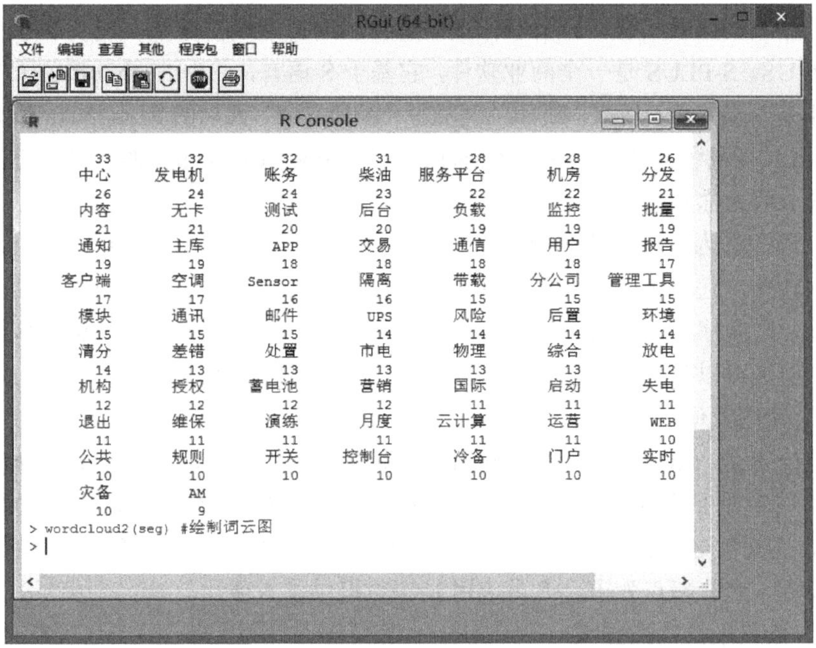

图 2.29　Windows 中的 R 主界面

2）RStudio

RStudio 是一个 R 语言集成开发环境（integrated development environment，IDE）。主界面分为 4 个部分：默认左上角是一个代码编辑器，左下角是一个控制台（console）和终端，右侧包含多个可选的功能标签，包括环境、命令历史、文件目录、绘图、数据源连接、包管理、帮助、构建工具、VCS 以及查看器。在 RStudio 中可以直接运行代码，支持绘图、历史命令显示、代码调试和工作空间管理。RStudio 的主界面如图 2.30 所示。

3）其他工具

除了以上工具外，R Commander、Rattle、StatET、Tinn-R（只用于 Windows）等也是比较常见的 R 语言开发工具。例如，Rattle（the R Analytical Tool To Learn Easily）是一个基于 R 语言的可视化数据挖掘工具，它也非常适合 R 语言数据分析的学习。

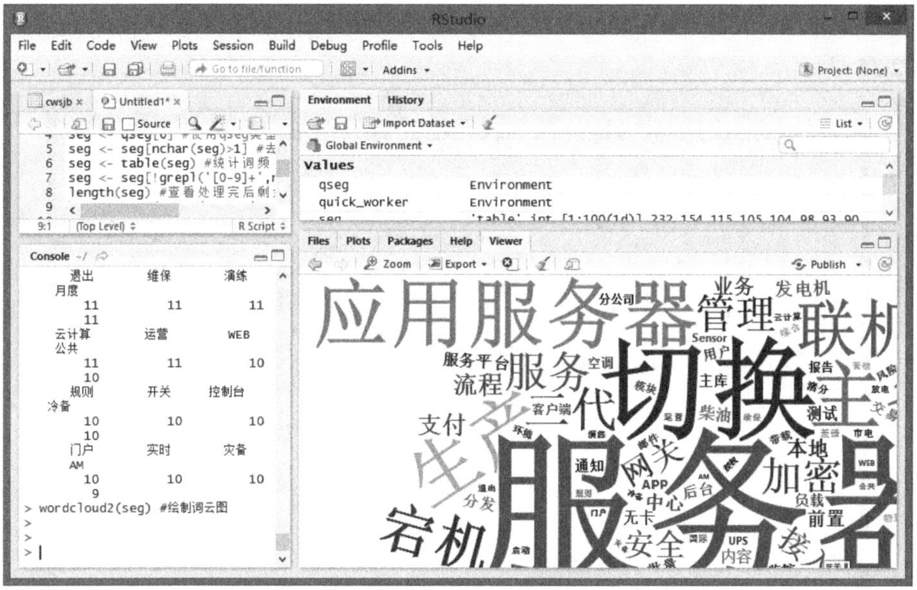

图 2.30　RStudio 的主界面

3. 基于 R 语言开发工具的数据采集

在采用 R 语言开发工具进行数据审计时，需要把相关数据采集到 R 语言开发工具中来。R 语言开发工具可以采集多种类型的数据，如统计软件 SAS、SPSS、Stata，文本文件 ASCII、XML、CSV、Web 抓数据，数据库数据 Oracle、Microsoft Access、My SQL，电子表格数据 Microsoft Excel，等等，很好地满足大数据审计的需要。R 语言开发工具能采集的数据类型如图 2.31 所示。

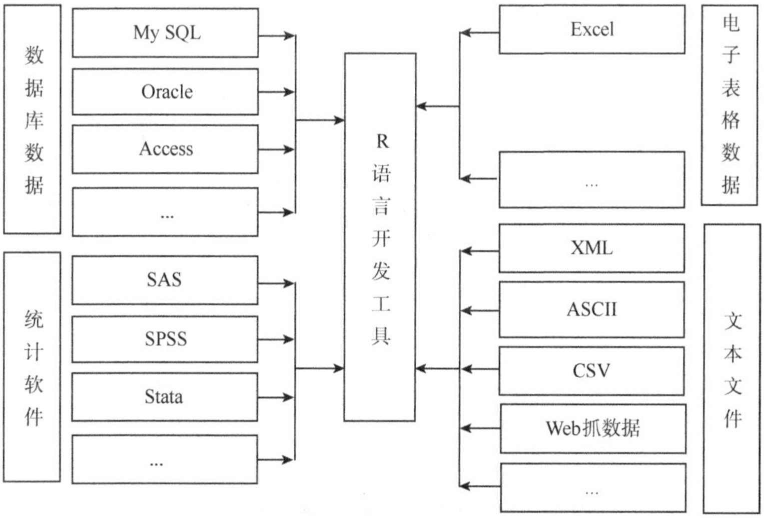

图 2.31　R 语言开发工具能采集的数据类型

以 R 语言开发工具 RStudio 为例，数据采集方法与过程示例如图 2.32～图 2.35 所示。

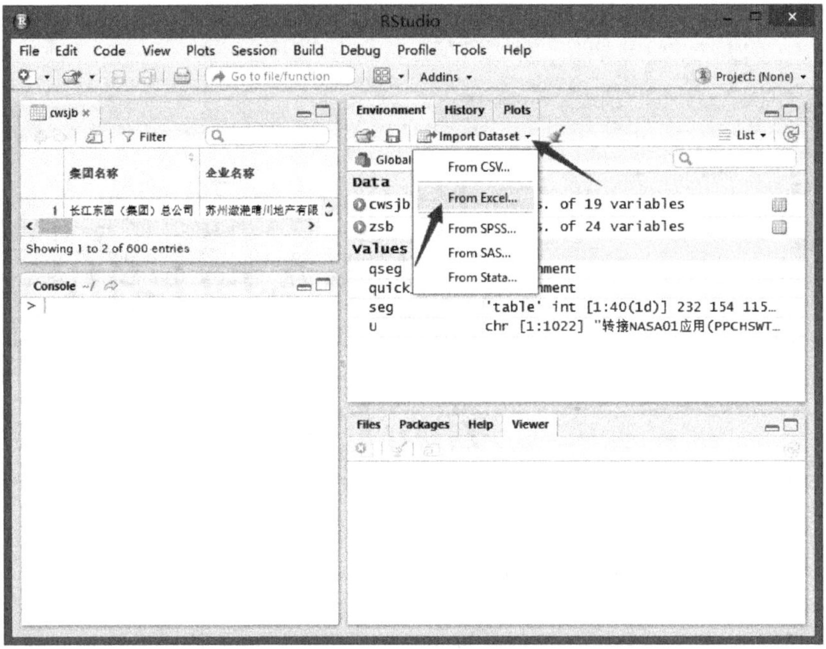

图 2.32　RStudio 集成环境中的数据采集功能示例一

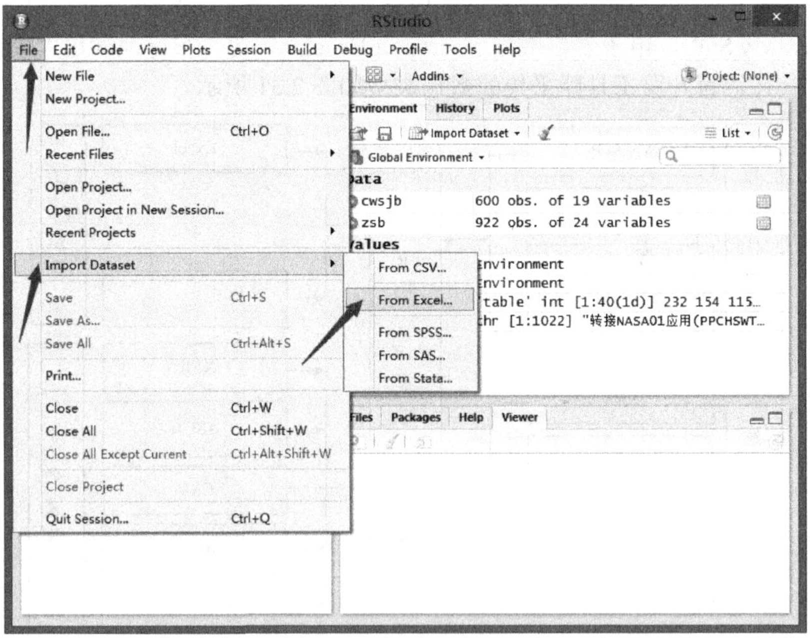

图 2.33　RStudio 主菜单中的数据采集功能示例二

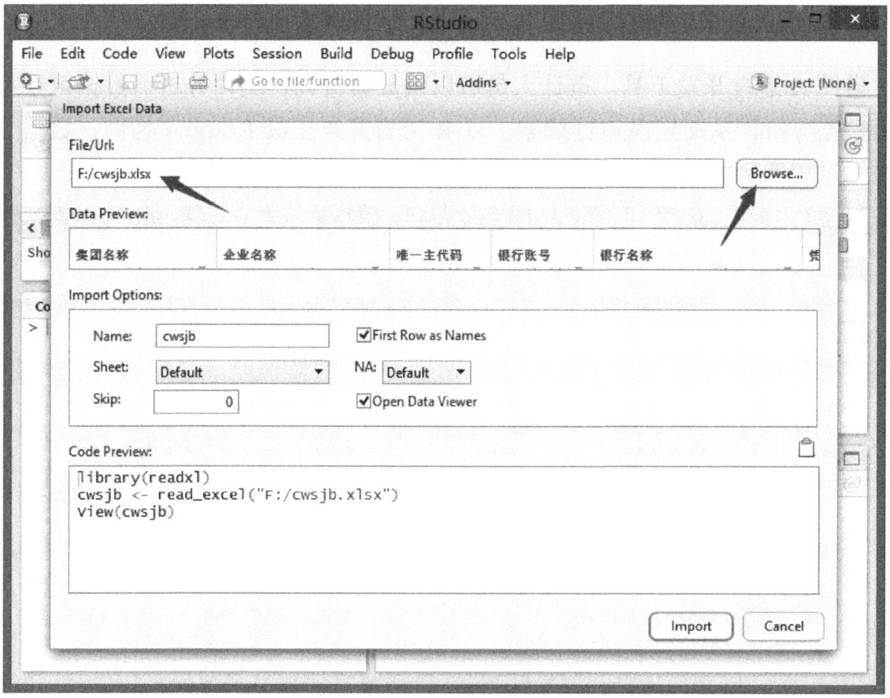

图 2.34　RStudio 的数据采集功能主界面

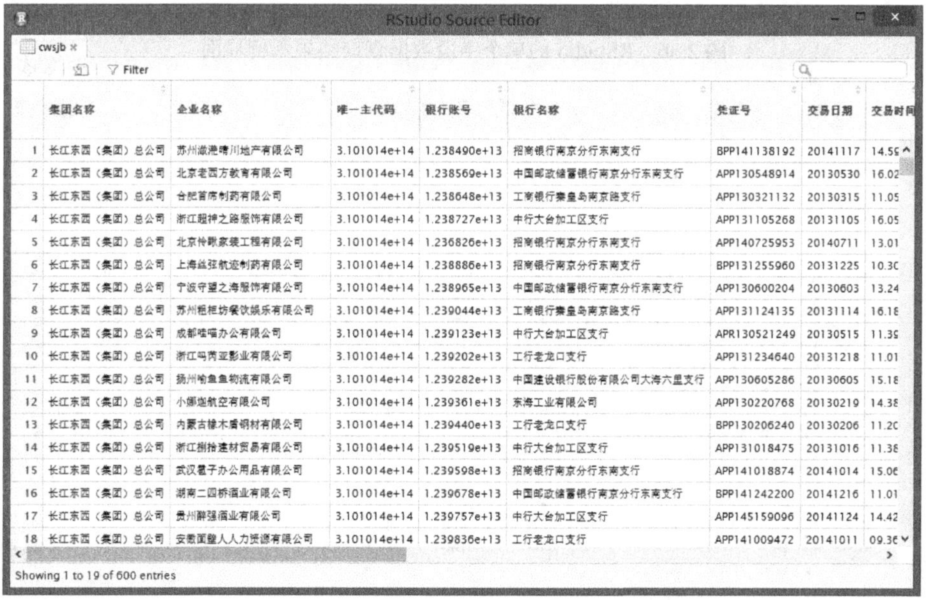

图 2.35　完成数据采集的 RStudio 界面

4. 基于 R 语言的数据分析

借助 R 语言开发工具，审计人员可以做数据查询、文件分析、数据可视化分析等数据分析，从而发现审计线索。以 R 语言开发工具 RStudio 为例，数据分析方法与过程示例如图 2.36～图 2.39 所示。

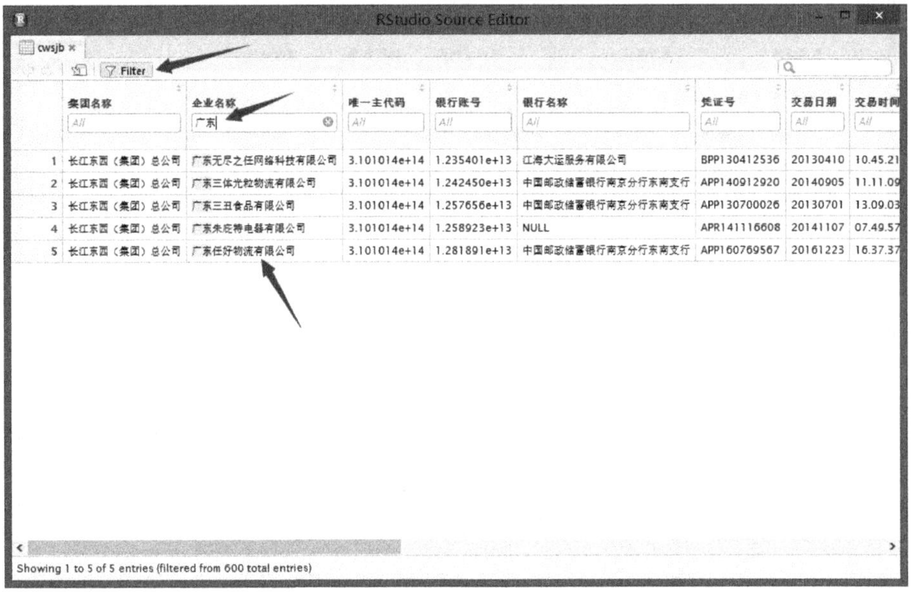

图 2.36　RStudio 的单个字段数据查询结果示例界面

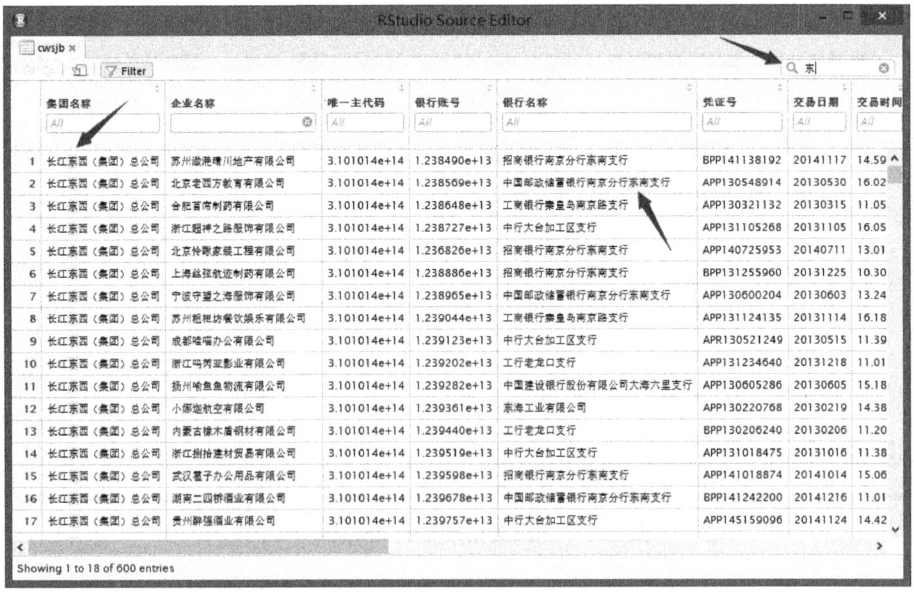

图 2.37　RStudio 的全字段数据查询结果示例界面

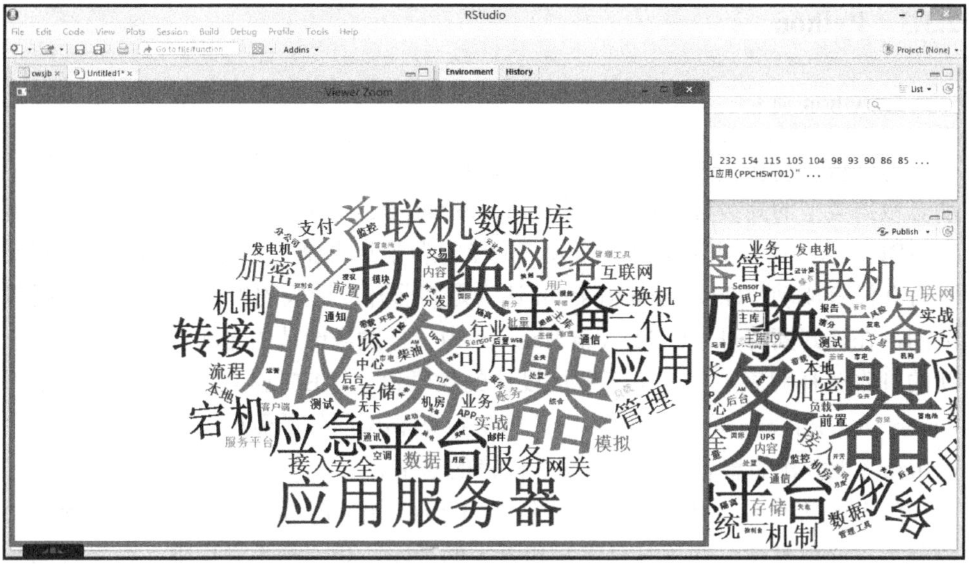

图 2.38　RStudio 的文本分析结果示例界面

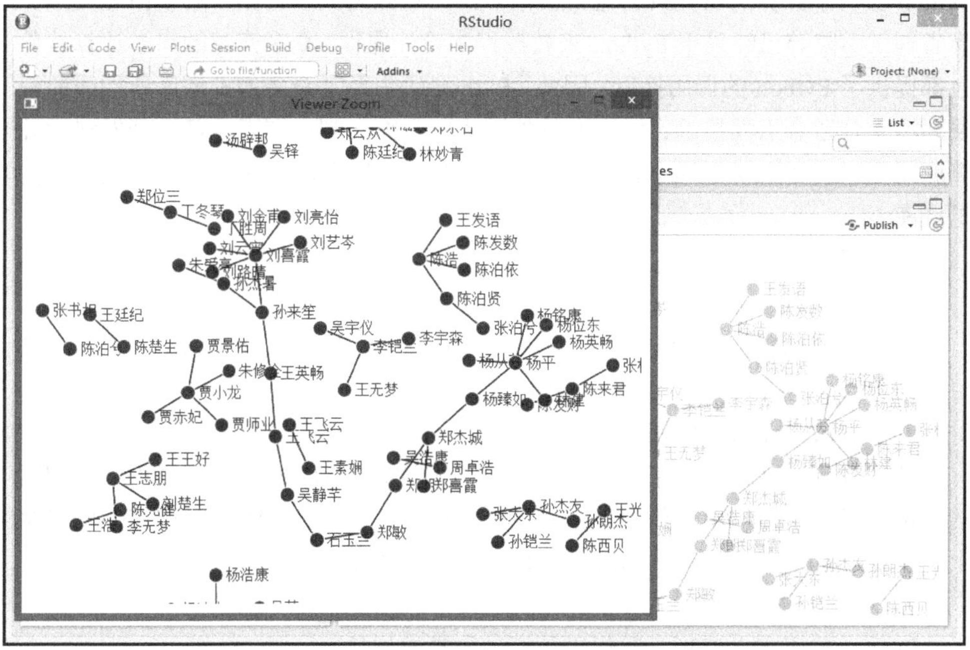

图 2.39　RStudio 的社会网络动态可视化分析结果示例界面

另外，在 RStudio 中通过连接数据库，可以采用 SQL 语句对数据库中的数据进行查询分析。

2.3.3 Python

1. Python 简介

Python 的创始人为荷兰人 Guido van Rossum，它是一种面向对象、解释型、动态数据类型的高级程序设计语言。Guido van Rossum 曾参加设计了一种教学语言 ABC，这种语言非常优美和强大，是专门为非专业程序员设计的。但是，ABC 语言并没有成功，Guido van Rossum 认为是其非开放造成的失败。1989 年圣诞节期间，在阿姆斯特丹，Guido van Rossum 为了打发圣诞节的无趣，决心开发一个新的脚本解释程序，作为由其参加设计的教学语言 ABC 语言的一种继承。由于 Guido van Rossum 是一个叫 Monty Python 的喜剧团体的爱好者，因此，他选中 Python（大蟒蛇的意思）作为该编程语言的名字。

Python 第一个公开发行版发行于 1991 年。由于 Python 语法简捷、清晰，功能强大、简单易学，并且具有丰富和强大的类库，是一种不受局限、跨平台的开源编程语言，因此， Python 语言自诞生至今，得到了广泛应用和支持。在国外用 Python 做科学计算的研究机构也日益增多，一些知名大学，如卡耐基梅隆大学、麻省理工学院等已经采用 Python 来教授程序设计课程。众多开源的科学计算软件包都提供了 Python 的调用接口。因此，Python 语言及其众多的扩展库所构成的开发环境十分适合工程技术、科研人员处理实验数据、制作图表，甚至开发科学计算应用程序。商用软件 Matlab 的大部分常用功能都可以在 Python 中找到相应的扩展库。

概括来说，Python 具有以下特点。

1）简单易学

Python 有相对较少的关键字，结构简单；有一个明确定义的语法，学习起来更加简单。

2）免费、开源和可移植性

使用者可以自由地发布 Python 的拷贝，阅读它的源代码，对它做改动，把它的一部分用于新的自由软件中。由于 Python 的开源性，它能够工作在不同平台上，包括 Linux、Windows、Macintosh、Solaris、OS/2 等。

3）易于维护和阅读

Python 代码定义清晰，源代码是相当容易维护的。

4）具有丰富的库

Python 标准库庞大，可以帮助处理各种工作，包括正则表达式、文档生成、单元测试、线程、数据库、网页浏览器、GUI（graphical user interface，图形用户界面）等。除了标准库以外，还有许多其他高质量的库，如 Python 图像库等。

5）可连接各种类型的主流商业数据库

Python 提供所有主要的商业数据库接口，可以连接各种类型的主流商业数据库。

6）在科学计算方面优于 Matlab

Matlab 是一款商用软件，而 Python 完全免费；与 Matlab 相比，Python 能让用户编写出更易读、易维护的代码；Matlab 主要专注于工程和科学计算，而 Python 有着丰富的扩展库，可以轻易完成各种高级任务，开发者可以用 Python 实现完整应用程序所需的各种功能。

2. Python 开发工具简介

有很多的 Python 集成开发环境工具可以用，审计人员可以使用最基本的文本编辑器进行 Python 编程，也可以用功能丰富的 Python 集成开发环境工具进行 Python 编程，常见的 Python 开发工具介绍如下。

1）PyCharm

PyCharm 是专业的全功能 Python 集成开发环境，它来自 JetBrains 公司。PyCharm 有两个版本：一个是免费的社区版本，另一个是面向企业开发者的专业版本。

2）Spyder Python

Spyder Python 是一个开源、免费的 Python 集成开发环境，非常适合用来进行科学计算方面的 Python 开发，它可以运行于 Windows、Mac OS、Linux 等操作系统上。

3）Pydev

Pydev 是一个运行在 eclipse 上的开源插件，它是免费、功能强大、使用普遍的 Python 集成开发环境。它还提供很多强大的功能来支持高效的 Python 编程。

4）PTVS

PTVS（Python tools for visual studio）是开源、免费的 Python 集成开发环境，它集成在 visual studio 中，将 visual studio 变成了一个功能强大、丰富的 Python 集成开发环境。

5）Anaconda

Anaconda 是一个用于科学计算的、开源的 Python 发行版本，包含 Python 和相关的配套工具，提供了包管理与环境管理的功能。

6）Spyder

Spyder（scientific Python development environment）是一个强大的交互式 Python 语言开发环境，提供高级的代码编辑、交互测试、调试等特性，支持

Windows、Linux 和 Mac OS 系统。和其他的 Python 开发环境相比，Spyder 最大的优点就是可以很方便地观察和修改数组的值。

7）其他工具

除了以上工具外，Eric、Wing IDE 等也是比较常见的 Python 开发工具。

3. 基于 Python 开发工具的数据采集

在采用 Python 开发工具进行数据审计时，需要把相关数据采集到 Python 开发工具中来。Python 开发工具可以采集多种类型的数据，如文本文件 CSV、Web 抓数据；数据库数据，如 Oracle、Microsoft Access、My SQL 等数据库中的数据；电子表格数据，如 Microsoft Excel 数据等，很好地满足了大数据审计的需要。例如，Python 中可以使用 xlrd（Excel read）来读取 Excel 文件。

4. 基于 Python 开发工具的数据分析

基于 Python 工具，审计人员可以实现各种大数据分析，如社会网络分析等大数据智能分析；文本数据分析；柱状图、折线图、饼图、散点图、气泡图、雷达图、地区分布图、树地图、热力图等分析。其示例详见 2.2 节。

2.3.4 Tableau

常见的商业化数据可视化工具软件很多，如 Tableau、Qlikview、SAS、SAP Business Objects 水晶易表、IBM Cognos、Microsoft Excel 等。其中，Tableau 是一款较为简单的数据可视化工具软件，它实现了数据运算与美观的图表的完美结合，用户只需要将大量数据拖放到数字“画布”上，便能创建所需要的各种图表（Tableau，2014），如气泡图、柱状图、条形图、热力图、折线图、饼图、散点图等。

Tableau 分为 Desktop 版和 Server 版。Desktop 又分为个人版和专业版，个人版只能连接到本地数据源，专业版还可以连接到服务器上的数据库；Server 版主要是用来处理仪表盘，上传仪表盘数据进行共享，用户通过访问同一个 Server 就可以查看到其他同事处理的数据信息。

审计人员可以采用 Tableau 连接各种类型的被审计数据，包括所有主流数据库，以及 Hadoop 等数据库。以 Desktop 版 Tableau 为例，其数据采集方法如图 2.40 所示。

在完成数据采集之后，便可进行数据可视化分析。以 Desktop 版 Tableau 为例，其可视化数据分析方法示例如图 2.41 和图 2.42 所示。

图 2.40　Desktop 版 Tableau 的数据采集示例

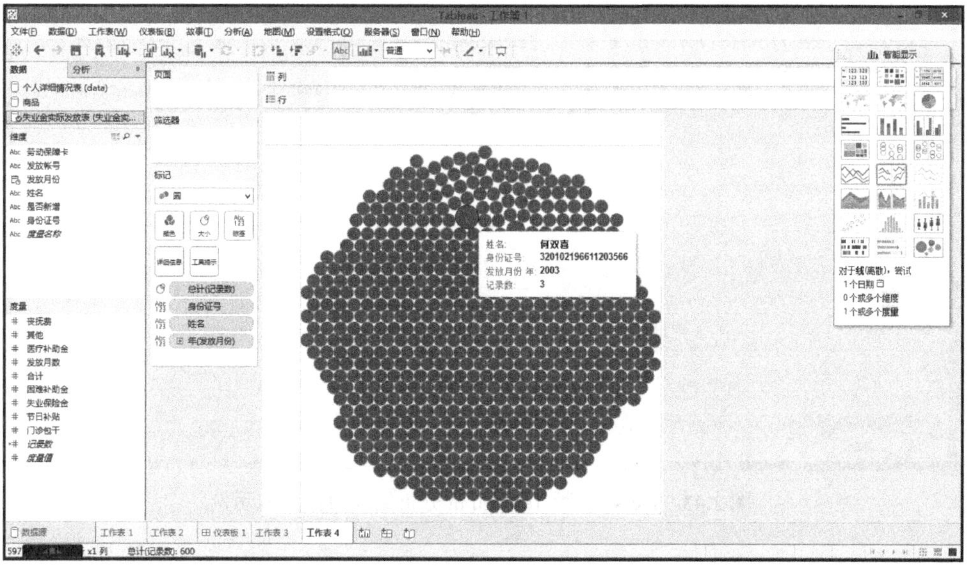

图 2.41　Desktop 版 Tableau 的气泡图可视化分析示例

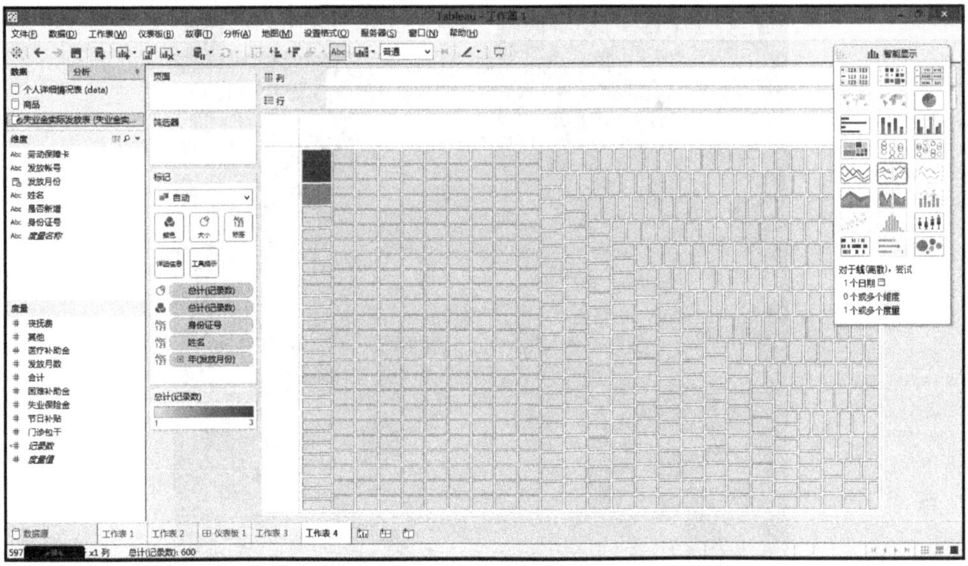

图 2.42　Desktop 版 Tableau 的树地图可视化分析示例

对以上可视化分析的结果，可以提取相应的数据进行查看和保存，如图 2.43 所示。

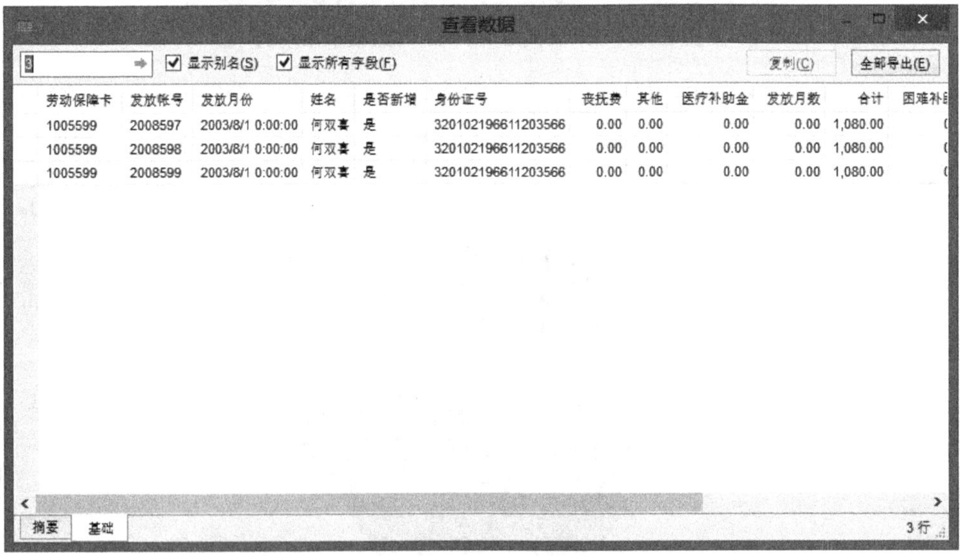

图 2.43　Desktop 版 Tableau 的分析结果数据提取示例

2.4　本章小结

开展大数据审计需要掌握一定的大数据审计技术方法以及相应的大数据软件工具，本章根据目前大数据审计的研究与应用现状，把能有效应用于大数据审计的大数据审计技术归纳为大数据智能分析技术、大数据可视化分析技术、大数据多数据源综合分析技术三类。在此基础上，借助相关工具分别分析了这三类大数据审计技术的实现与应用。最后，对目前流行的、比较简单的、开源的大数据工具 R、Python 以及大数据商品化软件 Tableau 等做了简单分析。通过本章的内容，可以快速掌握大数据审计基本技术与工具，从而为研究与应用大数据审计打下基础。

第 3 章　电子数据审计基础方法

3.1　引　　言

由第 1 章的分析可知，大数据审计主要包括大数据环境下的电子数据审计（如何利用大数据技术审计电子数据、如何审计大数据环境下的电子数据）和大数据环境下的信息系统审计（如何利用大数据技术审计信息系统、如何审计大数据环境下的信息系统）两个方面。为了更好地掌握大数据环境下的电子数据审计，首先需要了解电子数据审计的相关基础知识，本章分析电子数据审计的基础方法，从而为后文分析大数据环境下的电子数据审计打下基础。

3.2　传统审计方法简介

传统环境下，审计人员常用的审计方法分析如下。

1. 审阅法

审阅法主要用于对各种书面资料的检查。通过审阅法，可以对各种相关的书面资料（包括会计资料，以及其他经济信息资料及相关资料）进行审阅，从而发现问题数据。

2. 复算法

复算法亦称验算法，是指通过对有关数据指标进行重新计算，以验证其是否正确可靠的审计技术。

3. 盘存法

盘存法是通过对财产物资的清点和计量，证实账面反映的财物是否存在，以验证有关数据是否真实的审计确认方法。

4. 函证法

函证法是审计人员根据审计工作的具体需要，设计出一定格式的函件寄给有关单位和人员，以证实某些问题的一种审计确认方法。

5. 鉴定法

鉴定法是指对某些审计事项检查需要的技能超出审计人员的正常业务范围，聘请专门人员运用专门方法进行检测以获取审计证据的一种审计技术。鉴定法是一种证实问题的方法，不是审计的专门技术，但却是必不可少的技术。鉴定法通常用于一些涉及较多专门技术问题的领域，以及难以判别真实情况的一般审计事项。应用鉴定法的目的主要有以下两个。

（1）当验证审计事项所需的证据材料超出审计人员的职责范围时，运用鉴定技术可以取得更有效的、说服力更强的证据。

（2）当验证审计事项需要的证据材料超出一般审计人员在正常情况下应具备的取证能力时，运用鉴定技术可以弥补审计人员能力的不足，获取更有效的证据。

3.3 审计证据及审计取证

3.3.1 审计证据

审计证据是指审计机关和审计人员获取的用以说明审计事项真相，形成审计结论基础的证明材料。审计的过程实质上就是不断收集、鉴定和综合运用审计证据的过程。要实现审计目标，必须收集和评价审计证据。注重选择审计证据对做好审计工作起着举足轻重的作用。

一般来说，审计证据有下列几种。

（1）书面证据，即以书面形式存在并证明审计事项的证据。

（2）实物证据，即以实物形式存在并证明审计事项的证据。

（3）电子审计证据，即以录音录像或者计算机存储、处理的证明审计事项的视听或者电子数据资料。

（4）口头证据，即与审计事项有关人员提供的口头证据。

（5）专门机构或者专门人员的鉴定结论和勘验笔录。

（6）其他证据。

3.3.2 电子审计证据

电子审计证据是指任何生成的、传递的、经过处理的、记录的以及（或者）以电子形式保存的用来支持审计报告内容的信息。这些信息仅能通过使用合适的设备和技术（如计算机、软件、打印机、扫描仪、传感器或磁质媒体等）来获得。电子审计证据包括会计记录、原始文档、日记账和总账、支持性文件和其他任何形式的以电子形式存在的可为审计使用的数据或信息。和传统的审计证据相比，电子审计证据具有以下特点。

（1）电子审计证据是一种以数字形式存在的，逻辑结构与信息本身相分离的信息。

（2）信息的来源、目的地、发出和接收的日期都没有与电子文档或其他信息格式集成在一起，因此，电子审计证据的来源更加难以被确定，相关授权人员的批准以及签名本身的真实性也更加难以确定。

纸质审计证据和电子审计证据的比较如表 3.1 所示（Lavigne and Émond，2002）。

表 3.1　纸质审计证据和电子审计证据的比较

比较项目	纸质审计证据	电子审计证据
原始性	证据的原始性很容易确定	仅检查电子信息很难确定其原始性
变更和修改	纸质证据的修改很容易被检查出来	仅通过检查电子信息很难发现信息的修改，信息的完整性取决于可靠的控制和安全技术
批准	纸质文档很容易确认授权人员的批准信息	仅通过检查电子信息很难确认授权人员的批准情况，需要使用控制和安全技术来确定
完全性	一笔交易所有相关的内容一般包含在同一个文档中	相关的内容常常包含在数据库系统的多个数据文件之中
查阅	不需要什么设备	需要各种各样的技术和设备
格式	文档的格式是完整的	电子审计证据的格式是从数据中分离的，很容易被改变
可用性和易访问性	在审计过程中，纸质审计证据在可用性和易访问性方面通常没有限制	电子数据的审计轨迹在审计的时候可能不能利用，访问数据可能很困难
签名	在纸质文档上签名和查看签名很容易	发布和查看一个可靠的电子签名需要合适的技术

为了评估收集来的、用来支持审计报告的电子审计证据的充分性和合适性，审计人员应该考虑使用这些证据所带来的特定风险。评估这些风险不能像传统环境下评估纸质文档一样，审计人员应该确保生成、处理、传输和维护电子信息的控制与技术是充分的，能够保证电子信息的可靠性。一般来说，用来评估电子信息作为审计证据是否可靠的指标如表 3.2 所示。每个指标的重要性取决于电子信息的本质和来源，以及期望使用的目的。除了评估电子审计证据的可靠性之外，审计人员还要考虑电子审计证据作为审计证据的可用性。

表 3.2　电子信息作为审计证据的可靠性评估指标

评估指标	说　明
可证明性（authentication）	创建信息的人或物的一致性能被确认
完整性（integrity）	完整性是确保信息被生成、处理、传输、维护和存档时，没有被故意地或意外地更改或破坏
是否授权（authorization）	信息的准备、处理、修改、更正、发送、接收和访问等操作是由被授权的人或相关负责人来完成的
认可性（nonrepudiation）	发送或接收信息的部门、个人或实体不能否认参与了信息内容的交换和批准。根据是否有电子信息的原始的、收据的、内容的不能反驳的证据，可以分成原始的认可、收据认可，或内容认可

3.3.3　审计取证

传统环境下，审计人员可以采用审阅法、复算法、盘存法、函证法、鉴定法等收集审计证据。各种审计证据可用来实现各种不同的审计目标，审计人员形成任何审计结论和意见，都必须以合理、充分的审计证据为基础。由此可见，审计证据对审计人员而言事关重大，它贯穿独立审计的全过程，是形成审计意见的依据。因此，审计人员必须注重选择审计证据，保证审计质量，以降低审计风险。

信息化环境下，审计证据的获取多是采用信息技术对被审计电子数据的分析来完成的，也就是说，通过对被审计数据的分析，发现可疑数据，并通过对可疑数据的审计判断，最终获取审计证据。审计取证的一般过程可概括为："总体分析，发现线索，分散核查，系统研究。"

在审计数据分析的过程中，审计人员需要将被审计单位提供的原始电子数据、使用的电子数据的数据库系统名称、电子数据的具体数据表名称、分析处理方法、数据分析的详细过程以及产生的分析结果等妥善保存，以便作为审计取证单的附件材料归档。

由于在审计数据的采集、预处理和分析过程中难免出现人为处理错误等情况，所以，在可能的情况下，应先将审计数据分析的明细结果交给被审计单位，征求意见，经双方认定的结果得到确定后，再将分析结果具体化为纸质资料，由被审计单位签字确认，作为审计取证资料。

如果审计数据分析的结果仅仅是揭示出问题的线索，但不能直接发现和核实问题，则应根据线索进行延伸审计，获取审计证明材料。

3.4 电子数据审计原理

3.4.1 信息化环境下开展审计的主要流程

信息化环境下的审计与手工审计相比，审计目标是相同的，但审计技术和方法、审计作业方式发生了根本性变化。目前，信息化环境下审计项目实施的流程如图 3.1 所示。由图 3.1 可知，“审计实施”是整个流程的关键环节，这一环节就是电子数据审计的内容。

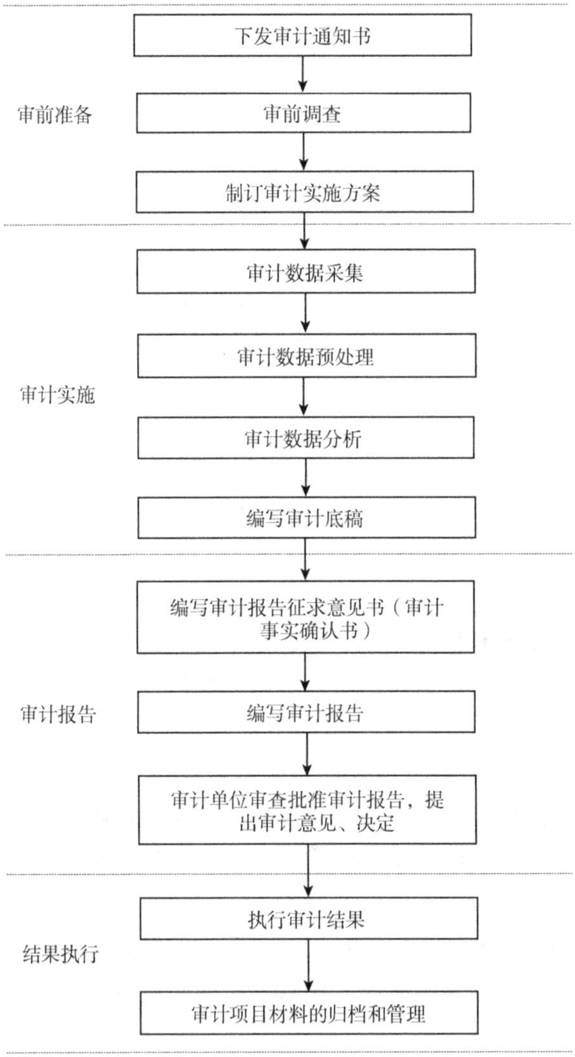

图 3.1 信息化环境下审计项目实施的流程

一般来说，开展电子数据审计需要如下几个关键步骤。

（1）审计数据采集。采集被审计单位信息系统中的数据。

（2）审计数据预处理。根据对这些数据的分析和理解，将其转换为满足审计数据分析需要的数据形式。

（3）审计数据分析。采用通用软件或专门的审计软件对采集到的电子数据进行分析处理，从而发现审计线索，获得审计证据。

3.4.2　电子数据审计关键步骤分析

1. 审前准备阶段

1）下发审计通知书

在到被审计单位开展审计时，需要向被审计单位下发审计通知书。

2）审前调查

在对被审计单位实施审计前，应在对其组织结构进行调查的基础上，掌握信息系统在组织内的分布和应用的总体情况。然后，根据审计的目的和信息系统的重要性确定需要深入调查的子系统，进行全面和详细的了解，内容应包括软硬件系统、应用系统的开发情况和有关技术文档情况、系统管理员的配置情况、系统的功能、系统数据库的情况等。通过审前调查，审计人员应全面了解被审计单位信息系统的概况，对信息系统中与审计相关的数据更要有全面、详细、正确的认识，提出可行的、满足审计需要的数据需求，确定数据采集的对象及方式。

3）制订审计实施方案

在审前调查的基础上，需要根据审计项目情况，制订审计实施方案。

2. 审计实施阶段

1）审计数据采集

在审前调查提出数据需求的基础上，审计人员在被审计单位的配合和支持下，通过可行的技术手段，如直接复制、通过中间文件和 ODBC（open database connectivity，开放数据库互连）采集等方式，及时获取所需的被审计单位信息系统中的数据。

2）审计数据预处理

由于被审计单位数据来源繁杂，数据格式不统一，信息表示代码化，数据在采集和处理的过程中可能失真，被审计单位可能有意更改、隐瞒数据真实情况等诸多影响，对采集到的数据必须进行预处理，使得采集来的数据能为审计所用。数据预处理为开展电子数据审计创造了“物质”基础，其工作的质量直接影响电子数据审计的效果。

3）审计数据分析

对预处理后的数据，首先从不同层次、不同角度进行分析，从总体上把握情况，找准薄弱环节，选择审计重点，根据所选择的重点问题，审计人员采用合适的审计方法完成对具体审计数据的分析。

通过对被审计数据进行分析，发现问题的线索，与被审计单位对这些问题进行确认和沟通，最终形成审计证据。

3. 审计报告阶段

在完成审计取证的基础上，基于以上获得的审计证据，审计人员编写审计报告。

1）编写审计报告征求意见书（审计事实确认书）

为了使审计报告能更准确地表达审计结果，减少审计风险，在形成正式审计报告之前，还需要编写审计报告征求意见书（审计事实确认书），对审计报告中的相关内容向被审计单位征求意见。

2）编写审计报告

在完成审计报告征求意见书（审计事实确认书）的基础上，编写审计报告。

3.4.3 电子数据审计组织方式

1. 现场审计一般组织方式

如第 1 章所述，审计人员根据审计任务的需要，到被审计单位现场采集电子数据，然后对这些电子数据进行预处理并完成数据分析，获得审计证据，这种开展电子数据审计的方式可称为现场电子数据审计，这是目前审计作业信息化的主要方式。

审计人员现场电子数据审计实现方法原理如图 3.2 所示。

2. 联网审计一般组织方式

1）面向数据的联网审计

相对于现场电子数据审计，我国正在研究与实施的联网审计也可以看成远程联网电子数据审计，即采用远程联网方式从被审计单位采集电子数据，并对其进行分析，获取审计证据的过程。这种类型的联网审计是通过不断地采集被审计单位信息系统中的数据来实现的，其在技术实现上主要包括审计数据采集、审计数据传输、审计数据存储和审计数据分析四个部分。这种方式也可以看成一种面向数据的联网审计（data-oriented online auditing，DOOA）。这种面向数据的联网审计可以归纳为：联网审计是由于网络技术在审计中的应用而形成的一种新的审计模式，它通过网络采集被审计单位的电子数据，进行连续、全面的分析，及时发现被审计单位存在的问题，为现场审计提供线索和资料，从而使得审计工作实现网络化、远程化。其原理如图 3.3 所示。

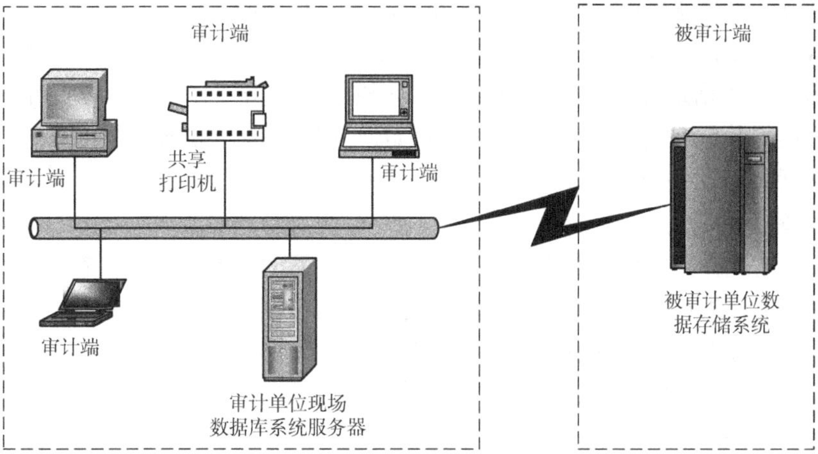

图 3.2　现场电子数据审计实现方法原理

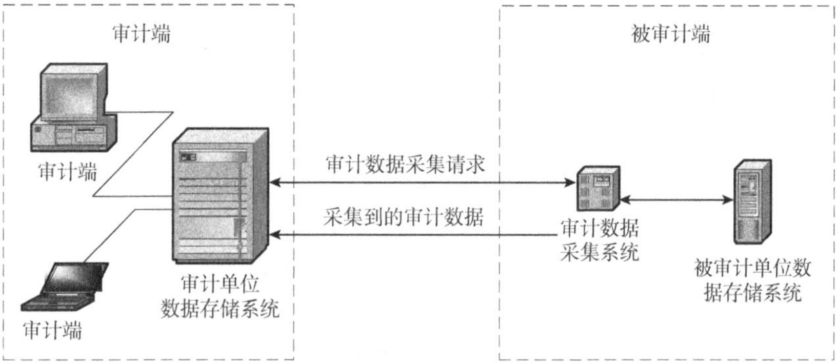

图 3.3　我国面向数据的联网审计实现方法原理

（1）审计数据采集。要实现联网审计，必须研究如何采集被审计单位的电子数据。一般来说，联网审计数据采集的实现是在被审计单位数据服务器端放置一台称为“数据采集前置机”的服务器，通过在“数据采集前置机”上安装数据采集软件，把审计需要的财政财务数据和相关经济业务数据，采集到部署在本地的审计数据采集服务器（前置机）中，从而完成联网审计的审计数据采集工作。

（2）审计数据传输。审计数据传输主要用来把采集的数据通过网络传输到审计单位，以供审计数据分析使用。在实际工作中，可以根据具体的情况采取相应的数据传输方式，如对于大数据量且要求实时审计的数据，可以采用专线的方式进行数据的传输。

（3）审计数据存储。联网审计环境下，由于从被审计单位采集的电子数据是海量的，所以，对于采集的电子数据需要采取一定的方式存储，即可以在审计单位构建联网审计的海量数据存储系统。随着云计算技术的发展，将来也可以采用云存储技术解决联网审计环境下审计数据的海量存储问题。

（4）审计数据分析。审计数据分析阶段主要是采用相关审计工具和方法对采集的电子数据进行分析，从而发现审计线索，获得审计证据。联网审计环境下，采集的数据是海量的，因此，研究如何分析被审计数据，获得审计证据是实现联网审计的关键。

2）联网核查方法

除了上述介绍的面向数据的联网审计，在实际的审计工作中，在风险可控的情况下，审计人员有时会通过局域网或专用网络直接访问被审计单位的数据库服务器，进行数据的查询和分析，完成审计工作。这种联网核查的审计方法有时也被称为联网审计，其原理如图 3.4 所示。

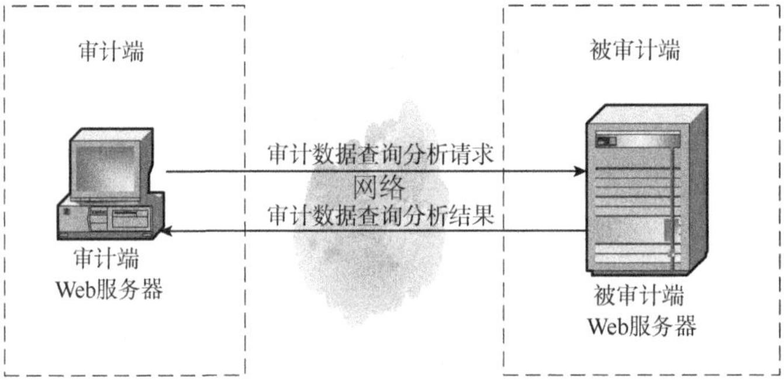

图 3.4　联网核查实现方法原理

3.5　审计数据采集

如何把被审计单位的电子数据采集过来，是开展电子数据审计的关键步骤。《中华人民共和国审计法》（2006 年）（以下简称《审计法》）对审计数据采集做了更具体的规定，《审计法》第三十一条规定：审计机关有权要求被审计单位按照审计机关的规定提供预算或者财务收支计划、预算执行情况、决算、财务会计报告，运用电子计算机存储、处理的财政收支、财务收支电子数据和必要的电子计算机技术文档，在金融机构开立账户的情况，社会审计机构出具的审计报告，以及其他与财政收支或者财务收支有关的资料，被审计单位不得拒绝、拖延、谎报。被审计单位负责人对本单位提供的财务会计资料的真实性和完整性负责。

本节介绍审计数据采集的原理、特点、主要步骤及方法。

3.5.1　审计数据采集的原理

简单地讲，审计数据采集就是审计人员为了完成审计任务，在进行电子数据审计时，按照审计需求从被审计单位的信息系统或其他来源中获得相关电子数据的过程，其原理如图 3.5 所示。

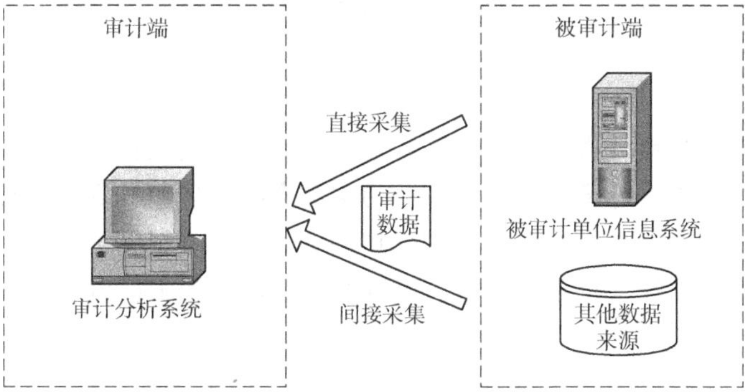

图 3.5　审计数据采集的原理

审计数据采集的对象一般是被审计单位信息系统中的电子数据，或数据库中的备份数据，审计人员也可以从其他来源获得与被审计单位相关的审计数据，如从市场监督管理、税务等部门获得相关审计数据。

3.5.2　审计数据采集的特点

一般来说，审计数据采集具有以下特点。

1. 选择性

选择性是指审计人员在进行审计数据采集时只采集与审计需求相关的数据。审计人员在进行审计数据采集工作之前，必须认真分析和研究本次审计工作方案中明确的审计范围、审计内容以及审计重点，结合审前调查所提出的数据需求，确认本次审计数据采集的范围、内容以及重点，特别是在不能完全采集电子数据的情况下。例如，当审计人员面对海关、银行、税务等被审计单位“海量”的电子数据时，审计数据采集必须做到有的放矢，减少盲目性，提高审计效率，降低审计风险。

2. 目的性

目的性是指审计数据采集是为进行审计数据分析，发现审计线索，获取审计证据做基础数据准备的。如前文所述，为了完成电子数据审计，审计人员首先需要采集被审计单位信息系统中的数据，即审计数据采集；其次，根据对这些数据的分析和理解，将其转换为满足审计数据分析需要的数据形式，即审计数据预处理；最后，采用通用软件或专门的审计软件对采集到的电子数据进行分析，从而发现审计线索，获得审计证据，即审计数据分析。由此可见，审计数据采集是开展电子数据审计的首要步骤，是为进行审计数据分析、发现审计线索、获取审计证据做基础数据准备的，具有一定的目的性。

3. 可操作性

可操作性是指审计人员在进行审计数据采集时，需要根据被审计单位的实际情况选择最合适的审计数据采集方案。后文会介绍实现审计数据采集的技术和方法多种多样，因此，在完成审计数据采集任务时，需要根据被审计单位的具体情况，采取最佳的审计数据采集方案，以降低审计成本和审计风险。

4. 复杂性

信息化环境下，被审计单位的信息化程度差异较大，一些小的单位多采用一些自己开发的应用软件，数据库系统也一般采用单机的，如 Microsoft Access、Foxpro 等。而一些重要的单位，如银行等部门，信息化程度高，采用的应用软件和数据库系统层次也较高，数据库系统多数采用 Oracle 数据库。甚至还有的单位使用盗版软件，软件部分功能不能使用，不能备份数据库，从而不能容易地采集数据。被审计单位信息化程度的差异性造成了审计人员在审计数据采集过程中不能采用同一种审计数据采集方法，必须根据被审计单位的实际情况，选择合适的审计数据采集方法，从而造成了审计数据采集的复杂性。

3.5.3 审计数据采集的主要步骤

在实际的电子数据审计过程中，审计数据采集一般可以归纳为以下几个主要步骤，如图 3.6 所示。

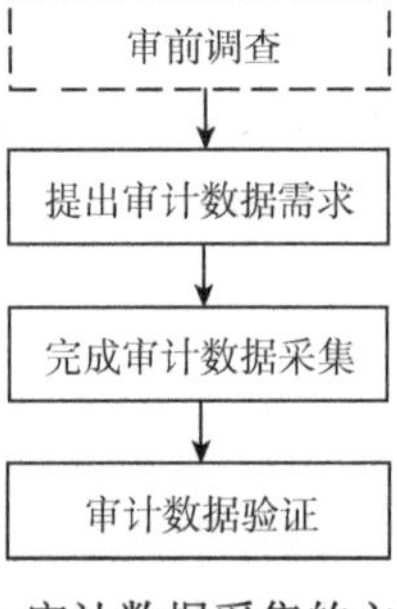

图 3.6 审计数据采集的主要步骤

1. 审前调查

如前文所述，开展电子数据审计之前，应在对被审计单位的组织结构进行调查的基础上，掌握被审计单位计算机信息系统在其组织内分布和应用的总体情况。然后，根据审计的目的和被审计单位计算机信息系统的重要性确定需要深入调查的子系统，进行全面、详细的了解。通过审前调查，对被审计单位信息系统的相关情况进行了解。

2. 提出审计数据需求

在审前调查的基础上，提出书面的数据需求，指定采集的系统名称（必要时还应指定数据库中具体的表名称以及字段名称）、采集的具体方式、指定数据传递格式、所需数据的时间段、交接方式、数据上报期限和注意事项等内容。

3. 完成审计数据采集

根据审计数据需求，从被审计单位获得所需要的审计数据。

4. 审计数据验证

对获得的审计数据进行检查，以保证审计数据采集的真实性和完整性，从而降低审计风险。

需要指出的是，在审计数据采集过程中，由于电子资料比纸质资料更容易被篡改，并且难以发现篡改的痕迹，为了降低电子数据审计的风险，必须建立电子数据承诺制，即被审计单位必须保证所提供电子数据的真实性和完整性。

3.5.4　审计数据采集的方法

审计人员常用的审计数据采集方法主要有以下五种。

1. 直接复制

直接复制是指当被审计单位的数据库系统与审计人员使用的数据库系统相同时，只需直接将被审计单位的数据复制到审计人员的计算机中即可。

2. 通过中间文件采集

通过中间文件采集是指被审计单位按照审计要求，将原本不符合审计软件要求的数据转换成审计软件能读取的格式（如文本文件 TXT 格式、XML 格式等）提供给审计人员。

对于一些比较敏感的系统，审计人员可能不便直接接触其系统和相关资料，可以在审计人员的监督下，由被审计单位技术人员将其数据转换为标准格式数据或审计人员指定格式的数据，交给审计人员。

在数据采集的实际应用中，很多情况下采用文本文件作为约定的格式。这主要是因为大多数数据库管理系统都能导出、导入文本文件，应用范围广泛。审计人员在电子数据审计的实践中，经常会通过文本文件导入数据，所以掌握文本文件的导入操作是十分必要的。

3. 通过 ODBC 接口采集

通过ODBC接口采集数据是指审计人员通过ODBC数据访问接口直接访问被审计单位信息系统中的数据，并把数据转换成审计所需的格式。

4. 通过备份/恢复的方式采集

通过备份/恢复的方式采集是指审计人员首先把被审计单位数据库系统中的数据备份出来（或者让被审计单位把该单位数据库系统中的数据备份出来），然后把该备份数据在审计人员自己的数据库系统中恢复成数据库格式的数据，最后就可以在审计人员自己的数据库系统中对采集来的被审计单位的数据进行审计数据分析。

5. 通过专用模板采集

通过专用模板采集是指一些审计软件针对不同的被审计信息系统设计了相应的“专用采集模板”，审计人员在进行审计数据采集时，通过选择相应的模板，可以自动实现数据的采集。

这种方式的优点是使用简单，自动化程度高，对审计人员的技术水平要求不高；缺点是审计软件必须为每一类被审计单位的应用软件（包括该软件的不同版本）设计一个专用采集模板。由于目前被审计单位所使用的应用软件各式各样，很难为每一类应用软件以及相应的各种版本设计相应的模板，这使得专用模板采集法的成本相对较高。审计人员在实际的工作中，应根据被审计单位的实际情况，有采集模板时选择模板采集法，没有采集模板时再选择其他数据采集方法。

国内的审计软件 AO 就采用了这种模板采集方法，以“AO 2011”为例，其模板采集方法的界面如图 3.7 所示。

五种数据采集方法的优缺点分析如表 3.3 所示。

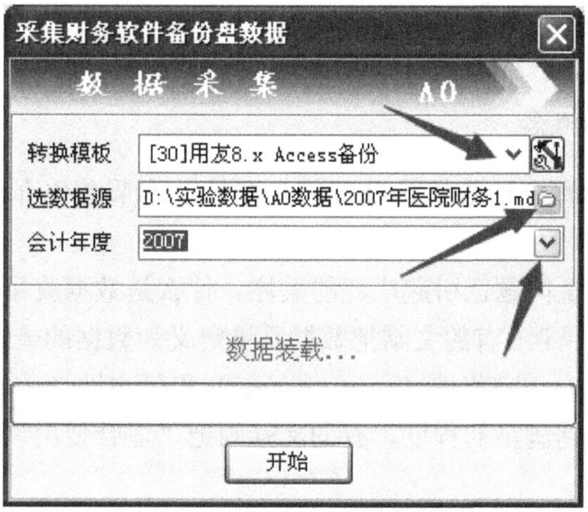

图 3.7　“AO 2011”的模板采集方法界面

表 3.3　五种数据采集方法的优缺点分析

数据采集方法	影响使用的因素				
	动态还是静态	对被审计信息系统的影响	专业知识需求	对被审计单位的依赖性	灵活程度
直接复制	静态	影响小	不需要	不依赖	一般
通过中间文件采集	静态	影响小	不需要	依赖	一般
通过 ODBC 接口采集（从被审计单位信息系统中采集）	动态	影响大	需要	不依赖	高
通过备份/恢复的方式采集	静态	影响小	需要	如果请被审计单位备份，则依赖	一般
通过专用模板采集（从备份数据中采集）	静态	影响小	不需要	不依赖	低

3.6　审计数据预处理

审计数据预处理是电子数据审计中的重要环节。由于采集的被审计数据往往会有许多数据质量问题，例如，有些数据字段的值不确定，在采集数据时，无法得到该数据字段的值，从而造成数据不完整，不能满足后面审计数据分析的需要。另外，这些问题的存在将直接影响后续审计工作所得出的审计结论的准确性。因此，完成审计数据采集后，审计人员必须对从被审计单位获得的原始电子数据进行预处理，从而使其满足后面审计数据分析的需要。

3.6.1 数据质量

1. 数据质量的概念

为了更好地理解审计数据预处理的必要性，本节首先介绍数据质量的相关概念。

目前，数据质量问题已引起广泛的关注。什么是数据质量呢？数据质量问题并不仅仅是指数据错误。有的文献把数据质量定义为数据的一致性（consistency）、正确性（correctness）、完整性（completeness）和最小性（minimality）这四个指标在信息系统中得到满足的程度，有的文献则把“适合使用”作为衡量数据质量的初步标准。

2. 数据质量评价指标

一般说来，评价数据质量最主要的指标如下。

1）准确性

准确性（accuracy）是指数据源中实际数据值与假定正确数据值的一致程度。

2）完整性

完整性是指数据源中需要数值的字段中无值缺失的程度。

3）一致性

一致性是指数据源中数据对一组约束的满足程度。

4）唯一性

唯一性（uniqueness）是指数据源中数据记录以及编码是否唯一。

5）适时性

适时性（timeliness）是指在所要求的或指定的时间提供一个或多个数据项的程度。

6）有效性

有效性（validity）是指维护的数据足够严格以满足分类准则的接受要求。

3. 可能存在的数据质量问题

当建立一个信息系统的时候，即使进行了良好的设计和规划，也不能保证在所有情况下信息系统中数据的质量都能满足用户的要求。用户录入错误、单位合并以及单位环境随着时间的推移而改变，都会影响所存放数据的质量。信息系统中可能存在的数据质量问题有很多种，总结起来主要有以下几种。

1）重复的数据

重复的数据是指在一个数据源中存在表示现实世界同一个实体的重复信息，

或在多个数据源中存在现实世界同一个实体的重复信息。

2）不完整的数据

不完整的数据是指由于录入错误等原因，字段值或记录未被记入数据库，造成信息系统数据源中应该有的字段或记录缺失。

3）不正确的数据

不正确的数据是指由于录入错误，数据源中的数据未及时更新或不正确的计算等，导致数据源中的数据过时，或者一些数据与现实实体中字段的值不相符。

4）无法理解的数据值

无法理解的数据值是指由于某些原因，导致数据源中的一些数据难以解释或无法解释，如伪值、古怪的格式、密码数据等。

5）不一致的数据

不一致的数据包括多种问题。例如，从不同数据源获得的数据很容易发生不一致；同一数据源的数据也会因位置、单位以及时间不同产生不一致。

以上这些问题中，前三种问题在数据源中出现得最多。

3.6.2　审计数据质量问题实例

为了便于理解审计数据的数据质量问题，以采集的某税收征收电子数据（文件名为“税收征收.mdb”，数据表名为“征收表”）为例，其可能存在的部分数据质量问题分析如下。

1. 不完整的数据

如图 3.8 所示，“实纳税额”字段中存在部分空值；如图 3.9 所示，最后几条记录为空记录。空值并不等同于“0”，因而在进行数据分析时，不能参加如查询、筛选、汇总等数据分析，在审计数据分析过程中会被遗漏，所以必须对“征收表”中的空值进行处理。

2. 不一致的数据

如图 3.10 所示，“级次”字段中存在不一致的数据，即该字段中有的数据值为代码，有的数据值为实际的值，为方便后面的审计数据分析，需要转化成统一的格式来表示。

3. 不正确的数据

如图 3.11 所示，“实纳税额”字段中有的数据值为负值，这些数据可能为错误的数值，为方便后面的审计数据分析，需要审计人员对该值进行确认，并对错误的数据值进行处理。

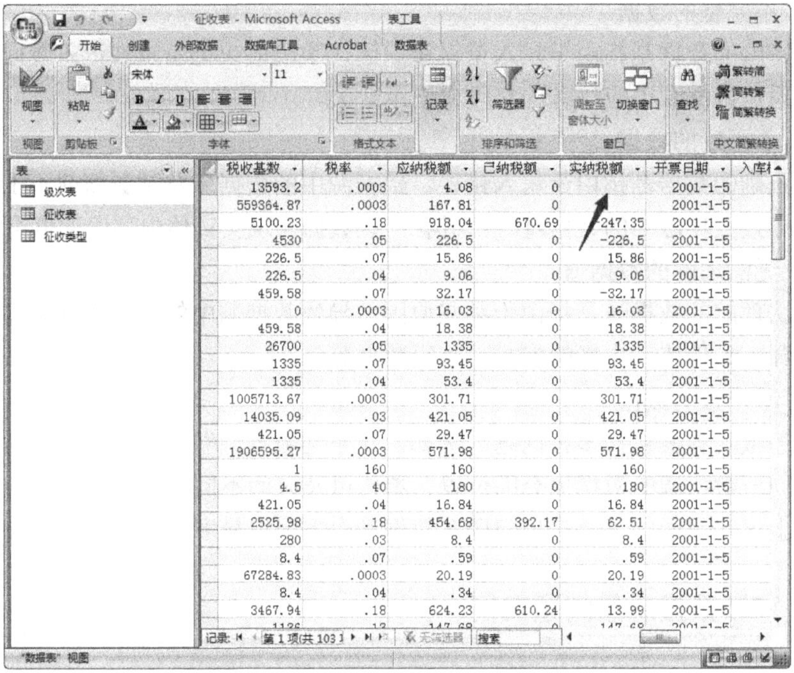

税收基数	税率	应纳税额	已纳税额	实纳税额	开票日期
13593.2	.0003	4.08	0		2001-1-5
559364.87	.0003	167.81	0		2001-1-5
5100.23	.18	918.04	670.69	247.35	2001-1-5
4530	.05	226.5	0	-226.5	2001-1-5
226.5	.07	15.86	0	15.86	2001-1-5
226.5	.04	9.06	0	9.06	2001-1-5
459.58	.07	32.17	0	-32.17	2001-1-5
0	.0003	16.03	0	16.03	2001-1-5
459.58	.04	18.38	0	18.38	2001-1-5
26700	.05	1335	0	1335	2001-1-5
1335	.07	93.45	0	93.45	2001-1-5
1335	.04	53.4	0	53.4	2001-1-5
1005713.67	.0003	301.71	0	301.71	2001-1-5
14035.09	.03	421.05	0	421.05	2001-1-5
421.05	.07	29.47	0	29.47	2001-1-5
1906595.27	.0003	571.98	0	571.98	2001-1-5
1	160	160	0	160	2001-1-5
4.5	40	180	0	180	2001-1-5
421.05	.04	16.84	0	16.84	2001-1-5
2525.98	.18	454.68	392.17	62.51	2001-1-5
280	.03	8.4	0	8.4	2001-1-5
8.4	.07	.59	0	.59	2001-1-5
67284.83	.0003	20.19	0	20.19	2001-1-5
8.4	.04	.34	0	.34	2001-1-5
3467.94	.18	624.23	610.24	13.99	2001-1-5

图 3.8 字段中存在空值数据质量问题的税收征收数据

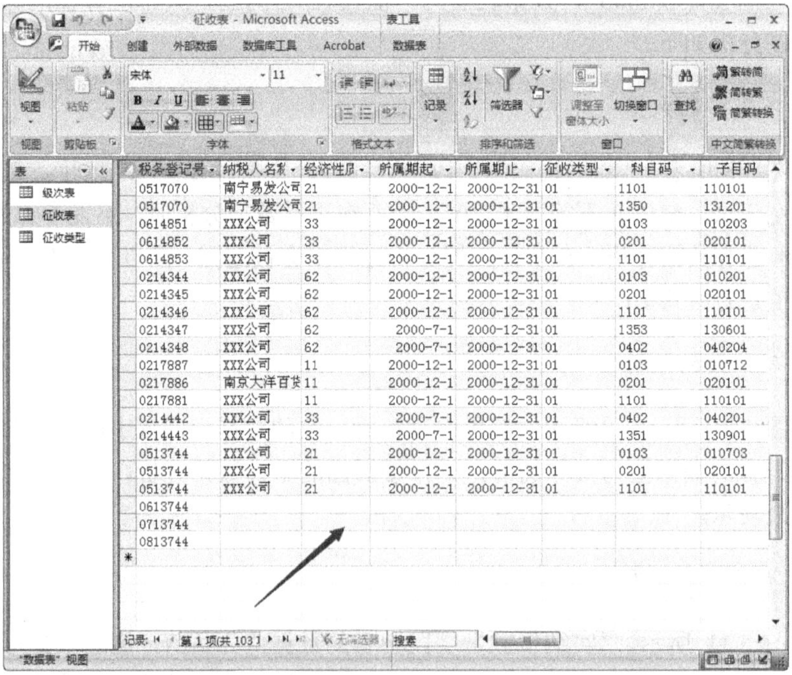

税务登记号	纳税人名称	经济性质	所属期起	所属期止	征收类型	科目码	子目码
0517070	南宁易发公司	21	2000-12-1	2000-12-31	01	1101	110101
0517070	南宁易发公司	21	2000-12-1	2000-12-31	01	1350	131201
0614851	XXX公司	33	2000-12-1	2000-12-31	01	0103	010203
0614852	XXX公司	33	2000-12-1	2000-12-31	01	0201	020101
0614853	XXX公司	33	2000-12-1	2000-12-31	01	1101	110101
0214344	XXX公司	62	2000-12-1	2000-12-31	01	0103	010201
0214345	XXX公司	62	2000-12-1	2000-12-31	01	0201	020101
0214346	XXX公司	62	2000-12-1	2000-12-31	01	1101	110101
0214347	XXX公司	62	2000-7-1	2000-12-31	01	1353	130601
0214348	XXX公司	62	2000-7-1	2000-12-31	01	0402	040204
0217887	XXX公司	11	2000-12-1	2000-12-31	01	0103	010712
0217886	南京大洋百货	11	2000-12-1	2000-12-31	01	0201	020101
0217881	XXX公司	11	2000-12-1	2000-12-31	01	1101	110101
0214442	XXX公司	33	2000-7-1	2000-12-31	01	0402	040201
0214443	XXX公司	33	2000-7-1	2000-12-31	01	1351	130901
0513744	XXX公司	21	2000-12-1	2000-12-31	01	0103	010703
0513744	XXX公司	21	2000-12-1	2000-12-31	01	0201	020101
0513744	XXX公司	21	2000-12-1	2000-12-31	01	1101	110101
0613744							
0713744							
0813744							

图 3.9 记录中存在空值数据质量问题的税收征收数据

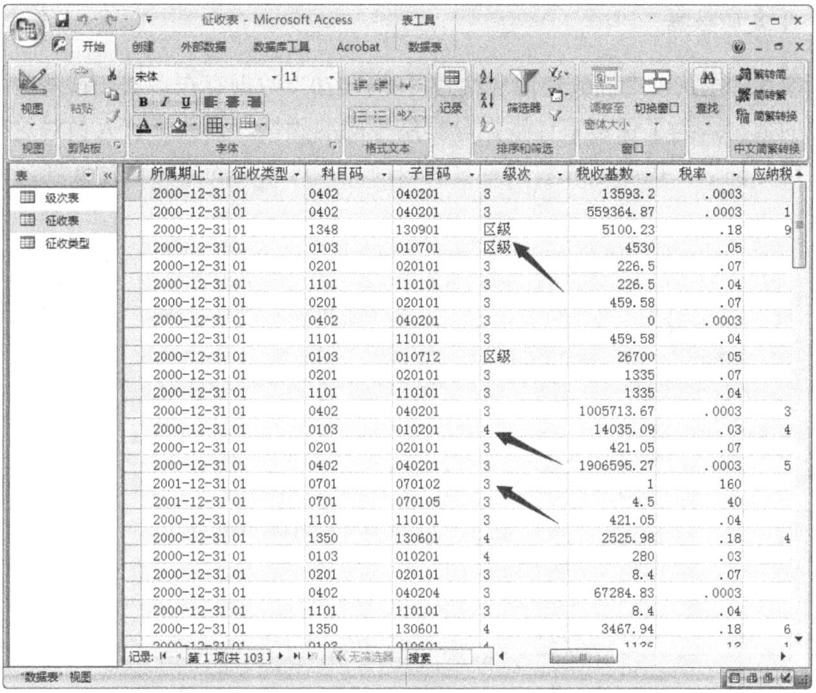

图 3.10　存在不一致数据质量问题的税收征收数据

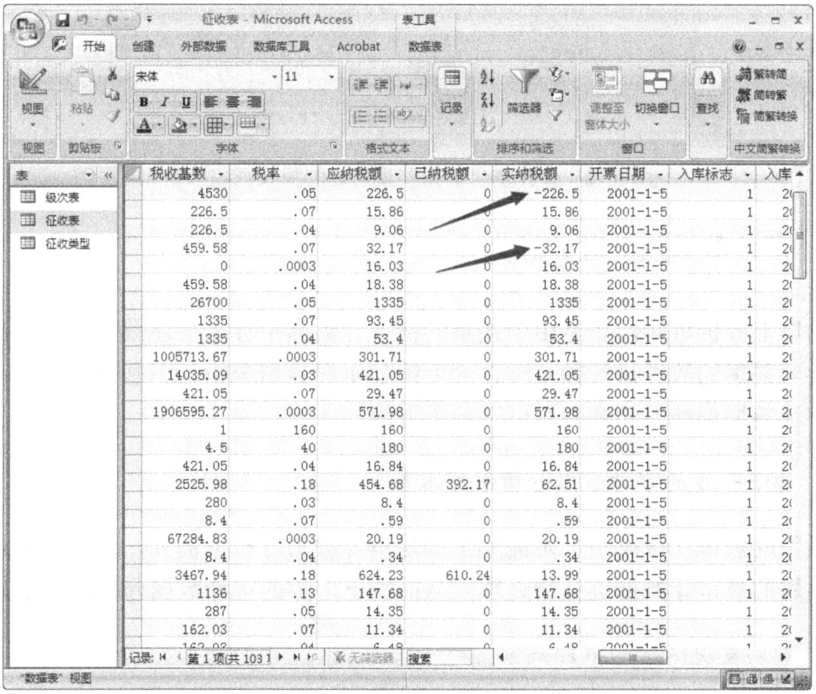

图 3.11　存在不正确数据质量问题的税收征收数据

4. 重复的数据

如图 3.12 所示，“税务登记号”为“0517070”数据存在多条，这些数据可能为重复的数据，为了保证审计数据分析结果的准确性，需要审计人员对这些重复的数据进行确认，找出造成数据重复的原因，并对重复的数据进行处理。

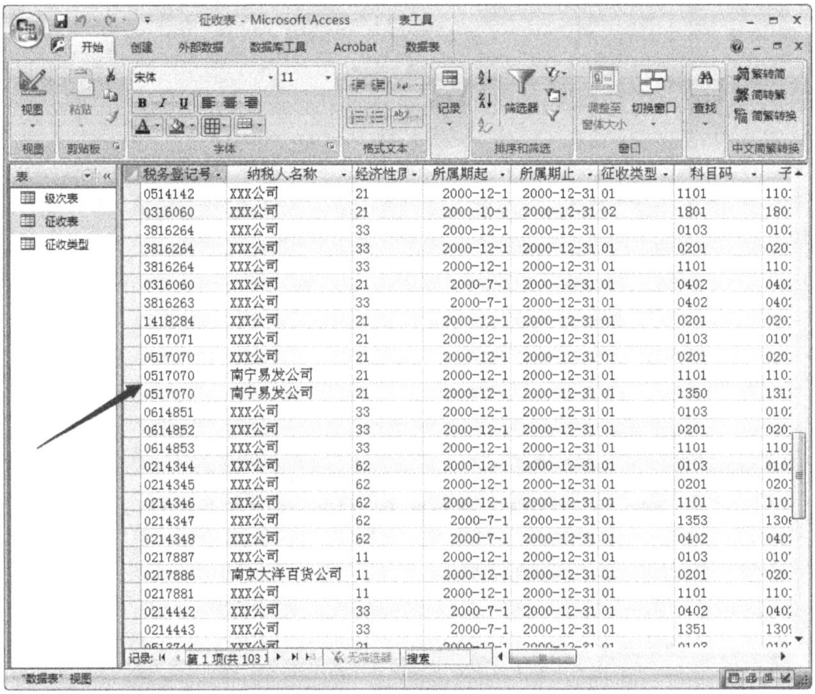

图 3.12　存在重复数据质量问题的税收征收数据

3.6.3　审计数据预处理的意义

由以上分析可知，正是由于采集的被审计数据中存在上述数据质量问题，所以需要对采集的数据进行预处理，为后续的审计数据分析打下基础。概括起来，进行审计数据预处理的意义有以下几个方面。

1. 为下一步的审计数据分析做好准备

采集的被审计数据不一定能完全满足审计数据分析的需要，因此，通过对有质量问题的被审计数据进行预处理，从而为下一步的审计数据分析做好准备。

2. 帮助发现隐含的审计线索

通过对被审计数据进行预处理，可以有效地发现被审计数据中不符合质量的数据。但是，审计人员不能简单地把有质量问题的数据删除掉，因为这些存在质量问题的数据中可能隐藏着审计线索。审计人员需要做的是：对发现的审计数据质量问题进行分析，找出造成质量问题的原因，发现隐藏的审计线索。

3. 降低审计风险

有质量问题的被审计数据会影响审计数据分析结果的正确性，造成一定的审计风险。因此，通过对有质量问题的审计数据进行审计数据预处理，从而降低审计风险。

4. 通过名称转换方式便于数据分析

通过名称转换这一审计数据预处理操作，可以把采集的数据表以及字段名称转换成直观的名称，便于审计人员的审计数据分析。

3.6.4　常用审计数据预处理方法

目前，根据一般审计人员的技术能力和审计工作中的具体要求，并考虑到审计数据预处理方法的经济性和可操作性，常用的审计数据预处理方法包括名称转换、数据类型转换、代码转换、横向合并、纵向合并、空值处理等。例如，通过名称转换这一审计数据预处理操作，可以把采集来的数据表以及字段名称转换成直观的名称，便于审计人员的审计数据分析；同样，其他审计数据预处理也是便于审计人员的审计数据分析。常用的一些数据库产品也可以完成审计数据预处理功能，相关审计数据预处理方法详见作者出版的其他著作（陈伟，2017）。

3.7　审计数据分析

审计数据采集和审计数据预处理的目的是为审计数据分析做准备。通过审计数据分析，发现审计线索，获得审计证据，形成审计结论才是审计的最终目的。因此，如何对采集的数据进行分析是审计人员面临的重要问题，本节介绍常用的审计数据分析方法。

在信息化环境下，审计的对象是电子数据，因此，审计证据的获取多是采用信息技术对被审计数据的分析来完成的。一般来说，常用的审计数据分析方法主要包括数据查询、审计抽样、统计分析、数值分析等，其中，数据查询的应用最为普遍。通过采用这些方法对被审计数据进行分析，可以发现审计线索，获得审计证据。本节介绍这些信息化环境下常用的审计数据分析方法。

3.7.1 数据查询

数据查询是目前电子数据审计中最常用的审计数据分析方法之一。数据查询是指审计人员针对实际的被审计对象，根据自己的经验，按照一定的审计分析模型，在通用软件（如 Microsoft Access、SQL Server 等）或审计软件中采用 SQL 语句来分析采集来的电子数据，或采用一些审计软件通过运行各种各样的查询命令以某些预定义的格式来检测被审计单位的电子数据。这种方法既提高了审计的正确性与准确性，也使审计人员从冗长乏味的计算工作中解放出来，告别以前手工翻账的作业模式。另外，运用 SQL 语句的强大查询功能，通过构建一些复杂的 SQL 语句，可以完成模糊查询以及多表之间的交叉查询等功能，从而完成复杂的审计数据分析功能。

目前，除了借助通用软件应用数据查询这种方法之外，多数审计软件都提供了这种审计数据分析方法。国内的审计软件如现场审计实施系统和电子数据审计模拟实验室软件等；国外的审计软件如 IDEA、ACL 等。

3.7.2 审计抽样

审计抽样是指审计人员在实施审计程序时，从审计对象总体中选取一定数量的样本进行测试，并根据样本测试结果，推断总体特征的一种方法。它是随着经济的发展、被审计单位规模的扩大以及内部控制的不断健全与完善，而逐渐被广泛应用的审计方法。

根据决策依据方法的不同，审计抽样可以分为两大类：统计抽样和非统计抽样。统计抽样是在审计抽样过程中，应用概率论和数据统计的模型与方法来确定样本量、选择抽样方法、对样本结果进行评估并推断总体特征的一种审计抽样方法。非统计抽样也称判断抽样，由审计人员根据专业判断来确定样本量、选取样本和对样本结果进行评估。因此，审计人员可能不知不觉地将个人的“偏见”体现在样本的选取中，而使样本不能客观地反映总体的真实情况。另外，也可以有效地利用审计人员的经验和直觉，更有效地发现和揭露问题或异常。因此，非统计抽样只要设计得当，也可以达到同统计抽样一样的效果。

在审计中应用统计抽样和非统计抽样方法一般包括如下四个步骤。

（1）根据具体审计目标确定审计对象总体。

（2）确定样本量。

（3）选取样本并审查。

（4）评价抽样结果。

目前，很多审计软件都开发了审计抽样模块，如现场审计实施系统（auditor

office，AO）、电子数据审计模拟实验室软件、IDEA（interactive data extraction and analysis，交互式数据抽取与分析）等，这使得以前烦琐的数学计算、随机数生成等工作可以轻松实现，并可以保证抽样工作的准确性和合法性。审计人员只要按照抽样向导的提示，输入相应的参数即可，为审计人员规避审计风险、提高审计工作质量起到了很大的作用。

3.7.3　统计分析

在电子数据审计中，统计分析的目的是探索被审计数据内在的数量规律性，以发现异常现象，快速寻找审计突破口。一般来说，常用的统计分析方法包括一般统计、分层分析和分类分析等，在不同的审计软件中，统计分析方法的叫法略有不同。常用的统计分析方法介绍如下。

（1）一般统计。一般统计常用于具体分析之前，以对数据有一个大致的了解，它能够快速地发现异常现象，为后续的分析工作确定目标。一般统计对数值字段提供下列统计信息：全部字段以及正值字段、负值字段和零值字段的个数，某类数据的平均值，绝对值以及最大或最小的若干个值等。

（2）分层分析。分层分析是通过数据分布来发现异常的一种常用方法。其原理一般为：首先选取一个数值类型的字段作为分层字段，然后根据其值域将这一字段划分为若干个相等或不等的区间，通过观察对应的其他字段在分层字段的各个区间上的分布情况来确定需要重点考察的范围。

（3）分类分析。分类分析是通过数据分布来发现异常的另一种常用方法。其原理一般为：首先选择某一字段作为分类字段，然后通过观察其他对应字段在分类字段各个取值点上的分布情况来确定需要重点考察的对象。分类分析的思路类似于“分类汇总”，它是一种简单且非常常用的数据分析手段。与分层分析不同的是，分类分析中用作分类的某一字段不一定是数值型，可以是其他类型的数据，而分层分析中用作分层的某一字段则一定是数值型数据。

很多审计软件都具有统计分析这一功能，如现场审计实施系统、电子数据审计模拟实验室软件、IDEA 等审计软件。统计分析一般和其他审计数据分析方法配合使用。

3.7.4　数值分析

数值分析是根据被审计数据记录中某一字段具体的数据值的分布情况、出现频率等指标，对该字段进行分析，从而发现审计线索的一种审计数据分析方法。这种方法是从“微观”的角度对电子数据进行分析的，审计人员在使用时不用考虑具体的被审计对象和业务。在完成数值分析之后，针对分析出的可疑数据，再结合具体的业务进行审计判断，从而发现审计线索，获得审计证据。相对于其他方法，这种审计数据分析方法易于发现被审计数据中的隐藏信息。常用的数值分析方法主要有重号分析、断号分析和基于 Benford 定律的数值分析方法，一些方法目前已被应用于 IDEA、电子数据审计模拟实验室软件等审计软件中。

1. 重号分析

重号分析用来查找被审计数据某个字段（或某些字段）中重复的数据。例如，检查一个数据表中是否存在相同的发票被重复多次记账。

2. 断号分析

断号分析主要是分析被审计数据中的某字段在数据记录中是否连续。

3. 基于 Benford 定律的数值分析方法

1）Benford 定律原理

1881 年，美国天文学家 Simon Newcomb 在所发表的一篇论文中描述了一种奇异的数字分布规律：在图书馆的对数表手册中，包含较小数字的页码比那些包含较大数字的页码明显磨损严重，而且磨损的程度和数字大小呈递减关系。通过这个现象，他推断研究人员在查阅对数表时，查阅以数字“1”开头的数字的机会比以“2”开头的数字多，以“2”开头的比“3”多，并以此类推。在这个推断的基础上，他得出以下结论：以“1”开头的数字比以其他数字开头的多。1938 年，美国通用电气公司的科学家 Frank Benford 同样注意到他的对数表手册的特殊磨损现象，通过进一步研究，他得出了和 Newcomb 同样的结论：人们处理较低数字开头的数值的频率较大。为了证明他的假设，Benford 收集了 20 229 类不同的数据集合，这些数据来源千差万别，如河流的面积、不同元素的原子质量、杂志和报纸中出现的数字。通过分析，这些数字呈现同样的特点：首位数字出现较小数字的可能性比出现较大数字的可能性要大。后来，人们以他的名字命名了这条定律，这就是 Benford 定律（Benford's law）。概括来说，Benford 定律是指数字及数字序列在一个数据集中遵循一个可预测的规律。美国国家标准和技术学院（National Institute of Standards and Technology，NIST）给出了 Benford 定律的定义。

定义 Benford 定律

概括来说，Benford 定律是指数字及数字序列在一个数据集中遵循一个可预测的规律。美国国家标准和技术学院（National Institute of Standards and Technology，NIST）给出了 Benford 定律的定义。在不同种类的统计数据中，首位数字是数字 d 的概率为 log10（1+1/d）。其中，数据的首位数字是指左边第一位非零数字。例如，数据 5678、5. 678、0. 5678 的首位数字均为 5。

根据 Benford 定律，可以计算出数据各位上数字出现的概率。

根据以上分析可以得出结论：如果被分析的审计数据不符合 Benford 定律的标准概率分布曲线，则表明在被分析的审计数据中可能含有“异常”的数据。

2）Benford 定律适用的条件

Nigrini（1997）对 Benford 定律的适用条件进行了研究，他认为 Benford 定律适用的三个经验条件如下。

（1）被审计数据量具备一定规模，能够代表所有样本。一般而言，应用 Benford 定律进行分析的数据集规模越大，分析结果越精确。这特别适用于我国大数据环境下的电子数据审计。

（2）被审计数据没有人工设定的最大值范围和最小值范围。例如，一般单位的固定资产台账数据就可能不适合 Benford 分布规律，因为按照财务制度，只有在一定金额之上的固定资产才被登录台账。

（3）目标数据受人为的影响较小。例如，用 Benford 定律对会计数据中的价格数据进行分析就可能不符合分布规律，因为价格受人的影响较大。

3.8　审计数据验证

3.8.1　审计数据验证的重要性

在开展电子数据审计的过程中，审计人员必须不断进行审计数据验证，以保证审计数据采集的真实性和完整性，以及审计数据预处理和审计数据分析的正确性。审计数据验证不仅是确保电子数据真实、正确的重要手段，也是提高审计数据采集、审计数据预处理和审计数据分析质量，降低审计风险的重要保证。其重要性主要体现在以下几个方面。

1. 确认所采集数据的真实性、正确性和完整性

通过审计数据验证，可以确认被审计单位提供的以及审计人员采集的原始电子数据的真实性、正确性和完整性，验证电子数据对被审计单位实际经济业务活动的真实反映程度，保证审计数据采集工作准确、有效地进行，同时对采集的被审计数据进行确认，排除遗漏和失误。

2. 确认审计数据采集过程中数据的完整性

当电子数据从一台计算机迁移到另一台计算机，或从一个信息系统迁移到另一个信息系统的过程中，由于种种原因，可能导致采集的数据发生遗漏。所以，

审计人员完成审计数据采集后，必须对被审计数据进行充分的验证，确认数据的完整性。

3. 减少审计数据采集、审计数据预处理和审计数据分析过程中人为造成的失误

审计人员在进行审计数据采集、预处理和分析时，如果编写的程序存在逻辑错误，或对数据的操作不规范，或选择的方法不正确等，都可能产生部分数据遗漏或丢失等问题，导致审计结果发生错误。因此，审计人员在完成每一步数据操作后，必须对被操作的电子数据进行审计数据验证，确保数据的正确性。

例如，对审计数据预处理过程进行验证可以考虑以下两个方面。

1）确认审计数据预处理的目标实现

为了确认审计数据预处理的目标得以实现，必须针对转换前存在的数据质量问题和转换要求逐一进行核对。

2）确认审计数据预处理工作没有损害数据的完整性和正确性

要确认审计数据预处理工作没有损害数据的完整性和正确性，就必须确认审计数据预处理过程中没有带来新的错误。

3.8.2 审计数据验证的方法

一般来说，审计数据验证的方法主要有以下几种。

1. 利用数据库的完整性约束进行验证

数据的完整性是指数据库中的数据在逻辑上的一致性和准确性。利用数据库的完整性约束可以实现部分数据验证功能。一般来说，数据的完整性包括域完整性、实体完整性和参照完整性。

1）域完整性

域完整性又称列完整性，指一个数据集对某一个列是否有效并确定是否允许为空值。

2）实体完整性

实体完整性又称行完整性，要求表中的每一个行有一个唯一的标识符（关键字）。

3）参照完整性

参照完整性又称引用完整性。参照完整性保证主表中的数据与从表（被参照表）中数据的一致性。

2. 利用数据总量和主要变量的统计指标进行验证

利用数据总量和主要变量的统计指标进行验证是一种常用的方法，内容如下。

1）核对总记录数

审计人员在完成审计数据采集之后，首先要将采集的电子数据的记录数与被审计单位信息系统中反映的记录数核对（有打印纸制凭证的，还要与纸制凭证数进行核对），以验证其完整性。在完成审计数据预处理和审计数据分析之后，也可以根据需要应用这一方法。

2）核对主要变量的统计指标

审计人员在完成审计数据采集、审计数据预处理和审计数据分析之后，可以通过核对主要变量的统计指标，如核对总金额等方法来验证数据的完整性。

3. 利用业务规则进行验证

业务规则是一个系统正常处理业务活动所必须满足的一系列约束的集合。这些约束有来自系统外部的，如国家政策和法律法规；有来自系统内部的，如借贷记账法要求的借贷平衡，账务处理系统中各种账户之间的钩稽关系；有些约束还作为系统的控制手段，如凭证号的连续性约束。利用这些约束可以对采集的数据实施一定程度的验证。常用的方法介绍如下。

1）检查借贷是否平衡

检查借贷是否平衡是审计人员常用的一种简单有效的审计数据验证方法，它与核对总金额方法相辅相成。

2）凭证号断号和重号验证

在会计信息系统中，凭证号是典型的顺序码，凭证号每月按凭证类型连续编制，不同的凭证使用不同的凭证号，凭证号中间不能有断号、空号或重号出现。因此，分析凭证表中凭证号是否连续是验证审计人员所用数据与被审计单位会计数据的一致性的一种重要核对方法。审计人员可以根据实际情况，通过编写 SQL 语句来进行凭证号断号、重号的验证工作，也可以借助一些审计软件的断号、重号分析功能来完成凭证号断号、重号的验证工作。

3）钩稽关系

在业务和会计数据中，存在许多钩稽关系。这些钩稽关系是进行审计数据验证的重要依据。例如，在审计人员采集到的被审计单位固定资产数据表中，关于固定资产价值方面的数据一般都包括资产原值、累计折旧、资产净值字段内容，而且这三个字段之间存在的钩稽关系如下：

$$\text{资产原值} - \text{累计折旧} = \text{资产净值}$$

因此，审计人员在使用被审计单位的固定资产数据表之前，有必要对上述钩稽关系进行验证。例如，可以采用以下 SQL 语句进行验证：

```
SELECT  *
FROM    固定资产表
WHERE（资产原值 -  累计折旧）<> 资产净值;
```

4. 利用抽样方法进行验证

审计数据验证也可以利用抽样的方法来完成。当数据量巨大或者如前文所述的审计数据验证方法无法使用时，可以考虑利用抽样的方法。利用抽样的方法进行验证一般分为以下两种。

（1）从被审计单位提供的纸质资料中按照抽样的规则抽取一些样本，在采集后的数据中进行匹配和验证。

（2）从被审计单位的系统中按照抽样的规则抽取一些样本，在采集后的数据中进行匹配和验证。

3.9 本 章 小 结

电子数据审计是审计信息化的一项重要内容。信息化环境下的审计与手工审计相比，审计目标是相同的，但审计技术和方法、审计作业方式发生了根本性变化。本章根据目前开展电子数据审计的需要，首先分析了审计证据以及审计取证，然后分析了电子数据审计的原理。在此基础上，分析了电子数据审计的关键步骤，包括审计数据采集、审计数据预处理、审计数据分析、审计数据验证等。通过本章的内容，可以掌握电子数据审计的原理，以及开展电子数据审计的关键步骤，从而为后文深入研究大数据环境下的电子数据审计打下基础。对于电子数据审计应用的具体案例，可参考作者出版的其他相关著作。

第 4 章　大数据环境下的电子数据审计方法研究

4.1　引　　言

第 3 章分析了电子数据审计的基础方法，大数据时代的到来使得研究大数据环境下的电子数据审计成为必然。本章在研究大数据环境下电子数据审计面临的机遇、挑战的基础上，研究大数据环境下的一些有效的电子数据审计方法以及部分应用案例，从而为后面的研究打下基础。

4.2　大数据环境下的电子数据审计方法概述

4.2.1　大数据环境下电子数据审计发展机遇和面临的挑战

1. 大数据环境下电子数据审计发展机遇

大数据时代的到来为各行业带来了机遇和挑战。目前，大数据的研究和应用已经成为国内外的热点。世界各国均高度重视大数据相关问题的研究与探索，并从国家战略层面推出研究规划以应对大数据带来的机遇和挑战。其中，大数据时代的到来给电子数据审计带来的机遇主要表现如下。

1）审计取证更充分

如前文所述，随着被审计单位财务和业务数据的电子化，获取被审计单位的电子数据，开展电子数据审计，已经成为审计的重要方式。联网审计技术也使得审计单位获取被审计单位电子数据的范围和频率大大增加。大数据环境下，被审计单位可提供更多、更全面的数据，审计单位可以充分利用采集来的各方面数据，建立集中统一的被审计单位数据中心。在此基础上，借助大数据分析技术，构建审计大数据分析平台和使用更智能的大数据分析技术，通过分析“从数据入口到数据库平台”的更大范围的数据来源，对被审计单位的电子数据进行系统、全面的分析，以及跨部门的综合分析，从而弥补目前数据分析局限于查找单个问题的缺陷，获得更充分的审计证据，更好地发挥审计的威力。

2）大数据的可视化技术更有助于审计数据的分析

可视化技术是大数据应用的重点之一，可视化审计分析方式能够帮助审计人员快速有效地交互分析大量的数据，所提供的洞察力有助于审计人员更快、更准确地从复杂的被审计数据中发现审计线索。

3）审计大数据的实时和快速分析将得以实现

随着云计算、流处理等技术的应用，以及粒计算（granular computing）、量子计算（quantum computing）等用来解决大数据的大计算量技术的研究进展，审计大数据的实时处理和快速决策将得以实现。另外，大数据环境下的审计数据实时分析能够使联网审计更好地实现实时的审计，真正实现持续审计的目的。

4）审计结论更科学

大数据环境下，审计证据的获取、审计报告的形成、审计意见的决策等都可以基于对审计大数据的分析，只要数据可靠，审计结论必然可靠，这使得审计结果更科学。

2. 大数据环境下电子数据审计面临的挑战

尽管大数据技术给审计信息化带来了机遇，但进入大数据时代，开展电子数据审计将面临一些挑战，主要表现如下。

1）审计大数据的真实性

大数据环境下，影响数据真实性的因素很多，为了能得到正确、可靠的审计证据，防止大数据环境下的“假账真审”，必须保证被审计的数据是真实的。防范与控制大数据环境带来的审计风险非常重要，其中，审计大数据质量控制是一个关键问题。

2）审计大数据的控制和保护

大数据环境下，为了获得全面、可靠的审计证据，需要从众多的被审计单位采集大量敏感和重要的数据来分析，这些审计大数据常常会含有一些详细的、潜在的能够反映被审计单位机密的信息，如银行客户的用户名、密码等。这些采集来的数据集中存储在审计单位的数据中心，一般以分布的方式存储，如采用云计算平台方式存储。来自网络的攻击会影响审计大数据的安全，一些对审计数据中心的恶意进攻也会造成严重的后果，这就需要审计大数据有合适的贯穿审计数据采集、审计数据传输、审计数据存储、审计数据维护、审计数据分析等整个数据生命周期的控制和保护，以减少审计风险。

3）审计大数据分析风险

审计大数据的复杂性给数据分析带来了一定困难。大数据环境下，数据信息全面，隐藏的或未知的信息较多，采集来的大量数据为审计数据分析提供了基础，要想做到事中审计或者实时审计，需要强大、高效、实时的审计数据分析方法。另外，大数据环境下，数据复杂性也急剧增长，其多样性（多源、异构、多模态、不连贯语法或语义等）、低价值密度（大量不相关信息、知识“提纯”难度高）、实时性（数据需实时生成、存储、处理和分析）等复杂特征日益显著。审计单位现有的计算机系统和审计软件不能应对急剧增长、种类众多的被审计数据，审计大数据的复杂性给数据分析带来了一定困难，造成了审计数据分析的风险。因此，大数据环境下，如果不采用大数据技术实现从传统的审计数据分析向审计大数据分析的过渡，必将影响审计数据分析结果和分析效率，造成一定的审计风险。

4）审计大数据的全面性尚不够

大数据环境下，审计单位需要访问第三方数据来源并将自己的信息与外部的信息进行集成以充分发挥大数据的潜力。然而，目前尚未建立起数据访问与数据共享机制。这对充分获得大数据带来的价值造成了障碍，影响了审计取证的查全率，造成了一定的审计风险。

5）审计大数据的存储

大数据环境下，已有的审计数据存储技术不能完全满足大数据环境的需要，被审计单位的大数据对审计数据的存储提出了挑战，研究适合大数据环境的审计数据存储技术成为开展电子数据审计的一项重要任务。

4.2.2　大数据环境下的电子数据审计方法与现有电子数据审计方法比较

传统环境下，审计人员常采用审阅法、复算法、盘存法、函证法、鉴定法等方法开展审计工作。如前文所述，信息化环境下，审计的对象是电子数据，因此，审计证据的获取多是采用信息技术对被审计数据的分析来完成的。随着大数据时代的到来，被审计单位的大数据环境向电子数据审计提出了挑战，由大数据的特点可知，目前信息化环境下现有的电子数据审计方法已不能完全满足大数据环境下电子数据审计的需要，因此，大数据环境下需要新的电子数据审计方法。

综合现有文献的分析，大数据环境下的电子数据审计方法与现有电子数据审计方法的比较如表 4.1 所示（陈伟，2016）。

表 4.1　大数据环境下的电子数据审计方法与现有电子数据审计方法的比较

比较内容	大数据环境下的电子数据审计方法	现有电子数据审计方法
被审计数据来源	被审计单位内外部各种类型的相关数据，不仅包括结构化数据，还包括非结构化数据	主要是被审计单位的内部数据，特别是结构化数据
审计数据采集方法	大数据大环境下，除了采用现有审计数据采集方法之外，一些专门针对大数据的采集方法也可用于审计大数据采集之中，如对于非结构化数据的采集，可以采用网络数据采集方法，这种方法通过网络爬虫等方式从网站上获取审计数据信息；对于系统日志数据采集，可以采用 Hadoop 的 Chukwa，Facebook 的 Scribe 等	常用的审计数据采集方法主要有直接复制、通过中间文件采集、通过 ODBC 接口采集、通过专用模板采集以及远程联网数据采集等

续表

比较内容	大数据环境下的电子数据审计方法	现有电子数据审计方法
审计数据预处理方法	不仅仅包括对结构化数据的预处理，有时还需要将非结构化数据通过预处理转化成结构化数据，或直接把非结构化数据预处理为可以方便分析的非结构化数据	一般针对采集来的结构化数据进行审计数据预处理，主要是解决不完整的数据、不一致的数据、不正确的数据、重复的数据等问题，其中，名称转换、数据类型转换、代码转换、横向合并、纵向合并、空值处理等是目前电子数据审计数据预处理过程中常用的方法
审计数据分析方法	常用的大数据审计分析方法主要包括大数据智能分析技术、大数据可视化分析技术、大数据多数据源综合分析技术。另外，大数据环境下，常用审计数据分析方法，如账表分析、数据查询、统计分析、数值分析等，仍可以根据审计工作的实际情况使用。例如，与大数据技术一起组合使用、对被审计大数据中的部分数据进行分析等	常用的审计数据分析方法主要包括账表分析、数据查询、审计抽样、统计分析、数值分析等
审计数据存储方法	目前的数据存储技术不能满足审计大数据环境的需要，审计大数据的存储方法发生改变，包括存储设施、存储架构、数据访问机制等。可借助云计算平台进行审计数据存储，但这同时又带来了审计大数据的存储安全问题	大多采用一般服务器来存储数据；联网审计环境下，可以在审计单位构建联网审计的海量数据存储系统，或建立审计数据中心系统

4.2.3 大数据环境下的电子数据审计方法原理

根据前文分析，大数据环境下的电子数据审计方法原理如图 4.1 所示，简述如下。

1. 审计大数据采集

1）数据来源

大数据的来源多种多样，主要包括：①审计大交易数据。这些数据是传统的结构化的、通过关系数据库进行管理和访问的静态、历史数据。②审计大交互数据。这些数据源于社交媒体数据，包括传感器信息、海量图像文件、Web 文本、电子邮件等。

2）数据采集的类型

大数据环境下，数据采集的类型可分为非结构化数据和结构化数据。

2. 审计大数据集成

审计大数据集成的目的是把从不同被审计单位或同一被审计单位中不同数据源中的各种不同数据整合在一起，这些数据往往涉及诸多数据源，并且它们的数据模式也可能不一样。因此，大数据环境下，在对审计大数据进行分析时，首先需要对这些被审计单位的审计大交易数据和审计大交互数据进行集成与数据预处理，从而满足审计大数据分析的需要。

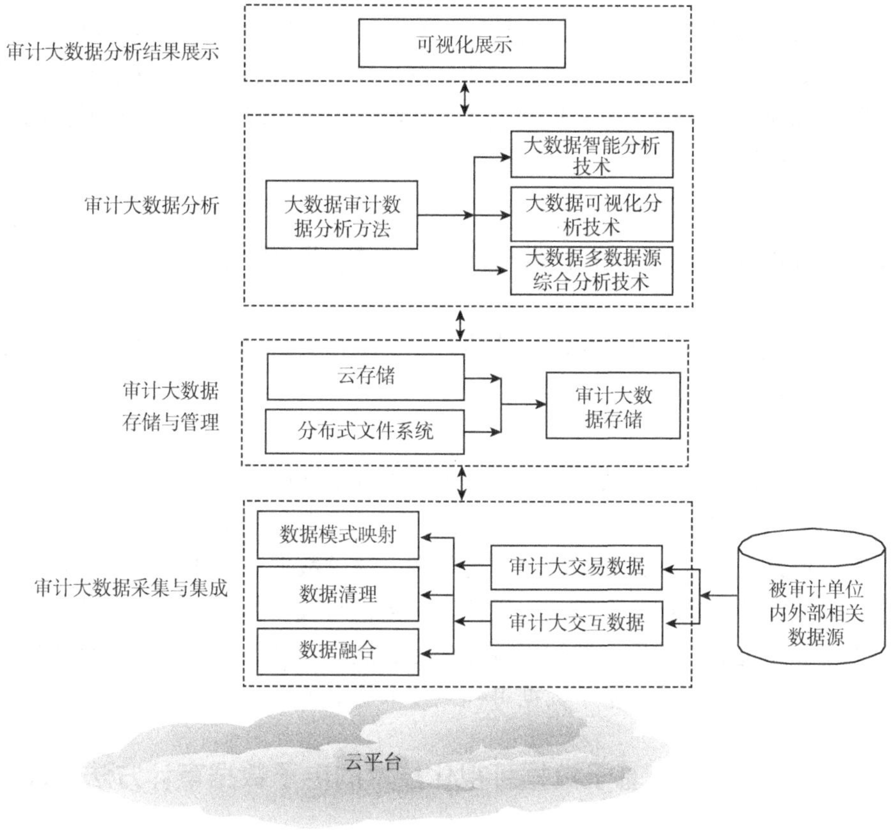

图 4.1　大数据环境下的电子数据审计方法原理

3. 审计大数据存储与管理

目前的数据存储技术不能满足审计大数据环境的需要，大数据环境下，审计数据的存储方法发生了改变，包括存储设施、存储架构、数据访问机制等。因此，可借助云计算平台或分布式文件系统进行审计大数据存储与管理。

以云计算（cloud computing）为例，云计算是一种数据分析技术，云计算三个层次的服务模式包括：软件服务（software as a service，SaaS）、平台服务（platform as a service，PaaS）和设施服务（infrastructure as a service，IaaS）。云计算能够充分利用物理设施的弹性，以实现处理快速增长数据的能力。大数据本身就是一个问题集，而云计算则为大数据提供存储、访问和计算服务。大数据有云计算平台作为基础架构，才能得以顺畅运营。云计算提供了基础架构平台，审计大数据分析等应用在这个平台上运行。

4. 审计大数据分析与结果展示

常用的大数据审计分析方法主要包括大数据智能分析技术、大数据可视化分析技术、大数据多数据源综合分析技术。另外，大数据环境下，常用审计数据分析方法，如账表分析、数据查询、统计分析、数值分析等，仍可以根据审计工作的实际情况使用。例如，与大数据技术一起组合使用、对被审计大数据中的部分数据进行分析等。

4.3 大数据环境下基于数据可视化技术的电子数据审计方法

4.3.1 研究大数据环境下基于数据可视化技术的电子数据审计方法的重要性

如前文所述，研究大数据环境下的电子数据审计问题具有重要的理论意义和应用价值。数据可视化技术借助图形化的手段，可以清晰有效地传达与沟通信息，帮助审计人员从大数据中快速发现问题。通过数据可视化，可以提高审计效率，使被审计的大数据更有意义。因此，大数据时代，为了让审计人员能够“洞察”被审计单位的大数据，数据可视化成为必然。本节结合大数据的研究与应用现状，研究大数据环境下基于数据可视化技术的电子数据审计方法。

4.3.2 大数据环境下基于数据可视化技术的电子数据审计方法原理

1. 数据可视化技术与工具

数据可视化是大数据研究的一个重要内容。简单地讲，数据可视化就是通过图形化手段，将复杂的数据模型表达出来，从而清晰有效地表达数据中的信息，用户通过数据可视化可以洞察数据中的规律。数据可视化技术的基本思想是将数据库中每一个数据项作为单个图元元素表示，大量的数据集构成数据图像，同时将数据的各个属性值以多维数据的形式表示，可以从不同的维度观察数据，从而对数据进行更深入的观察和分析（Julie，2011）。数据可视化起源很早，在刚刚有计算机的时候，便有计算机图形学。近年来，数据可视化技术在商业智能（business intelligence，BI）中也得到广泛应用。迈克尔·弗兰德利将数据可视化方法进行了分类（Vitaly，2007）。

在大数据的推动下，数据可视化的内涵和外延都有了明显的变化，逐渐由单纯的展现演变为报表、分析和展现的综合体。

第 2 章分析了常见的大数据可视化分析工具。其中，Tableau 是桌面系统中最简单的数据可视化工具软件，它实现了数据运算与美观的图表的完美结合，用户只需要将大量数据拖放到数字“画布”上，便能创建所需要的各种图表（Tableau，2014）。

大数据可视化技术可以更简洁地表达大数据环境下海量的被审计数据信息，审计人员通过数据可视化技术，能够“洞察”被审计数据信息中内在因素的模式和关联，快速从大数据中发现问题。

2. 基于数据可视化技术的大数据审计原理

信息技术的发展促进了可视化技术（Simeon et al.，2008）的发展，可视化界面有助于对海量复杂数据的分析。大数据环境下，采集来的审计数据在数量和复杂度上都给审计数据分析带来巨大挑战，数据可视化分析方式有助于审计人员探索、分析和解释复杂的海量数据。可视化有助于审计人员对审计数据的直观分析，审计人员可以通过交互界面对审计数据进行分析和了解。一般来说，采用可视化手段进行审计数据分析的流程为：通过某种可视化软件将被审计数据转化为审计人员可以分析观察的图形和图像。然后，审计人员结合自己的审计背景知识，发挥人类视觉系统高通量的特性，通过视觉系统对可视化的结果图形和图像进行分析、观察和认知，从总体上系统地理解和分析被审计数据的内涵与特征。另外，审计人员交互地改变可视化软件的设置，改变输出的可视化图形和图像，从不同的方面获得对被审计数据的理解，从而全面地分析被审计数据。概括来说，基于数据可视化技术的大数据审计原理如图 4.2 所示。

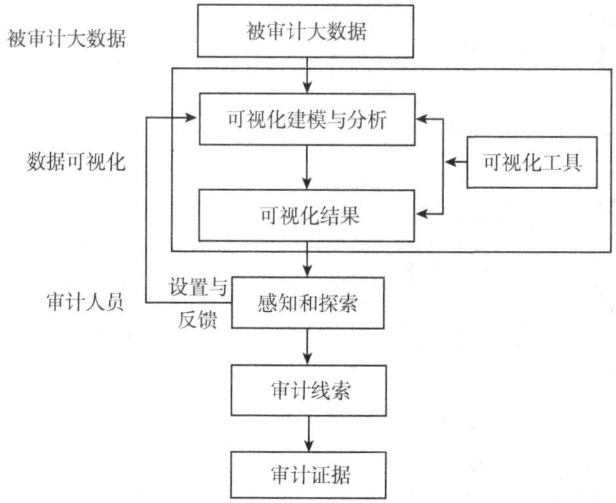

图 4.2 基于数据可视化技术的大数据审计原理

4.3.3 大数据环境下基于数据可视化技术的电子数据审计方法应用

根据前文的理论分析，本节以某市住房公积金审计为例，分析大数据环境下基于数据可视化技术的电子数据审计方法的应用。对于住房公积金审计，为了分析该市住房公积金数据中一人多次贷款的情况，目前常用的审计方法为先编写SQL语句，然后在某一数据库工具或审计软件中运行该SQL语句进行分析。本例中，相关SQL语句示例如下。

```
SELECT 贷款人姓名，贷款人身份证号，Count（*）AS 贷款次数
FROM 市中心贷款信息表
GROUP BY 贷款人姓名，贷款人身份证号
HAVING Count（*）>1
ORDER BY 贷款人姓名;
```

数据可视化方法则快速、简单，没有烦琐的SQL语句编写。根据对该市住房公积金系统数据库中数据的分析，对要分析的一人多次贷款情况进行建模，即以贷款人姓名和贷款人身份证号这两个字段为一组分析条件，借助大数据可视化分析工具，通过选取合适的展示图形对贷款信息表数据进行分析，计算同时符合这一组条件的数据个数，并以可视化的方式把分析结果形象化地展示出来，从而便于审计人员从总体上把握该住房公积金大数据情况，快速发现可疑数据。

以大数据可视化分析工具 Tableau 为例，分析一人多次贷款情况这一审计问题的过程如下。

1. 可视化数据建模

大数据可视化分析工具可以连接各种类型的被审计数据，包括所有主流数据库，以及Hadoop等数据库。以大数据可视化分析工具Tableau为例，被审计数据的可视化连接示例如图4.3所示。

完成数据连接后，可以进行表的关联建模，在关联建模过程中，可以选择表的关联关系以及关联字段，如图 4.4 所示。

图 4.3 大数据分析工具 Tableau 的可视化连接示例

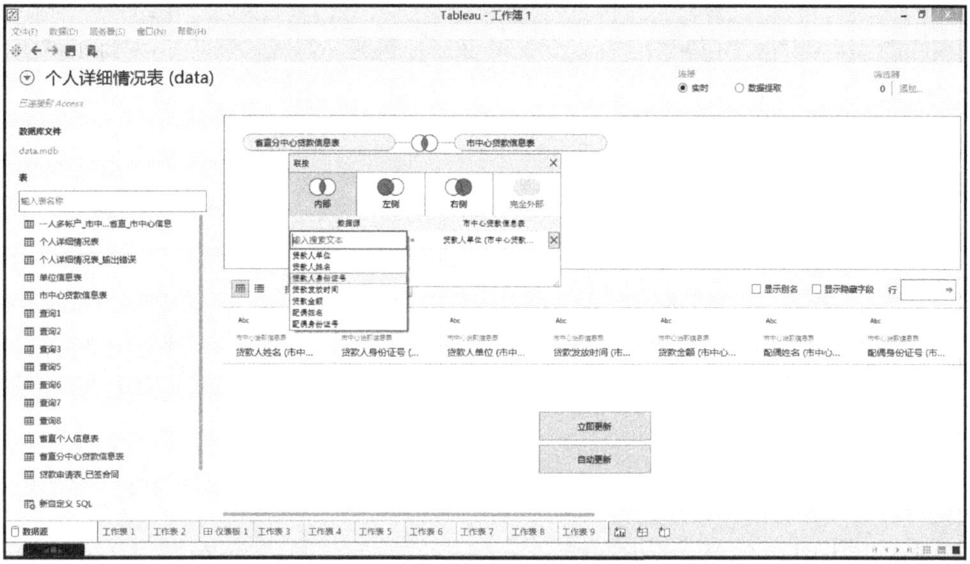

图 4.4　大数据分析工具 Tableau 的可视化建模示例

2. 结果分析及可视化展示

在可视化数据建模的基础上，系统会自动生成维度和度量，审计人员通过选择维度和度量指标，以及合适的数据可视化分析图形，从而生成所需的可视化分析结果，完成对被审计数据的分析。

本实例中，根据对被审计问题的分析，数据可视化分析图形分别选取了 Tableau 的树地图和填充气泡图。其中，采用树地图进行分析的结果示例如图 4.5 所示。对于图 4.5 中的分析结果，根据树地图中图形的大小以及显示颜色的深浅，审计人员可以快速地发现“异常”数据，当选取某一“异常”数据时，该数据的信息就会显示出来，如图 4.5 所示（考虑到数据的保密性，图 4.5 中对分析出的结果数据进行了处理）。

若采用填充气泡图进行分析，其结果示例如图 4.6 所示。对于图 4.6 中的分析结果，根据图中气泡的大小，审计人员可以快速地发现“异常”数据，当选取某一“异常”数据时，该数据的信息就会显示出来，如图 4.6 所示（考虑到数据的保密性，图 4.6 中对分析出的结果数据进行了处理）。

在以上数据可视化分析过程中，审计人员也可以对数据做进一步的深入分析。

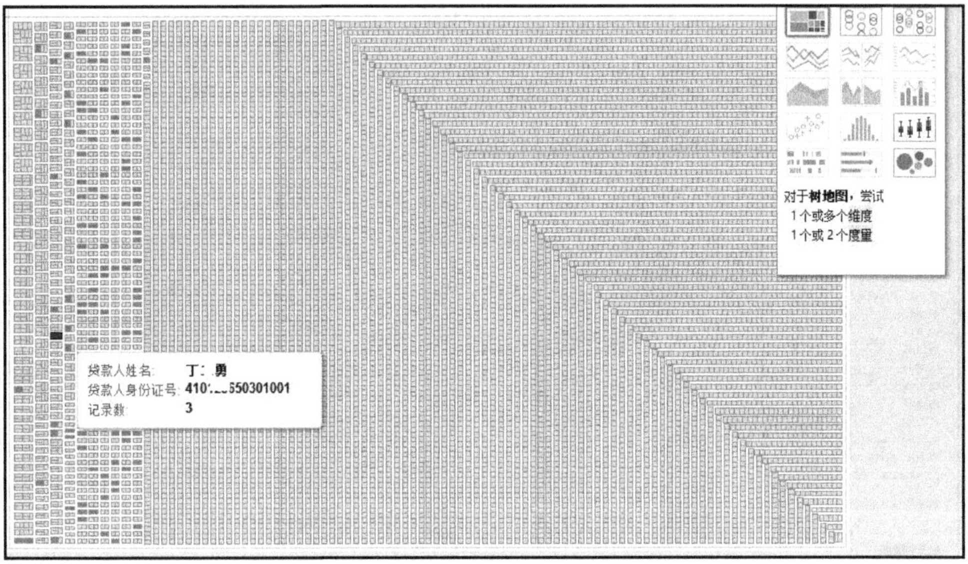

图 4.5　树地图可视化分析结果示例

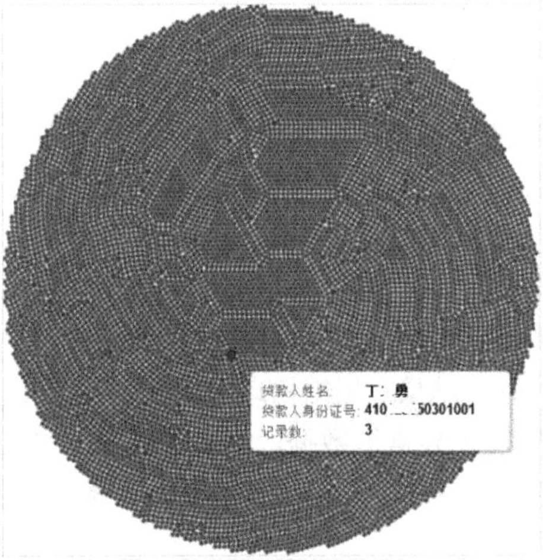

图 4.6　填充气泡图可视化分析结果示例

3. 分析结果

对于选取的“异常”数据，审计人员可以提取查看，并保存这些分析结果，如图 4.7 所示（考虑到数据的保密性，图 4.7 中对分析出的结果数据进行了处理），在此基础上，可以做进一步的延伸审计。

对于本例，通过以上方法，最终发现线索 91 例。经过对这些多次贷款的人员贷款资料的详细审查，落实在前一次贷款未全部还清的情况下再次贷款的 82 例。

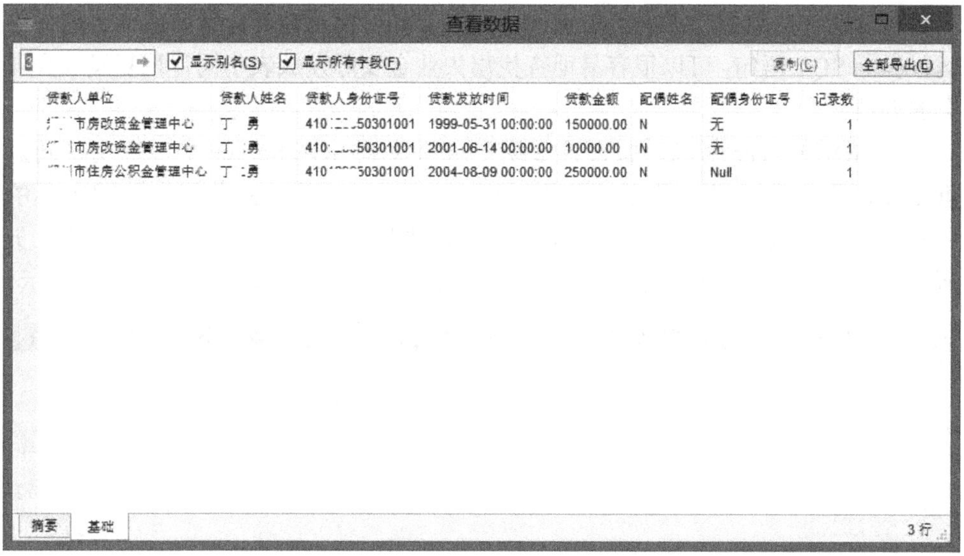

图 4.7　可视化分析结果数据提取示例

4.3.4　与目前常用电子数据审计方法的比较分析

1. 案例简介

由于以上真实案例中数据的保密性，以另一个数据经过处理的真实案例为例，对基于数据可视化技术的电子数据审计方法、目前常用的基于 SQL 的数据查询方法，以及基于审计软件的分析方法进行对比分析。该案例简介如下。

假设现有某失业保险数据，文件名为“失业金实际发放表.mdb”，现需要查找同月重复发放失业金的人员。

2. 基于 SQL 的数据查询方法的分析

如前文所述，目前信息化环境下的审计方法，要检查“失业金实际发放表”中同月重复发放失业金的人员，一般是通过对被审计对象的分析，构建如下 SQL 语句。

```
SELECT 身份证号，姓名，发放月份，count（*）AS 同月发放次数，sum（合计）AS 发放合计
FROM 失业金实际发放表
GROUP BY 身份证号，姓名，发放月份
HAVING count（*）>=2
ORDER BY count（*）DESC;
```

通过在一些数据库工具（如 Microsoft Access、SQL Server 等）或审计软件中运行以上 SQL 语句，可以很容易地查找出失业金实际发放表中同月重复发放失业金的人员。

以 SQL Server 为例，假设该数据已被采集到 SQL Server 中，查找“同月重复发放失业金人员”数据的操作过程为：在 SQL Server 数据库管理工具的“查询窗口”中输入相应的 SQL 语句，单击“执行”按钮，便可得到审计人员所要查找的“同月重复发放失业金人员”数据，其查询结果界面如图 4.8 所示。

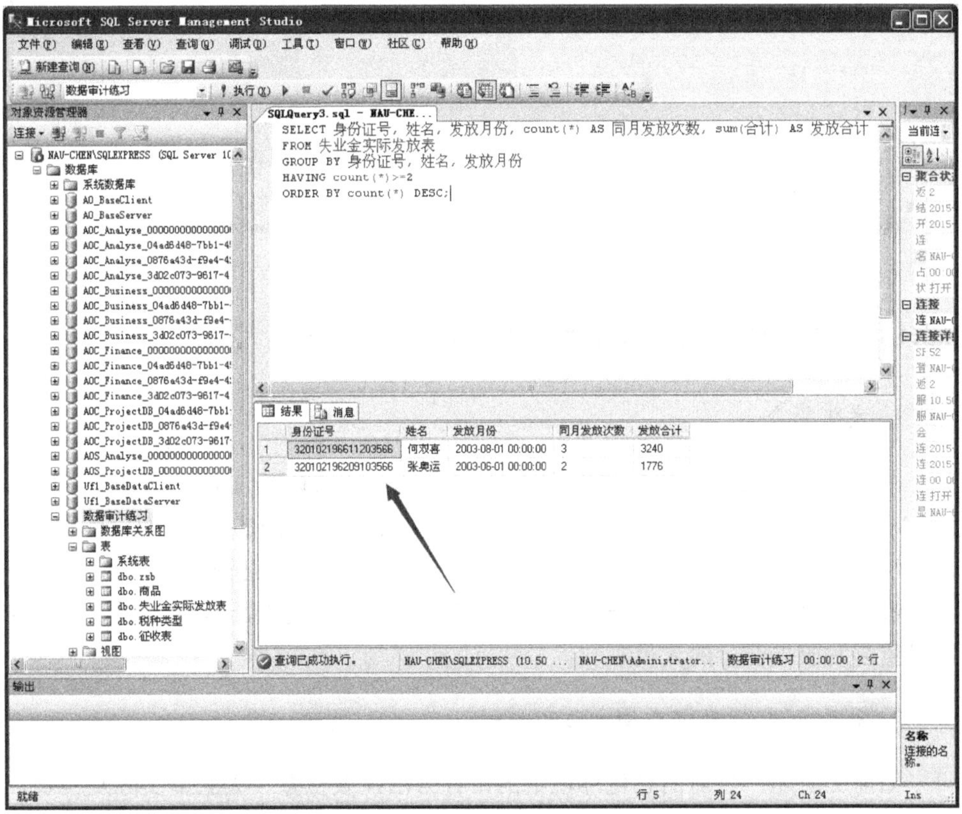

图 4.8 SQL Server 中“同月重复发放失业金人员”分析结果界面

3. 基于数据可视化技术的审计方法

根据前文的分析，本实例借助大数据工具 Tableau，基于数据可视化技术的电子数据审计方法的分析过程如下。

根据要分析的问题，对要分析的问题进行建模，即以身份证号、姓名、发放月份三个字段为一组，计算同时符合这一条件的数据的个数，选取合适的展示图形对数据进行分析，从而使结果更形象化地展示出来。

假设该数据已被采集到 Tableau 中，根据查找“同月重复发放失业金人员”数据这一审计问题的分析，首先用 Tableau 的树地图进行分析，其结果如图 4.9 所示。由图 4.9 的分析结果，根据颜色和方块的大小，审计人员可以快速地发现“异常”数据，如图 4.9 所示。对于异常数据，审计人员可以提取查看，并保存这些分析结果，如图 4.10 所示，然后做进一步的延伸审计。

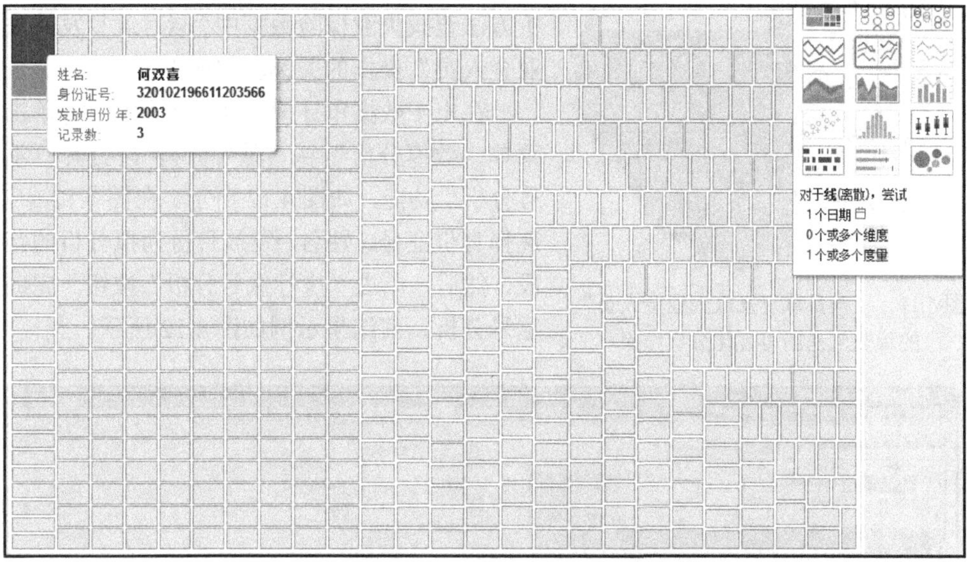

图 4.9　“同月重复发放失业金人员”的树地图可视化分析结果

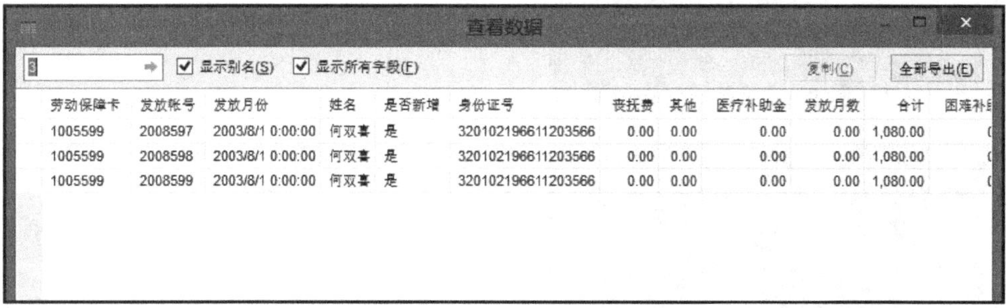

劳动保障卡	发放帐号	发放月份	姓名	是否新增	身份证号	丧抚费	其他	医疗补助金	发放月数	合计
1005599	2008597	2003/8/1 0:00:00	何双喜	是	320102196611203566	0.00	0.00	0.00	0.00	1,080.00
1005599	2008598	2003/8/1 0:00:00	何双喜	是	320102196611203566	0.00	0.00	0.00	0.00	1,080.00
1005599	2008599	2003/8/1 0:00:00	何双喜	是	320102196611203566	0.00	0.00	0.00	0.00	1,080.00

图 4.10　提取的“同月重复发放失业金人员”的树地图可视化分析结果示例

对于本案例，也可以采用 Tableau 的填充气泡图来分析，其结果如图 4.11 所示。在图 4.11 的分析结果中，根据气泡的大小，审计人员可以快速地发现“异常”数据，如图 4.11 所示。对于异常数据，审计人员可以提取查看，并保存这些分析结果，如图 4.10 所示，然后做进一步的延伸审计。

4. 基于审计软件的分析方法

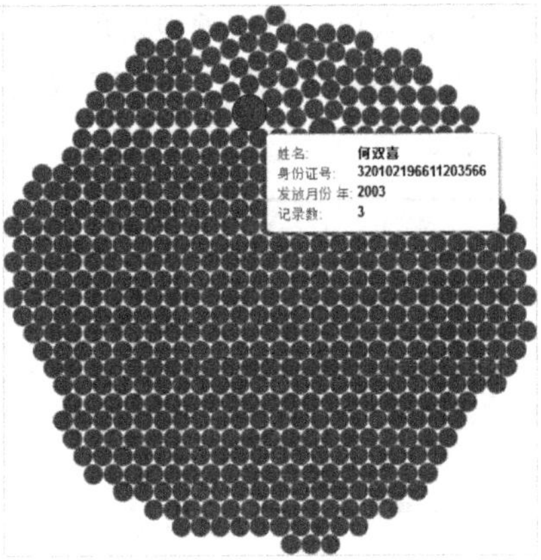

图 4.11 “同月重复发放失业金人员”的填充气泡图可视化分析结果

针对以上案例，若采用基于审计软件的分析方法进行分析，假设失业保险数据已被采集到电子数据审计模拟实验室软件（陈伟，2015）（采取其他类型的软件类似）中，采用重号分析方法查找失业保险数据中“同月重复发放失业金人员”操作的关键步骤如下。

在电子数据审计模拟实验室软件中，单击菜单“数值分析”→“重号分析”，打开“重号分析”功能，如图 4.12 所示。在图 4.12 中，选择身份证号、姓名、发放月份为拟分析的字段，然后，单击“执行重号分析”按钮，完成重号分析，其结果示例如图 4.12 所示。

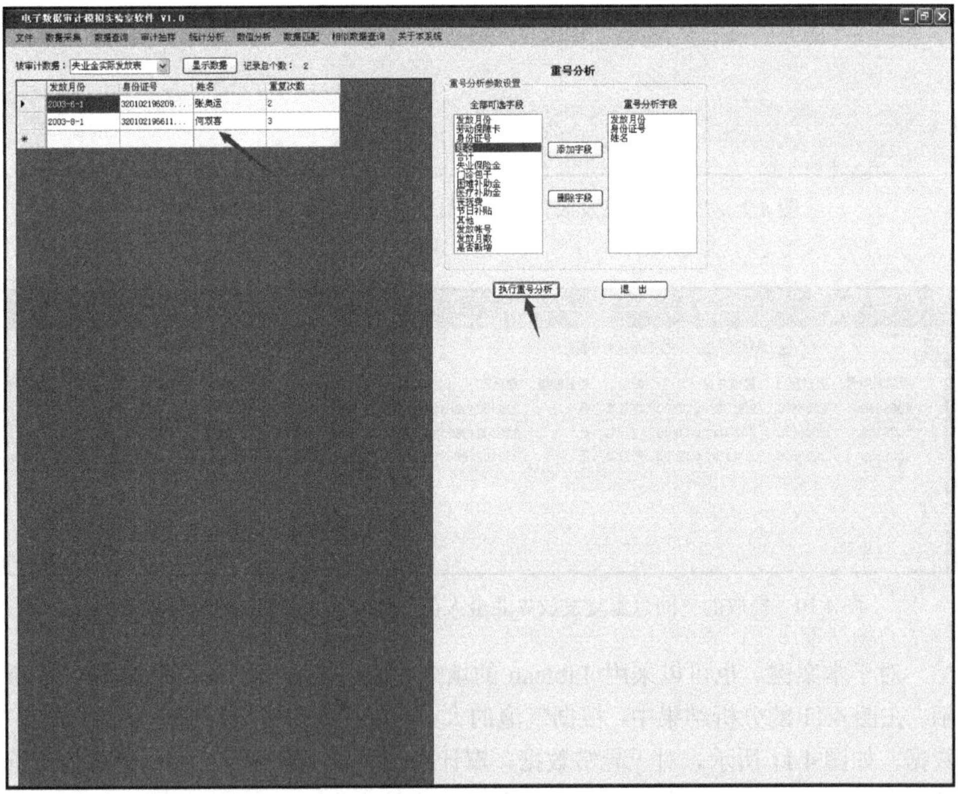

图 4.12 “同月重复发放失业金人员”的重号分析结果示例

5. 三种审计方法比较分析

三种审计方法的比较分析如表 4.2 所示。

表 4.2　三种审计方法的比较分析

数据审计方法	需要的分析工具	对审计人员是否有较高的专业技术要求	分析结果的易理解性	方法的灵活程度	用户对分析结果的接受程度
基于 SQL 的数据查询方法	可以用专门的审计软件，也可以用通用软件	需要	差	高	低
基于数据可视化技术的审计方法	需要专门的可视化分析软件	不需要，快速、简单，没有烦琐的 SQL 语句编写	很好	高	高
基于审计软件的分析方法	需要专门的审计软件	不需要，快速、简单，没有烦琐的 SQL 语句编写	较好	一般	一般

4.3.5　小结

大数据时代的到来使得审计工作不得不面临被审计单位的大数据环境，如何便于审计人员从总体上把握被审计大数据情况，快速发现可疑数据，成为大数据环境下开展审计工作的一项重要任务，数据可视化技术成为实现这一需要的一个重要手段。本节根据这一需要，结合目前大数据的研究与应用现状，研究了大数据环境下基于数据可视化技术的电子数据审计方法，并以大数据可视化分析工具 Tableau 为例，分析了该方法的应用。同理，采用其他大数据可视化分析工具开展基于可视化技术的电子数据审计方法与此类似。由本节的研究可知，相对于目前常用的电子数据审计方法，基于数据可视化技术的电子数据审计方法具有以下特点。

（1）本节研究的基于数据可视化技术的分析方法与传统的数据分析结果可视化方法不同，传统的数据分析可视化往往是分析出结果后，通过可视化的效果展现出来；而本节研究的基于数据可视化技术的电子数据审计方法是在展现的过程中分析数据，“洞察”数据中的问题。

（2）本节研究的基于数据可视化技术的电子数据审计方法借助可视化建模，方便审计数据的采集和分析，因此，可视化环境下审计数据采集、审计数据分析更方便。

（3）本节研究的基于数据可视化技术的电子数据审计方法具有较好的交互性，易于使用、易于理解、有意义、更容易被用户接受。

（4）数据分析过程及结果实现可视化是审计人员了解大数据最方便快捷的方法，因此，本节研究的基于数据可视化技术的电子数据审计方法更贴近审计人员的使用习惯和使用需求。

综上所述，通过可视化的手段“洞察”被审计数据中的问题，从而发现审计证据可能成为今后的主流趋势，基于数据可视化技术的审计数据分析方法很有可能颠覆目前的审计数据分析模式。

4.4 大数据环境下基于模糊匹配的审计方法

4.4.1 研究大数据环境下基于模糊匹配的审计方法的重要性

研究大数据环境下的电子数据审计问题具有重要的理论意义和应用价值。一般来说，常用的审计数据分析方法主要包括账表分析、数据查询、审计抽样、统计分析、数值分析等，其中，数据查询的应用最为普遍。通过采用这些方法对被审计数据进行分析，可以发现审计线索，获得审计证据。

大数据环境下从不同地方采集来的被审计数据中可能含有相似重复的数据，这些相似重复的数据可能就是审计过程中要查找的可疑数据，如何对这些相似重复的数据进行关联分析是大数据分析过程中的一个重要问题。目前常用的电子数据审计方法，如 SQL 数据查询、数值分析（重号分析）等，只能查找完全符合查询条件的数据（陈伟，2016）。为了查找被审计数据中的相似重复数据，弥补 SQL 数据查询方法的不足，本节结合大数据的研究与应用现状，研究大数据环境下基于模糊匹配的电子数据审计方法。

4.4.2 大数据环境下基于模糊匹配的审计方法原理

大数据环境下基于模糊匹配的审计方法原理描述如下。

1. 选取模糊匹配字段

根据对被审计数据的分析，选取要比较的字段。

2. 进行模糊匹配

选用合适的字段相似检测算法，根据所选取的比较字段，执行数据表中各字段之间的比较，在此基础上，综合所有比较字段的相似检测结果，计算整条数据记录的相似度，并根据预定义的字段和记录的阈值，检测出相似重复数据，即为可疑数据。其中，字段相似检测算法介绍如下。

1）字符型字段相似度计算方法

对于字符型字段，一个字段可以看成一个字符串，字符串的相似检测也称字符串匹配，一般采用编辑距离算法，可以计算出两个字段间的编辑距离。由于编辑距离值为整数，为了把字段间的编辑距离转换成字段间的相似度，提出以下转换方法，如表 4.3 所示。

表 4.3　编辑距离和相似度的对应关系定义

编辑距离	相似度
1	0.9
2	0.8
3	0.7
4	0.6
…	…

表 4.3 中的对应关系也可以由审计人员根据对被审计数据的分析进行调整，从而更准确地检测相似重复数据。

2）布尔型字段相似度计算方法

对于布尔型字段，如果两字段相等，则相似度取 0；如果两字段不同，则相似度取 1。

3）数值型字段相似度计算方法

对于数值型字段，可以采用计算数字的相对差异算法，计算公式如下：

$$S(s_s,s_2)=\frac{|s_1-s_2|}{\max(s_1,s_2)}$$

其中，s_1，s_2 为数值型字段。

3. 确认模糊匹配结果

对检测出的每一组相似重复数据（可疑数据），由审计人员通过对可疑数据的调查和分析，最终获得审计证据。

由以上分析可以看出，当该方法分析字符型字段时，无论该字段中字符的位置怎样，只要出现该字符即可。同样，当该方法分析数值型字段时，也不要求待比较的数值型字段的值完全一样，只要相近即可。所以，本节所提出的方法称为模糊匹配。相对于模糊匹配，精确匹配指只有所比较的字符型字段中整个字段相同，或者所比较的数值型字段的值完全一样时才匹配。

4.4.3　大数据环境下基于模糊匹配的审计方法的实现

根据前文对基于模糊匹配的审计方法的分析，作者在电子数据审计模拟实验室软件中设计并实现了这种审计数据分析方法，其界面如图 4.13 所示。主要功能介绍如下。

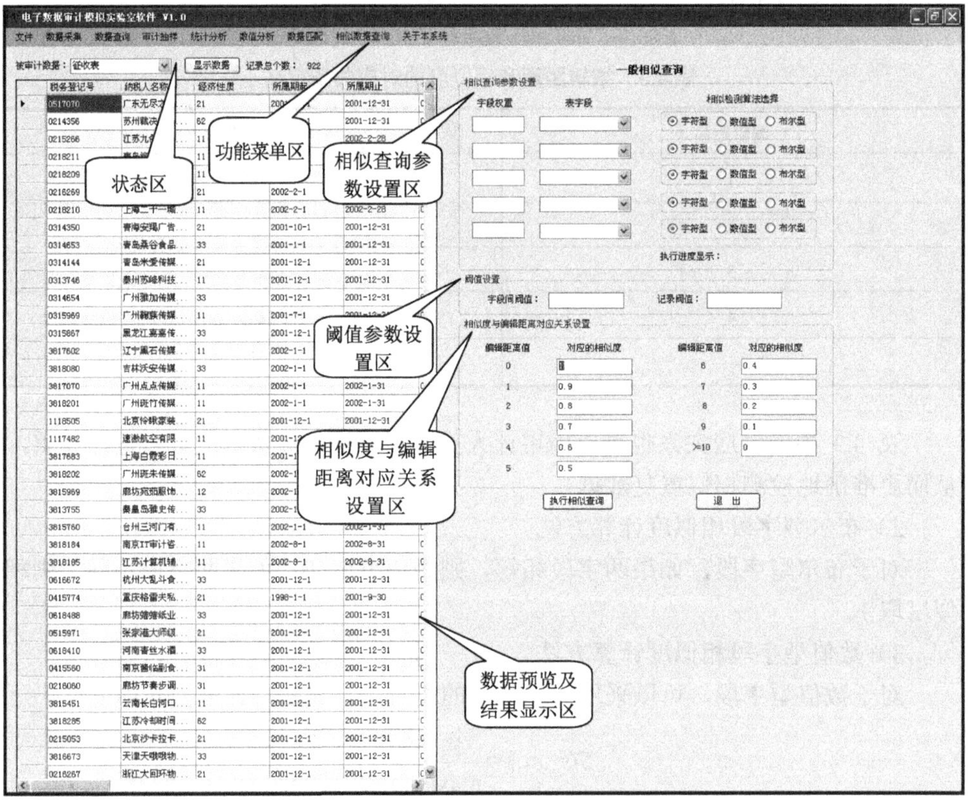

图 4.13　电子数据审计模拟实验室软件中的相似查询功能界面

1. 功能菜单区

功能菜单区主要提供电子数据审计模拟实验室软件的功能菜单，包括分析结果导出、审计日志导出、数据采集、审计数据分析（数据查询、数值分析、统计分析、审计抽样、数据匹配、相似数据查询）、关于本系统等。其中，相似数据查询和数据匹配功能菜单即为基于模糊匹配的审计方法。

2. 状态区

状态区用来显示当前数据预览及结果显示区中数据记录的数量，以及用来选择和显示采集来的待分析数据表，用户可以在状态区选择要分析的数据。

3. 相似查询参数设置区

相似查询参数设置区主要用来选择待分析的字段、设置相应字段的权重，以及选择每个相似查询字段的相似检测算法。

4. 阈值参数设置区

阈值参数设置区主要用来设置字段间阈值和记录阈值。字段间阈值表示每个字段之间的相似度，记录阈值表示整个数据记录之间的相似度。

5. 相似度与编辑距离对应关系设置区

相似度与编辑距离对应关系设置区用来设置相似度与编辑距离之间的对应关系。相似度与编辑距离对应关系可以由审计人员根据对被审计数据源的分析进行调整，从而更准确地检测相似重复数据。

6. 数据预览及结果显示区

数据预览及结果显示区用来显示当前待分析数据表中的数据，用户可以通过该区预览当前待分析数据表中的数据。同时，一般相似查询功能的数据分析结果也在该区中显示，用户可以通过单击菜单“文件”→“分析结果导出”完成分析结果的导出和保存。

4.4.4　大数据环境下基于模糊匹配的审计方法的审计风险评价

由于模糊匹配方法的不精准性，如何评价该方法的审计风险非常重要。国际审计与鉴证准则委员会（International Audit and Assurance Standards Board，IAASB）把审计风险的模型定义为

$$\text{审计风险} = \text{重大错报风险} \times \text{检查风险}$$

在审计风险模型中，审计人员所能控制的只有检查风险，重大错报风险与被审计单位有关，审计人员对其无能为力，只能对其水平进行评估，以便确定可接受的检查风险水平。根据以上审计风险模型不难发现，可以通过采用合适的审计方法来降低检查风险。

目前，国内对信息化环境下计算机审计风险的研究多是从理论层面分析计算机审计风险的成因与规避，在审计风险控制方面的研究也多是从定性的角度进行分析，没有从定量的角度对其进行深入的研究。为了从定量的角度分析审计数据分析方法的审计风险，作者定义相应的查全率 R（recall）和查准率 P（precision）。

1. 查全率 $\boldsymbol{R}$

查全率是指可疑数据被正确识别的百分率，即

$$R=\frac{\text{正确识别出的可疑数据}}{\text{实际的可疑数据}}$$

2. 查准率 P

查准率是指审计方法识别可疑数据的正确率，即

$$P=\frac{\text{正确识别出的可疑数据}}{\text{识别出的可疑数据}}$$

通过以上两个指标，可以定量地评价基于模糊匹配的审计方法的审计检查风险。例如，通过灵活地设置字段和数据的阈值，以及字段的权重，可以改变系统的查全率和查准率，从而控制基于模糊匹配的审计方法的检查风险。

4.4.5 大数据环境下基于模糊匹配的审计方法的应用及分析

1. 案例介绍

以给定的某税收征收电子数据（文件名为“税收征收.mdb”，数据表名为“征收表”）为例，查找该数据中“纳税人名称”和“税务登记号”两字段相似的数据，要求从查全率和查准率的角度考虑审计检查风险。

2. 案例操作

要检查某税收征收电子数据中“纳税人名称”和“税务登记号”两字段相似的数据，可采用电子数据审计模拟实验室软件中的“相似数据查询”功能，根据“纳税人名称”和“税务登记号”两个字段对该数据中相似的数据进行分析。对于审计检查风险，可以通过设置字段间阈值和记录阈值来控制。

假设该税收征收电子数据已被采集到电子数据审计模拟实验室软件中，打开电子数据审计模拟实验室软件的相似查询功能，如图 4.14 所示。图 4.14 中相似查询的字段分别为“纳税人名称”和“税务登记号”，考虑到“纳税人名称”字段较为重要，“纳税人名称”的权重设为 0.7，“税务登记号”的权重设为 0.3；“纳税人名称”和“税务登记号”的相似查询算法都选择字符型；相似度与编辑距离的对应关系保持系统默认值不变。主要分析结果如下。

（1）当选择字段间阈值为 0.8，记录阈值为 0.7 时。单击“执行相似查询”按钮，其相似查询结果示例如图 4.14 所示。

（2）当选择字段间阈值为 0.9，记录阈值为 0.8 时。单击“执行相似查询”按钮，其相似查询结果示例如图 4.15 所示。

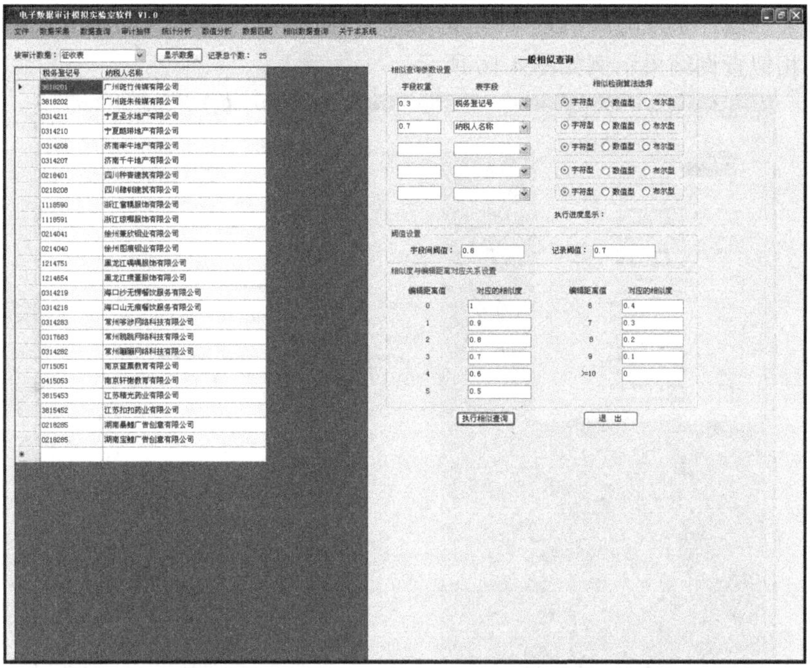

图 4.14　字段间阈值为 0.8 和记录阈值为 0.7 时的模糊匹配分析结果示例

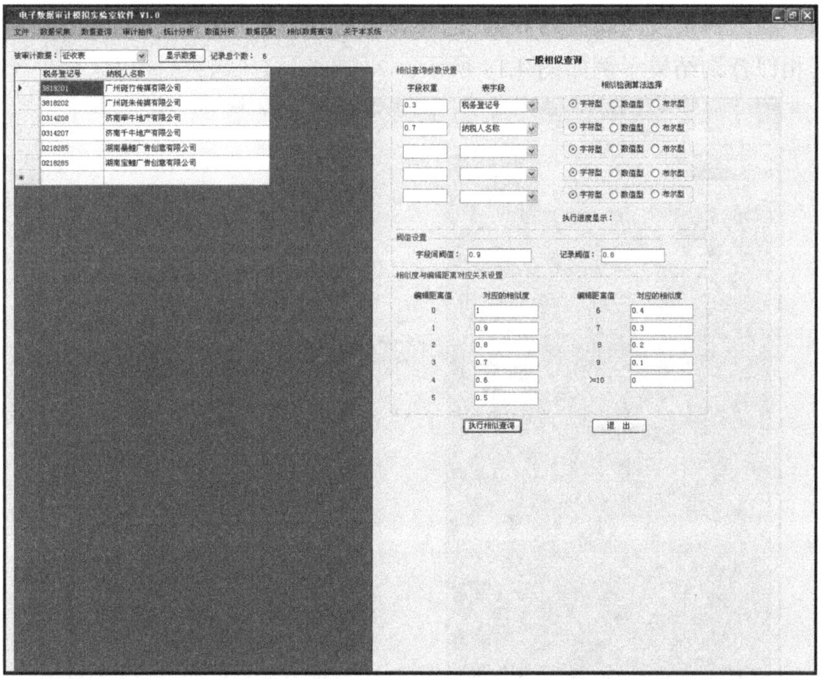

图 4.15　字段间阈值为 0.9 和记录阈值为 0.8 时的模糊匹配分析结果示例

（3）当选择字段间阈值为 0.8，记录阈值为 0.8 时。单击“执行相似查询”按钮，其相似查询结果示例如图 4.16 所示。

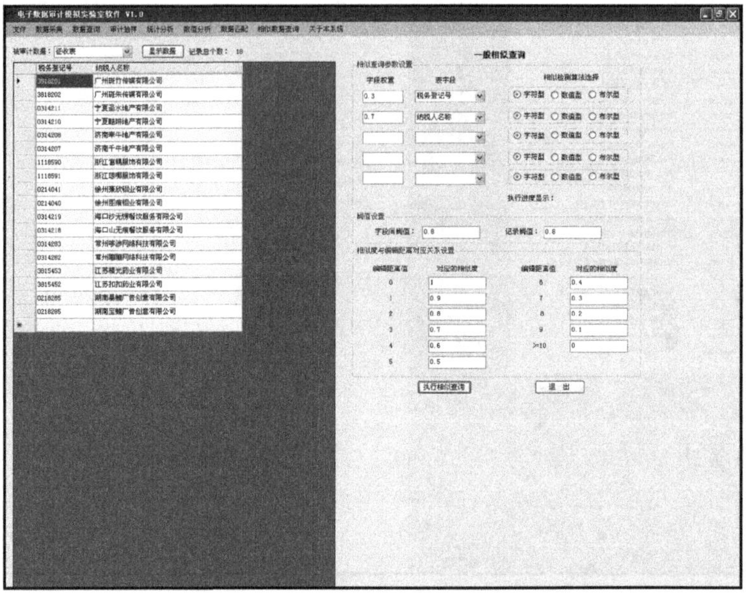

图 4.16　字段间阈值为 0.8 和记录阈值为 0.8 时的模糊匹配分析结果示例

（4）当选择字段间阈值为 0.9，记录阈值为 0.9 时。单击“执行相似查询”按钮，其相似查询结果示例如图 4.17 所示。

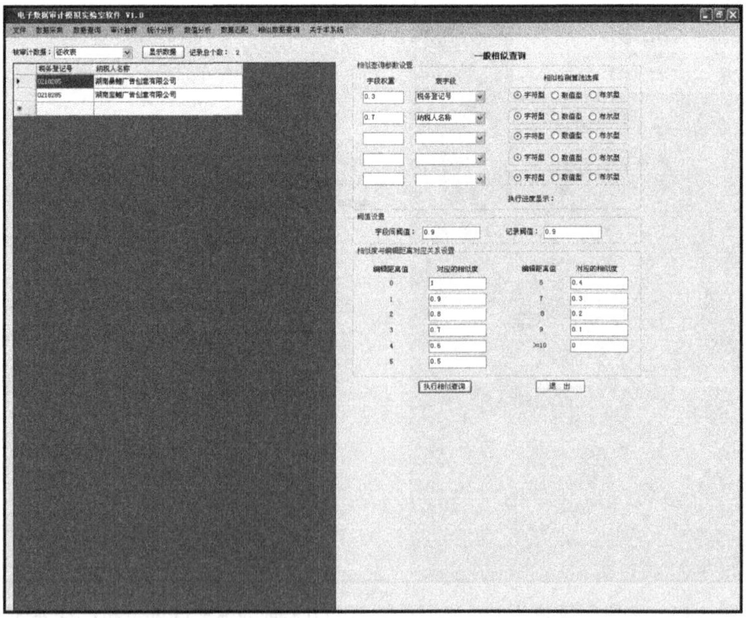

图 4.17　字段间阈值为 0.9 和记录阈值为 0.9 时的模糊匹配分析结果示例

以上分析的结果可以另存为数据文件，然后做进一步的分析。

3. 案例分析

由以上案例分析可以得出如下结论。

（1）通过设置不同的字段间阈值和记录阈值，相似数据查询结果会有所不同。当设置的字段间阈值和记录阈值较低时，查出的相似数据较全，但准确率较低；当设置的字段间阈值和记录阈值较高时，查出的相似数据会有遗漏，但准确率较高。

（2）当查全率高时，分析出的结果较多，查出的相似数据较全，审计检查风险减少，但审计人员需要更多的时间去确认这些相似重复数据，从而降低审计效率；当查准率高时，分析出的结果较少，分析结果较准确，审计人员不需要更多的时间去确认这些相似重复数据，从而提高审计效率，但查出的相似数据会有遗漏，审计检查风险增加。

（3）审计人员可以根据所需要控制的审计风险水平，来确定合适的查全率和查准率，然后确定合适的字段间阈值和记录阈值，从而控制审计检查风险。

（4）基于模糊匹配的审计方法可以有效地对被审计数据进行分析，查找出被审计数据中的相似重复数据，满足大数据环境下审计数据分析的需要。

4.4.6　小结

本节根据目前大数据环境下开展电子数据审计的需要，提出了一种基于模糊匹配的审计方法，并在自主研发的电子数据审计模拟实验室软件中实现了这种方法。在此基础上，以某税收数据审计为例，分析了该方法的应用。由本节的研究可知，审计人员借助电子数据审计模拟实验室软件，可以方便地使用基于模糊匹配的审计方法，并能通过在系统中设置合适的字段间阈值和记录阈值，以及相似度与编辑距离的对应关系，有效地控制该方法的审计风险。总之，基于模糊匹配的审计方法能有效地满足大数据环境下电子数据审计的需要。

由于篇幅所限，本节案例仅仅介绍如何对同一个数据表中的数据采用基于模糊匹配的审计方法开展电子数据审计。对于基于模糊匹配的审计方法的其他功能应用，如如何对不同数据表之间的数据进行模糊匹配，以及当被分析数据的数据量较大时，如何采用“长度过滤相似查询”功能提高审计效率等，参见《电子数据审计模拟实验》（清华大学出版社）（陈伟，2016）。

4.5 基于 Benford 定律的大数据审计方法

4.5.1 研究基于 Benford 定律的大数据审计方法的重要性

研究大数据环境下的审计理论与方法具有重要的理论意义和应用价值。信息化环境下，审计的对象是电子数据，因此，审计证据的获取多是采用信息技术对被审计数据的分析来完成的。一般来说，常用的审计数据分析方法主要包括数据查询、统计分析、数值分析等。通过采用这些方法对被审计数据进行分析，可以发现审计线索，获得审计证据。

其中，数值分析是根据被审计数据记录中某一字段具体的数据值的分布情况、出现频率等指标，对该字段进行分析，从而发现审计线索的一种审计数据分析方法。这种方法是从“微观”的角度对电子数据进行分析的，审计人员在使用时不用考虑具体的被审计对象和业务。在完成数值分析之后，针对分析出的可疑数据，再结合具体的业务进行审计判断，从而发现审计线索，获得审计证据。相对于其他方法，这种审计数据分析方法易于发现被审计数据中的隐藏信息。常用的数值分析方法主要有重号分析、断号分析和 Benford 定律。

目前重号分析、断号分析应用较多，但 Benford 定律应用较少。本节结合大数据的研究与应用现状，研究基于 Benford 定律的大数据审计方法。

4.5.2 基于 Benford 定律的大数据审计方法分析

1. Benford 定律原理

如前文第 3 章所述，美国天文学家 Simon Newcomb 和美国通用电气公司的科学家 Frank Benford 研究发现，首位出现较小数字的可能性比出现较大数字的可能性要大。后人以 Frank Benford 的名字命名了这条定律，即 Benford 定律。

根据 Benford 定律，首位数字出现的标准概率分布曲线如图 4.18 所示。同理，根据 Benford 定律，也可以计算出数据各位上数字出现的概率。

根据以上分析可知，如果被分析的审计大数据不符合 Benford 定律的标准概率分布曲线，则表明在被分析的审计大数据中可能含有“异常”的数据。

由以上分析可以看出，Benford 定律提供了一种大数据审计方法，通过采用 Benford 定律对被审计大数据进行分析，可以识别出其中可能的错误、潜在的欺诈或其他不规则事物，从而发现审计线索。然而，Benford 定律并不适用于所有被审计数据，因而没有被广泛应用。由前文分析可知，Benford 定律适用的三个经验条件为：①被审计数据量具备一定规模，能够代表所有样本。一般而言，应用 Benford 定律进行分析的数据集规模越大，分析结果越精确，这特别适用于大数据审计。

②被审计数据没有人工设定的最大值和最小值范围。③目标数据受人为的影响较小。大数据时代的到来使得审计人员再次认识到了计算机辅助审计技术的重要性，其中，Benford 定律的应用在大数据环境下可以重新发挥重要作用（Earley，2015）。

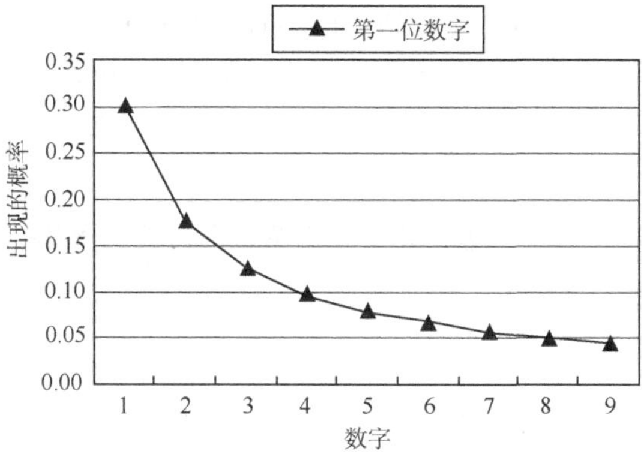

图 4.18　首位数字出现的标准概率分布曲线

2. 基于 Benford 定律的大数据审计方法原理

大数据环境下，Benford 定律有助于审计人员探索、分析和解释复杂的海量数据，审计人员通过 Benford 定律，能够“洞察”被审计数据信息中的“异常”数据，快速发现问题。一般来说，采用 Benford 定律进行大数据审计的流程如下：在审计大数据集成和预处理的基础上，借助 Benford 定律软件对被审计数据进行建模和分析。然后，审计人员通过对可视化的分析结果进行观察，快速从被审计大数据信息中发现不符合 Benford 定律的异常数据，获得审计线索。另外，审计人员可以根据需要，对异常数据做细化分析，从不同的方面获得对被审计数据的理解，从而全面地分析被审计数据。在可视化分析结果的基础上，审计人员可以选取“异常”数据，进行提取查看，并保存这些分析结果，在此基础上，可以对这些保存出来的可视化分析结果数据做进一步的延伸审计和审计事实确认，最终获得审计证据。概括来说，基于 Benford 定律的大数据审计方法原理如图 4.19 所示。

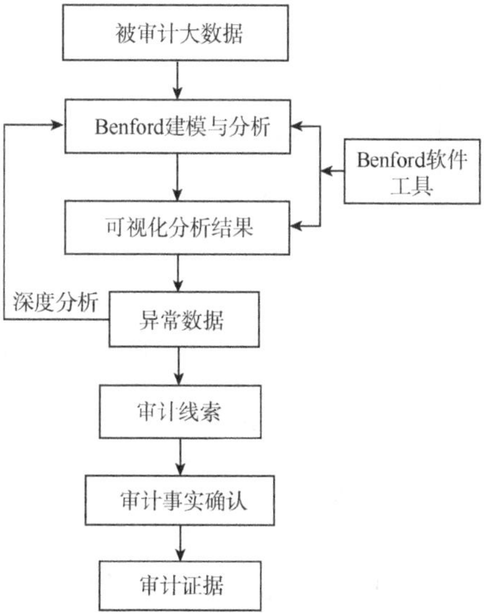

图 4.19　基于 Benford 定律的大数据审计方法原理

4.5.3 基于 Benford 定律的大数据审计方法的实现

基于大数据审计的需要以及 Benford 定律的原理和特点，作者在所研发的电子数据审计模拟实验室软件（审计实务版名称为易智通审计软件）中设计了这一方法，在电子数据审计模拟实验室软件中，复杂的 Benford 定律就做成一个使用简便的数据分析应用程序（陈伟，2016）。Benford 定律功能的主界面如图 4.20 所示，其主要功能介绍如下。

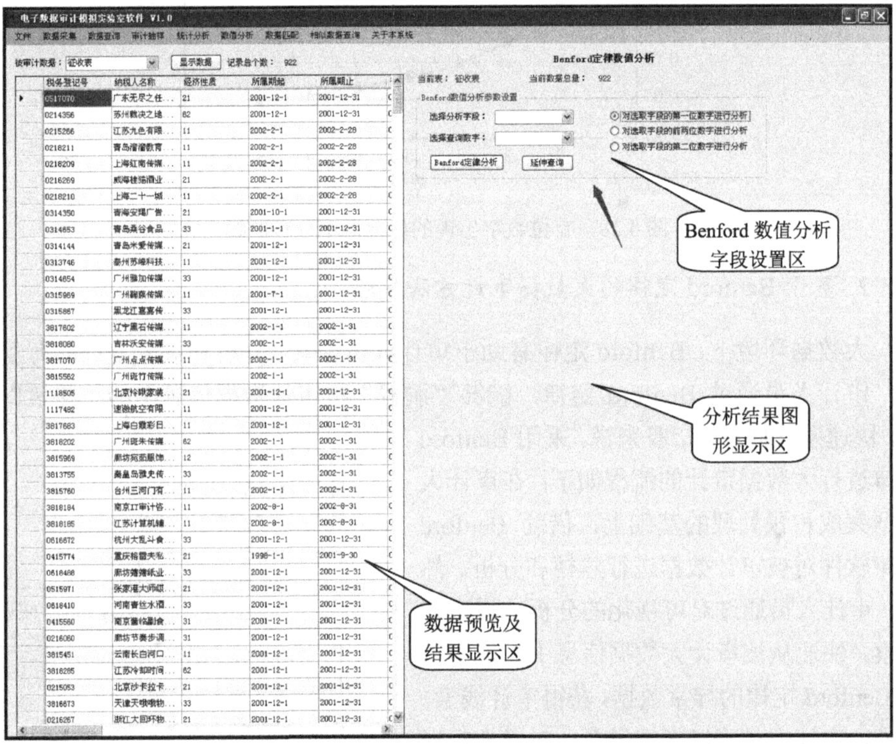

图 4.20 Benford 定律功能的主界面

1. 参数条件设置区

参数条件设置区（Benford 数值分析字段设置区）包括选择分析字段、选择分析哪位数字（第一位数字、第二位数字、前两位数字）以及选择查询数字。

在执行 Benford 定律功能时，用户通过在参数条件设置区中选择要进行 Benford 定律分析的数值型字段，以及对该字段的哪位数字进行分析，然后执行 Benford 定律，从而完成对该字段的 Benford 定律分析。

对于分析后的结果，用户通过在参数条件设置区中选择要查询的数字，然后单击“延伸查询”按钮，便可查看要查询数字的结果，该结果显示在数据预览及结果显示区中。

2. 分析结果图形显示区

分析结果图形显示区用来以图形的形式显示所进行的 Benford 定律分析的分析结果。

3. 数据预览及结果显示区

数据预览及结果显示区用来显示当前待分析数据表中的数据，用户可以通过该区预览当前待分析数据表中的数据。另外，Benford 定律分析功能的数据分析结果也在该区中显示，用户可以通过单击菜单“文件”→“分析结果导出”完成分析结果的导出和保存。

4.5.4　基于 Benford 定律的大数据审计方法应用

现以某税收征收电子数据（文件名为“税收征收.mdb”，数据表名为“征收表”）为例，利用电子数据审计模拟实验室软件的“Benford 定律”对“实纳税额”字段进行分析，其过程如下。

（1）借助数据采集功能把数据采集到软件中来，如图 4.21 所示，设置相应的参数，采用“Benford 定律”对“实纳税额”字段第一位数字进行分析，分析结果示例如图 4.21 所示。不难发现，图中第一位数字分析结果基本符合 Benford 定律。

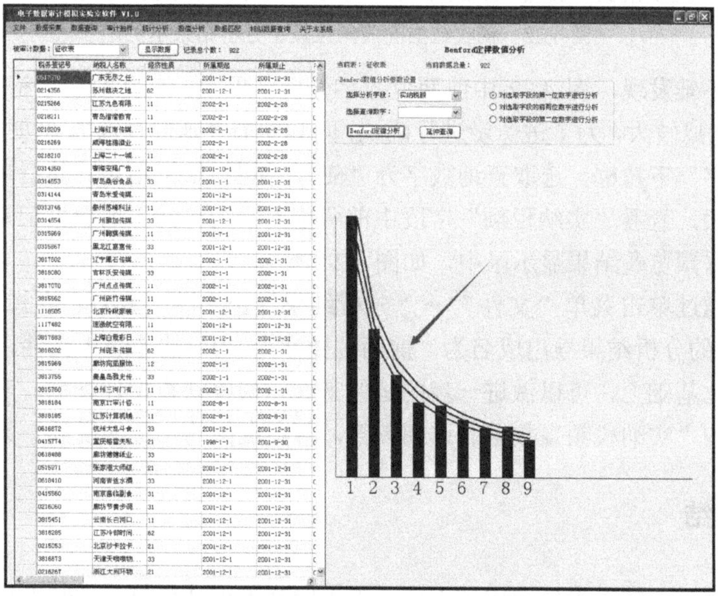

图 4.21　税收数据的第一位数字分析结果示例

（2）为了进一步进行确认，设置相应的参数，即对“实纳税额”字段的前两位数字进行分析，其结果示例如图 4.22 所示。

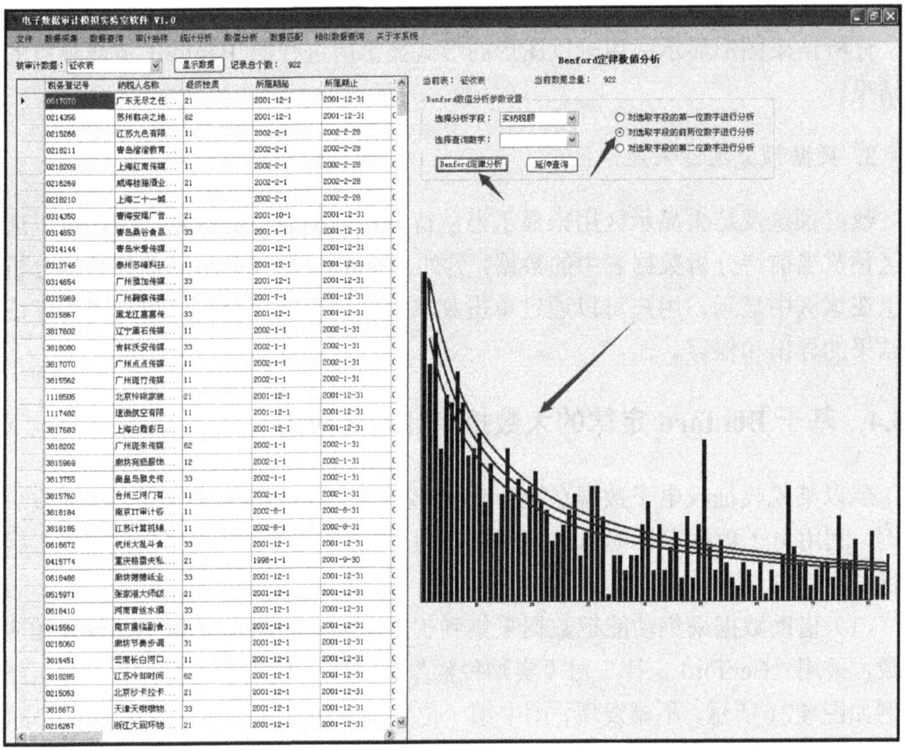

图 4.22　税收数据的前两位数字分析结果示例

（3）不难发现，图 4.22 中前两位数字分析结果中，一些数字不符合 Benford 定律，且偏离较大，为了进一步进行确认，可以进行“延伸查询”。例如，单击“选择查询数字”下拉框，选取查询数字为“60”，如图 4.23 所示。然后单击“延伸查询”按钮，查看“实纳税额”字段中前两位数字为“60”的数据记录，其结果显示在数据预览及结果显示区中，如图 4.24 所示。

（4）通过单击菜单“文件”→“分析结果导出”→“Excel 格式”，可以把图 4.24 中的分析结果导出成名为“前两位数字为 60”的 Excel 文件，如图 4.25 所示。在此基础上，可以做进一步的延伸审计，最终获得审计证据。对于本例，经过对这些“实纳税额”数据的详细审查，落实虚假的“实纳税额”数据 3 例。

4.5.5　小结

大数据时代的到来使得审计工作不得不面临被审计单位的大数据环境，为了帮助审计人员从总体上把握被审计大数据情况，快速发现可疑数据，提高审计效

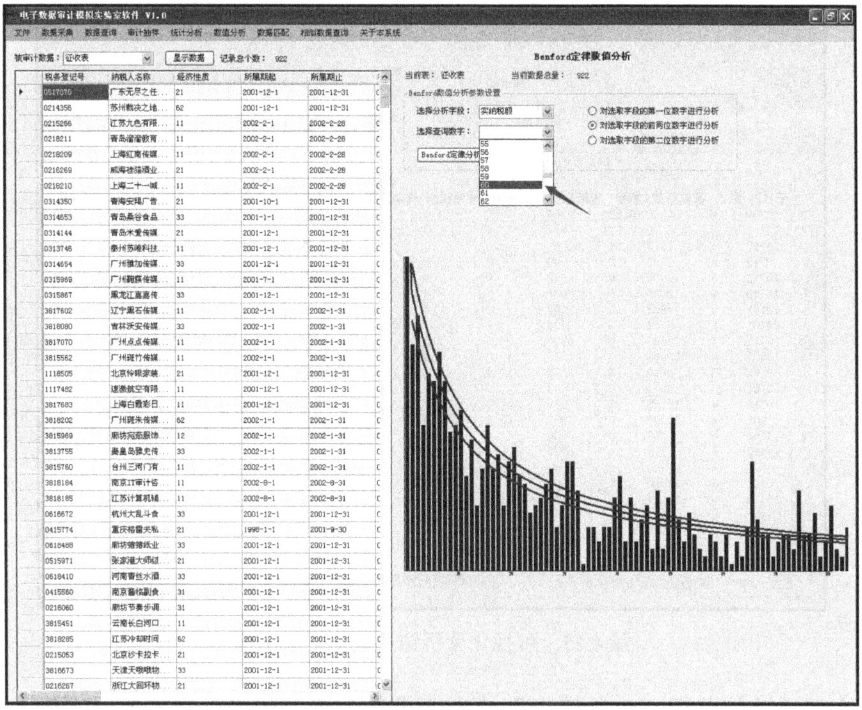

图 4.23　数据延伸查询参数设置示例

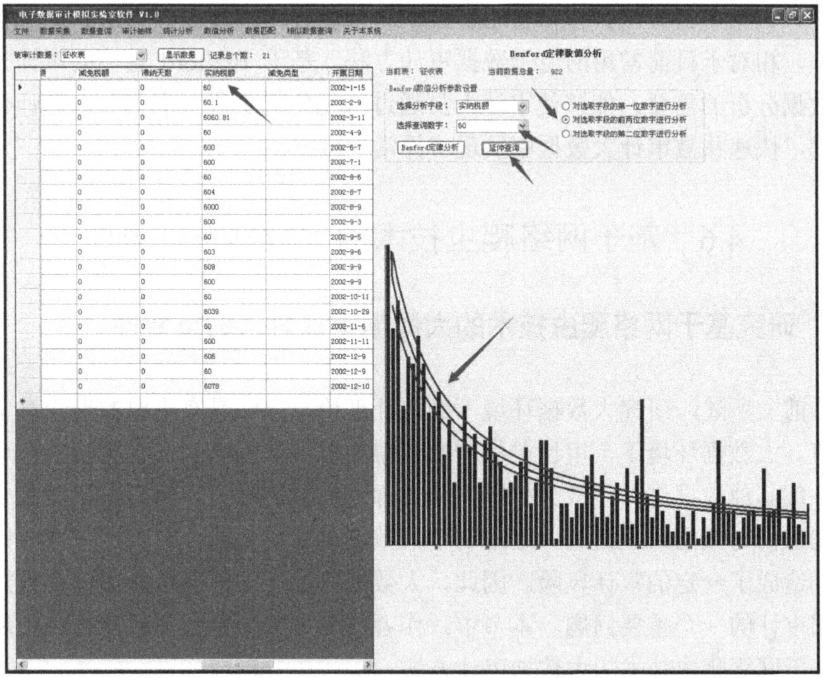

图 4.24　选中数字的显示结果示例

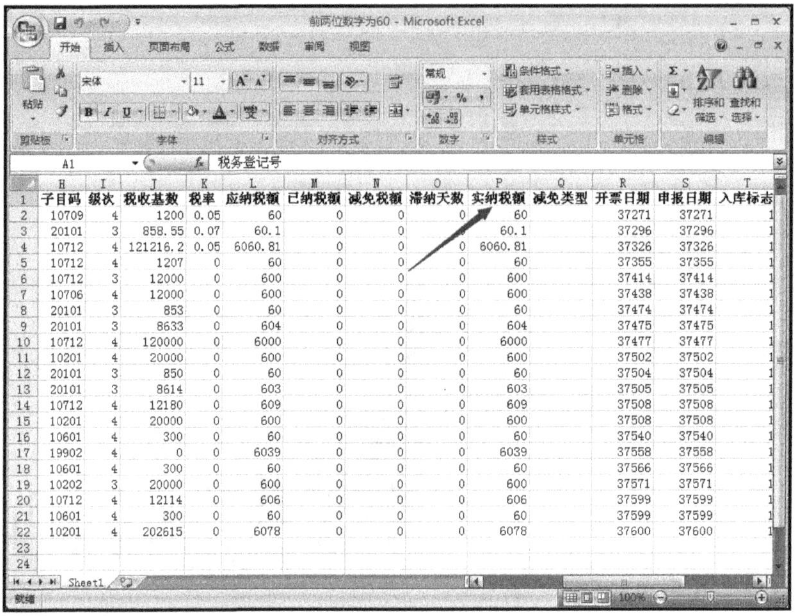

子目码	级次	税收基数	税率	应纳税额	已纳税额	减免税额	滞纳天数	实纳税额	减免类型	开票日期	申报日期	入库标志
10709	4	1200	0.05	60	0	0	0	60		37271	37271	1
20101	3	858.55	0.07	60.1	0	0		60.1		37296	37296	1
10712	4	121216.2	0.05	6060.81	0	0	0	6060.81		37326	37326	1
10712	4	1207	0	60	0	0	0	60		37355	37355	1
10712	3	12000	0	600	0	0	0	600		37414	37414	1
10706	4	12000	0	600	0	0	0	600		37438	37438	1
20101	3	853	0	60	0	0	0	60		37474	37474	1
20101	3	8633	0	604	0	0	0	604		37475	37475	1
10712	4	120000	0	6000	0	0	0	6000		37477	37477	1
10201	4	20000	0	600	0	0	0	600		37502	37502	1
20101	3	850	0	60	0	0	0	60		37504	37504	1
20101	3	8614	0	603	0	0	0	603		37505	37505	1
10712	4	12180	0	609	0	0	0	609		37508	37508	1
10201	4	20000	0	600	0	0	0	600		37508	37508	1
10601	4	300	0	60	0	0	0	60		37540	37540	1
19902	4	0	0	6039	0	0	0	6039		37558	37558	1
10601	4	300	0	60	0	0	0	60		37566	37566	1
10202	3	20000	0	600	0	0	0	600		37571	37571	1
10712	4	12114	0	606	0	0	0	606		37599	37599	1
10601	4	300	0	60	0	0	0	60		37599	37599	1
10201	4	202615	0	6078	0	0	0	6078		37600	37600	1

图 4.25　可视化分析结果数据提取示例

率，实现“总体分析，分散核查”的方式成为大数据环境下开展审计工作的一项重要任务。本节根据这一需要，结合 Benford 定律的特点，研究了基于 Benford 定律的大数据审计方法，并在自主研发的审计软件中实现了该方法。由本节的研究可知，相对于目前常用的电子数据审计方法，基于 Benford 定律的审计方法适合大数据分析的需要，能够使审计人员通过可视化的手段“洞察”被审计数据中的问题，快速从被审计大数据中发现“异常”数据。

4.6　基于网络爬虫技术的大数据审计方法

4.6.1　研究基于网络爬虫技术的大数据审计方法的重要性

如前文所述，研究大数据环境下的审计理论与方法具有重要的理论意义和应用价值。大数据环境下，审计单位需要获得第三方数据来源，并将被审计单位数据与外部其他数据进行集成分析以充分发挥大数据的潜力。然而，目前尚未建立起数据访问与数据共享机制，这限制了大数据审计的效果，影响了审计取证的查全率，造成了一定的审计风险。因此，大数据环境下如何获得外部相关数据成为大数据审计的一个重要问题。本节中，作者结合大数据审计的研究与应用现状，研究基于网络爬虫技术的大数据审计方法。

4.6.2　基于网络爬虫技术的大数据审计方法原理

网络爬虫（web crawler）是一种按照一定的规则，自动地抓取万维网信息的程序或者脚本。开展大数据审计需要各类相关数据，因此，网络爬虫技术对获得开展大数据审计的相关数据非常有帮助。

基于网络爬虫技术的大数据审计方法主要是充分利用被审计单位外部的公共数据，通过对这些数据和从被审计单位获得以及从其他单位获得的相关数据进行对比分析，从而更充分地发现相关审计线索，相对目前常用的方法，这种方法的优点是能扩展数据分析范围。采用网络爬虫技术获取相关数据的过程如下。

1. 确定目的

用于确定抓取目标网站哪些网页上的哪些数据。

2. 分析页面结构

为了抓取上述数据，需要对相应的网页页面进行分析。

3. 实现爬虫，获得所需数据

根据以上分析，采用相关网络爬虫软件，如 Python 等，实现以上数据的抓取功能。

4. 对获得的数据进行分析

针对获得的数据，在审计大数据集成和预处理的基础上，基于“总体分析，发现疑点，分散核查，系统研究”的审计思路，采用大数据可视化分析工具对相关数据进行分析，审计人员通过对可视化的分析结果进行观察，快速从被审计大数据信息中发现异常数据，获得审计线索。另外，审计人员可以根据需要，对异常数据做进一步的深入分析，从不同的方面获得对被审计数据的理解，从而全面地分析被审计数据。在可视化分析结果的基础上，审计人员可以借助其他方法对被审计数据进行建模和分析，进一步获得相关证据。在此基础上，通过对这些结果数据做进一步的延伸审计和审计事实确认，最终获得审计证据。

综上分析，基于网络爬虫技术的大数据审计方法原理如图 4.26 所示。

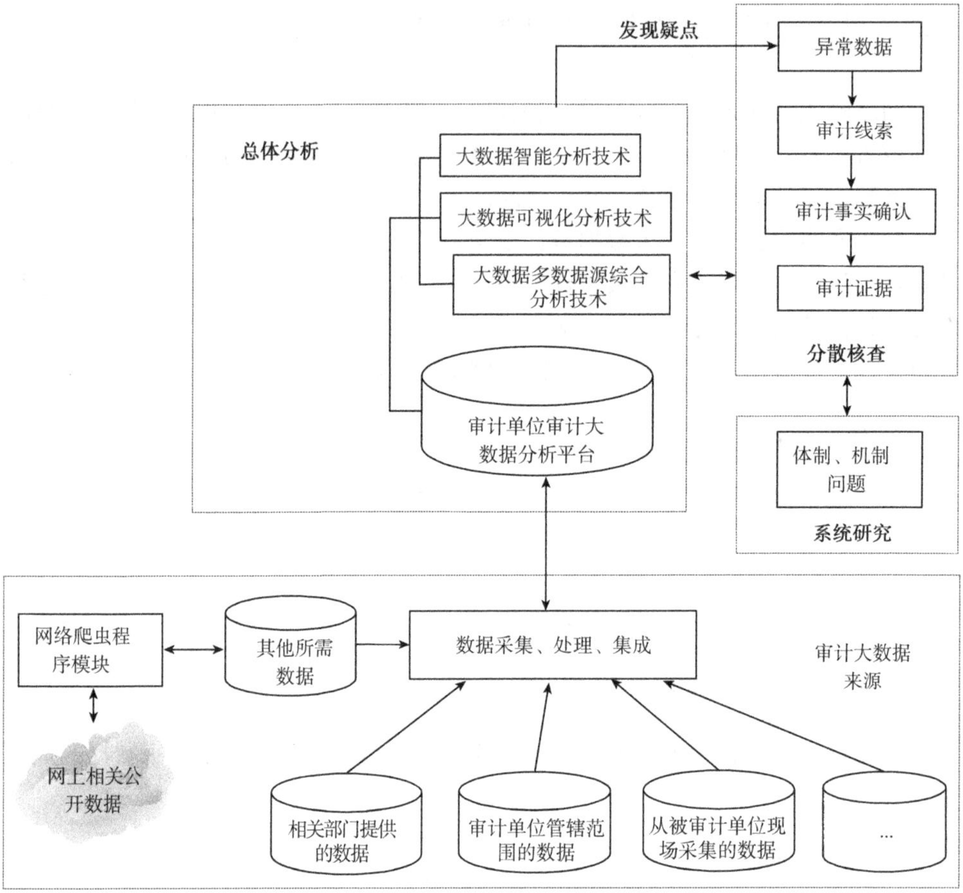

图 4.26　基于网络爬虫技术的大数据审计方法原理

4.6.3　基于网络爬虫技术的大数据审计方法应用

1. 案例背景

某制造集团有限公司是某省重点国有企业，公司成立于 1980 年，具有 30 多年从事火车发动机研发与生产的历史，是该省火车零部件发动机行业龙头企业。除了该省外，该制造集团有限公司在美国、英国、南非、日本等国设有 200 多家子公司。根据某市审计局 2017 年的审计计划安排，对该制造集团有限公司开展企业领导人经济责任审计。本案例以经济责任审计项目为背景，探究该单位在招投标过程中是否存在违规、违法现象。

针对以上审计需要，审计人员首先根据采集来的被审计单位的招投标数据，根据中标次数和中标金额两个指标，采用 SQL 分析或 Microsoft Excel 工具等，分析该单位所有招投标项目中中标次数和金额较多的单位。通过分析发现可疑的中标单位共 50 多家，名单示例如图 4.27 所示。

为了进一步分析以上中标单位的工商信息，特别是分析这些单位的法人和股东中是否与被审计单位的管理人员之间有关联等审计线索，需要获得以上中标单位的工商信息，但目前一般审计单位不能很容易地查询全国的工商数据，在实际的审计工作中，审计单位一般只能通过一些数据查询网站（如天眼、企查查等）获得这些工商数据，但当需要查询的数据量较大时，需要花费审计人员很多的时间和精力，如何批量查询相关数据成为困扰审计人员的一件重要事情。网络爬虫的出现为解决审计人员的这一问题提供了一种可行的方法，当然，通过这种方法只是初步分析疑点，最终确认审计证据时还需要到相关权威部门查询确认这些工商数据。

公司名称
[redacted]木业有限公司
[redacted]南化纤有限公司
[redacted]远洋渔业有限公司
[redacted]新能源股份有限公司
[redacted]股份有限公司
[redacted]光装饰材料有限公司
[redacted]海外渔业有限公司
[redacted]进出口有限公司
[redacted]车有限公司
[redacted]设集团股份有限公司
[redacted]有限公司
[redacted]联信实业发展有限公司
[redacted]子股份有限公司
[redacted]材料有限公司
[redacted]洋渔业有限公司
[redacted]份有限公司
[redacted]电子有限公司
[redacted]子股份有限公司
[redacted]器制造有限公司
[redacted]化发展股份有限公司
[redacted]化发展股份有限公司
[redacted]达信息科技有限公司

图 4.27　可疑的中标单位示例

2. 网络爬虫软件选择

目前已经比较成熟的网络爬虫软件多达上百种，常见的开源网络爬虫软件主要有如下五种。

（1）Python 爬虫，如 Scrapy、PyRailgun、QuickRecon 等。

（2）Java 爬虫，如 Ex-Crawler、Arachnid、crawlzilla、Heritrix、ItSucks、heyDr、JSpider、jcrawl、webmagic 等。

（3）C++爬虫，如 Methabot、larbin 等。

（4）C#爬虫，如 Sinawler、NWebCrawler、WebCrawler 等。

（5）PHP 爬虫，如 ThinkUp、OpenWebSpider、PhpDig 等。

常用五种网络爬虫软件的主要优缺点分析如表 4.4 所示。本节作者以 Python 语言为例，分析如何实现网络爬虫。

表 4.4　常用五种网络爬虫软件的主要优缺点分析

网络爬虫软件	主要优缺点分析	
	优点分析	缺点分析
Python 爬虫	能实现各种爬虫框架，能方便高效地下载网页；多线程、进程模型成熟稳定，能优化程序、提高效率，提升整个系统下载和分析的能力	对于不规范的 HTML，适应能力差
Java 爬虫	对于开发一个复杂的爬虫系统非常用	重构成本比较高，相对于脚本语言来说，开发起来比较有难度
C++爬虫	运行效率和性能很强	
C#爬虫	使用简单	
PHP 爬虫	PHP 语言比较简单；各种功能模块齐全，如网页下载、文档解析等	并发处理能力较弱，对多线程、异步支持不够好

3. 网络爬虫的实现

基于以上分析，为了获得审计所需要的工商数据，可以采用网络爬虫软件开发数据采集程序，实现对所需要数据的采集。基于 Python 语言的网络爬虫程序部分实现代码示例如图 4.28 所示。

```
def main(logfile, excelfile):
    try:
        driver = browserdriver()
    except Exception as e:
        print(e)
    now = arrow.now()
    maping, fontname = gettycfont()
    newexcelfile = "" + arrow.now().format("YYYY-MM-DD HH_mm_ss") +
".xlsx"
    wb = Workbook()
    ws = wb.active
    ws.append([
        "公司名称", "公司状态", "法人名称", "注册资本", "注册时间", "
核准时间", "工商注册号", "组织机构代码", "信用识别代码",
        "公司类型", "纳税人识别号", "行业", "营业期限", "登记机关", "
注册地址", "经营范围", "股东", "对外投资"
    ])
    """
```

图 4.28　基于 Python 语言的网络爬虫程序部分实现代码示例

运行以上网络爬虫程序，数据抓取过程如图 4.29 所示。

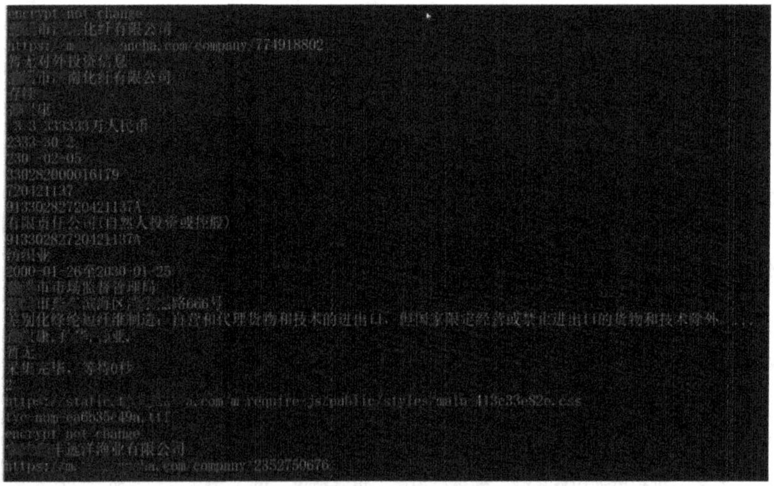

图 4.29　基于 Python 语言的网络爬虫程序代码运行示例

通过以上过程，便可完成所需工商数据的采集，采集到的数据示例如图 4.30 所示。

1	公司名称	公司状态	法人名称	注册资本	注册时间	核准时间	工商注册号	组织机构代	信用识别代	公司类型	纳税人识别	行业	营业期限	登记机	注册地址	经营范围	股东	对外投资
2	巴红木	存续	文龙	333 333	230 -3 -2	2305-3 -0	33021200	09553658	91330212	有限责任公	91330212	批发业	2014-03-2	波市	省宁波	木材、地板	郭龙，吴	暂无
3	江声	存续	康	3 3 333	2333-30-2	230 -02-0	33028200	72042113	91330282	有限责任公	91330282	纺织业	2000-01-	溪市	市慈	差别化涤纶	孙康，孙	暂无
4	海丰远	存续	波	233 333	2332-3 -3	230 -3 -0	33020000	73945862-	91330205	有限责任公	91330205	渔业	2002-06-	波市	区大	海洋捕捞	省远洋	暂无
5	日升	存续	峰	13 0 1	2332-02-3	2305-35-0	33022600	14497390	91330200	其他股份有	91330200	电气机械和	2009-05-2	波市	县梅	硅太阳能电	有限售条件	谷欣新
6	东方服	存续	新	0 3333 3	233 -3 -2	230 -3 -0	33020040	76145424	91330200	股份有限公	91330200	纺织服装、	2004-04-2	波市	市镇海	工程用特种	杨国，杨	百利特
7	波市红光	存续	光	333 333	0111-3 -0	230 -00-2	33021100	71338284	91330211	其他有限责	91330211	木材加工和	1999-06-1	波市	市镇海	木材制品制	前景控股集	镇海农
8	远通渔	存续		33 333	233 -3 -3	230 -32-0	33021200	78433058	91330205	其他有限责	91330205	渔业	2006-02-2	市	市江北	远洋渔业捕	远洋	
9	波宁电	存续	军	33 3333	0114-3 -2	2305-32-2	33020400	70484265	91330204	有限责任公	91330204	批发业	2003-12-1	市	区世纪	预包装食品	宁江	宁电国
10	吉利汽	存续	慧	2 3333 3	2332-32-0	2305-02-2	33020600	73427268	91330206	有限责任公	91330206	汽车制造业	2002-02-1	市	经济技	汽车（含吉	浙吉利控	吉利汽
11	市建设	存续	陈东	3 30 41	0142-02-	230 -35-2	33020000	14409403	91330200	其他股份有	91330200	房屋建筑业	1982-12-3	波市	市海曙	道路普通货	浙江建兴投	旋宫酒
12	集团有	存续	谢才	5 43 333	0141-00-0	2305-35-0	33020000	14453368	91330212	有限责任公	91330212	黑色金属冶	1994-01-2	市	省宁波	普通货运	徐忠，徐	博威产
13	波东方服	存续	林兵	13333 33	2334-3 -2	2305-3 -2	33021200	67472548	91330212	有限责任公	91330212	批发业	2008-05-2	宁市	市鄞州	食品的批发	北华茂	东联中
14	波均胜电	存续	王峰	1 124 13	0112-34-3	2305-3 -0	22040000	60543096	91330200	股份有限公	91330200	计算机、通	1992-08-0	宁市	高新区	电子产品、	社公众股	上均胜百
15	波先锋新	暂无信息																
16	波欧亚远	存续	国	333 333	2303-03-0	230 -3 -2	33022500	56385189	91330225	有限责任公	91330225	渔业	2010-10-1	山县	省象山	远洋渔业捕	根，江	海远
17	林集团股	存续	建斌	3014 33	233 -3 -0	2305-34-0	33020000	77561231	91330200	股份有限公	91330200	商务服务业	2005-06-1	波市	省宁波	实业项目的	致远投	宁双电
18	博禄德	存续	苗	5333 333	233 -31-2	2304-32-3	33020040	78040164	91330200	有限责任公	91330200	计算机、通	2005-09-2	波市	省象山	电线电缆、	博大电	广博德
19	华翔电	存续	周锋	33 50	0144-31-2	230 -35-2	33020000	61025838	91330200	其他股份有	91330200	汽车制造业	1988-09-2	市	县西周	汽车和摩托	有售条件	宁劳伦斯
20	恰源电	暂无信息																
21	创源文	存续	任国	4333 333	2330-3 -0	2304-32-3	33020040	72812724	91330200	股份有限公	91330200	专业技术服	2001-06-1	市	波市北仑	货运：普通	健，邓	创源文
22	创源文	存续	任国	4333 333	2330-3 -0	2304-32-3	33020040	72812724	91330200	股份有限公	91330200	专业技术服	2001-06-1	市	波市北仑	货运：普通	健，邓	创源文
23	鸿智易	存续	钢	0333 333	2303-3 -3	2305-3 -0	33020000	55111373	91330212	有限责任公	91330212	软件和信息	2010-03-0	波市	江省宁波	计算机软硬	陈启	暂无

图 4.30　基于网络爬虫程序采集到的工商数据示例

4.6.4　小结

大数据时代的到来使得审计工作不得不面临被审计单位的大数据环境，大数据环境下如何获得所需要的审计数据成为开展审计工作的一个重要问题。本节针对目前常用数据采集方法的不足，研究了如何通过网络爬虫技术获得外部数据，从而为开展大数据审计打下基础。

4.7　基于文本数据分析的大数据审计方法

4.7.1　研究基于文本数据分析的大数据审计方法的重要性

如前文所述，近年来，大数据技术的研究与发展为审计工作带来了机遇和挑战，目前国内外高度关注大数据技术在审计工作中的应用，探索在审计实践中运用大数据技术具有重要的应用价值和理论意义。由于目前被审计单位信息化程度高，信息系统复杂，需要采集和审计的各类数据较多，且不仅仅是数据库中的结构化电子数据，还包括一些政策文件、项目信息、董事会会议记录、董事会会议决议、总经理办公会记录、会议决议单、办公会通知、办公文件，以及一些内部控制手册、信息系统使用手册等非结构化材料。因此，如何对文本格式的非结构化数据进行分析是开展大数据审计的一项重要内容。本节中，作者结合大数据审计的研究与应用现状，探索基于文本数据分析的大数据审计方法。

4.7.2　常用审计方法的不足

常用的审计数据分析方法包括账表分析、数据查询、审计抽样、统计分析、数值分析、数据相似检测等（陈伟，2017），这些方法多是针对结构化数据进行分析，对于文本数据等非结构化数据则不能进行有效的分析。以统计分析方法和数据相似检测分析为例，其特点分析如下。

1. 统计分析方法

常用的统计分析方法的应用示例如图 4.31 所示，这种统计分析方法多是针对数值型字段进行分析，而不能针对字符型字段中的文本数据进行统计分析。

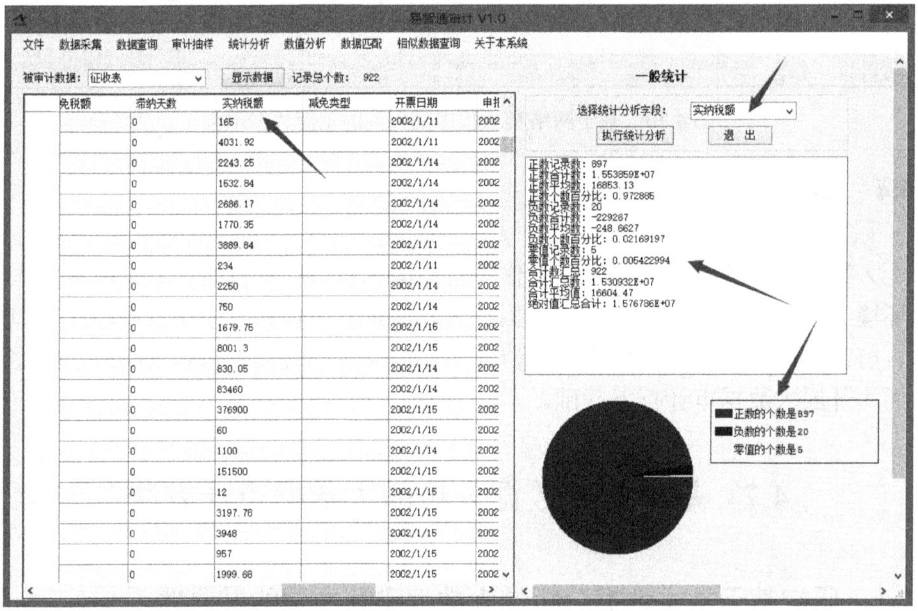

图 4.31 常用的统计分析方法的应用示例

2. 结构化数据的相似检测方法

对于数据库中的结构化数据，通过数据相似检测，可以判断两个数据表中的相关数据有没有相似重复数据，目前在审计中已有相关应用。例如，大数据环境下从不同地方采集来的被审计数据中，被审计数据 A 中出现的数据不应该出现在被审计数据 B 中。通过数据相似检测技术可以有效地发现舞弊案件。

目前常用的审计数据分析方法多是针对结构化数据。大数据环境下，需要审计的不仅仅是数据库中的结构化数据，还包括一些政策文件、项目信息等非结构化数据。因此，常用的审计方法不能满足大数据环境下审计工作的需要，其中，研究如何对文本数据进行审计非常重要。

4.7.3 基于文本数据分析的大数据审计方法原理

大数据环境下，大量的文本数据使审计人员分析的难度越来越大，传统的浏览和筛选等方法无法满足大数据环境下文本数据等非结构化数据审计的需要，对非结构化数据进行可视化分析，是大数据审计研究与应用的重要内容。将文本数据中的内容或规律以视觉符号的形式展示给审计人员，有助于审计人员利用视觉感知的优势来快速获取大数据中蕴含的重要信息，从而发现审计线索。对大数据审计来说，文本内容可视化主要是为了快速获取文本数据内容的重点，快速理解文本的主要内容，可以采用基于词频的可视化技术，如采用 TF-IDF 技术、标签云的可视化形式进行展示。

基于文本数据分析的大数据审计方法原理可概述为：根据对被审计单位的调查，在访谈和现场观察等基础上，采集被审计单位的内外部相关信息如政策文件、项目信息、董事会会议记录、董事会会议决议、总经理办公会记录、会议决议单、办公会通知、办公文件、项目安排、相关年度资金计划安排、项目工作总结、相关项目绩效评价报告等非结构化数据，以及从外部网上公开数据源采集来的相关文本数据。然后，在审计大数据预处理的基础上，基于“总体分析，发现疑点，分散核查，系统研究”的审计思路，采用大数据工具对相关文本数据进行分析，审计人员通过对可视化的分析结果进行观察，快速从被审计大数据信息中发现异常数据，获得审计线索。在此基础上，通过对这些结果数据做进一步的延伸审计和审计事实确认，最终获得审计证据。综上分析，基于文本数据分析的大数据审计方法原理如图 4.32 所示。

4.7.4　基于文本数据分析的大数据审计方法应用

1. 应用思路分析

扶贫审计是目前审计领域研究与应用的一个重点，为了便于审计人员从总体上把握扶贫项目内容等情况，快速发现可疑问题，提高审计效率，实现“总体分析，分散核查”的审计方式，本节以扶贫审计为例，分析如何应用基于文本数据分析的大数据审计方法。其基本思路为：为了总体了解被审计单位对扶贫政策的执行情况，可以通过对某一时期内每年的扶贫项目内容进行相似度分析，检测每年扶贫项目内容的变化情况，如果每年的项目内容相似度高，说明扶贫项目内容变化不大。在此基础上，进行扶贫项目内容标签云分析，检查相关扶贫项目关注的重点，检查关注的重点是否有变化。另外，对扶贫资金使用情况进行标签云分析，检查是否存在违规使用的问题。

2. 扶贫项目内容相似度分析

基于以上分析，以某地扶贫项目审计为例，采用本节研究的基于文本数据的相似度分析方法分别对该地2014～2017年的扶贫项目内容进行相似度分析，结果如表4.5所示。

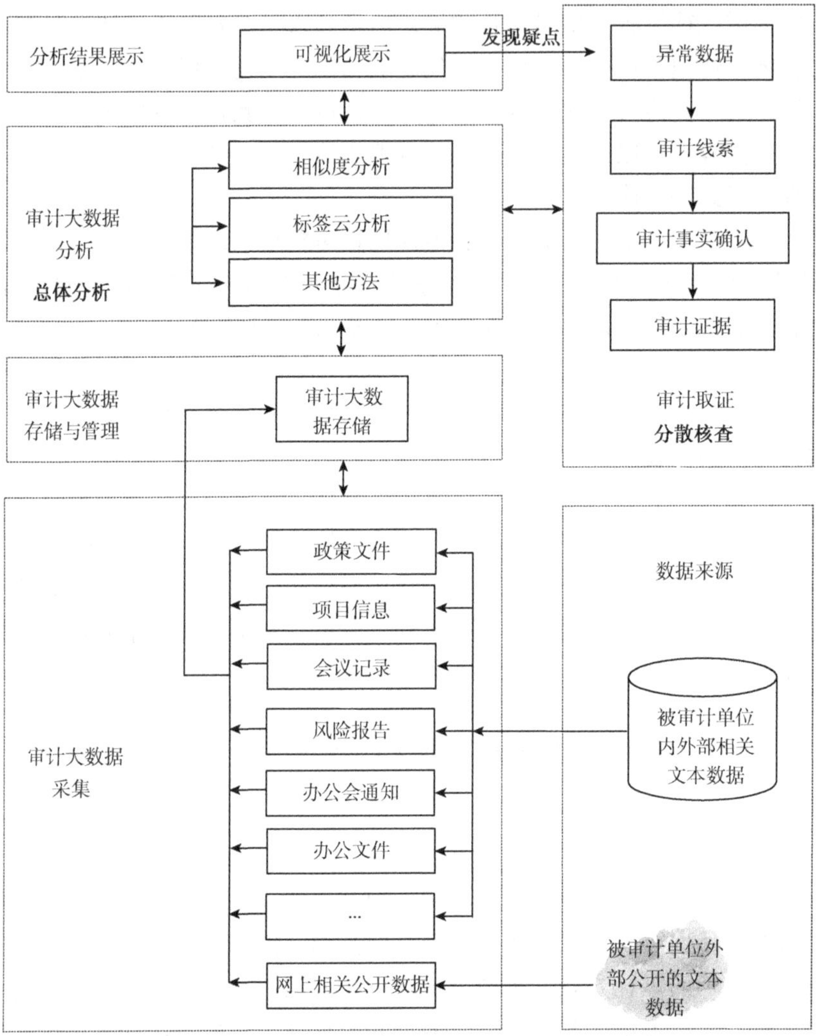

图4.32 基于文本数据分析的大数据审计方法原理

表4.5 某地2014～2017年扶贫项目内容相似度分析结果

年份	2014	2015	2016	2017
2014	1	0.860 391 14	0.760 400 06	0.488 899 8
2015	0.860 391 14	1	0.851 642 7	0.490 255 9
2016	0.760 400 06	0.760 400 06	1	0.532 088 2
2017	0.488 899 8	0.490 255 9	0.532 088 2	1

由表 4.5 不难发现，2014 年、2015 年、2016 年项目内容相似度较高，与 2014 年、2015 年、2016 年项目内容相比，2017 年项目内容变化较大。由此可见，该地 2017 年扶贫项目内容发生了重大变化，值得审计人员进一步关注。

3. 扶贫项目内容标签云分析

在扶贫项目内容相似度分析的基础上，为了进一步了解该地 2014～2017 年扶贫项目的主要内容，掌握扶贫政策的变化情况，审计人员可以采用标签云对采集来的扶贫项目数据进行综合分析，总体掌握扶贫项目内容情况，以及某一时期内扶贫项目内容的变化情况，从而帮助审计人员判断被审计单位的扶贫政策执行情况。

1）扶贫政策执行情况分析

基于以上分析，以某地扶贫项目审计为例，采用本节研究的基于文本数据的标签云分析方法对该地 2014～2017 年的扶贫项目内容进行标签云分析，其结果示例如图 4.33～图 4.36 所示，其中，标签云中字体的大小表示扶贫项目内容出现的次数情况。图 4.33～图 4.36 的分析结果表明，与前文的相似度分析结果一致，该地 2017 年扶贫项目内容发生了变化。例如，建档立卡等工作成为 2017 年扶贫项目关注的重点，从而表明被审计单位有效地执行了国家的扶贫政策。

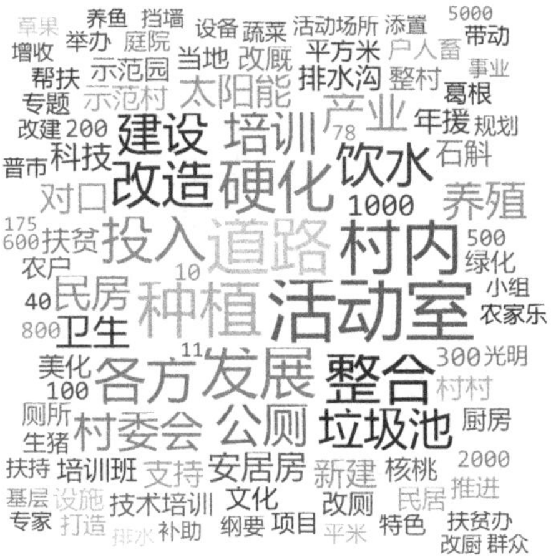

图 4.33　2014 年项目内容分析结果示例

图 4.34　2015 年项目内容分析结果示例

图 4.35　2016 年项目内容分析结果示例

2）扶贫内容合理性分析

通过对扶贫项目内容进行分析，可以总体把握一些扶贫项目内容是否符合国家产业政策。例如，分析扶贫项目是否投向一些高污染、高能耗等国家禁止的行业，如果存在，则需要审计人员进一步关注。

基于以上分析，以某地扶贫项目审计为例，采用本节研究的基于文本数据的标签云分析方法对该地扶贫项目内容进行标签云分析，其结果示例如图 4.37 所示。图 4.37 的分析结果表明，该地扶贫项目内容中存在“制革”“有色”“冶炼”等关键词，从而表明被审计单位可能存在扶贫项目内容属于高污染、高能耗行业，需要审计人员做进一步的延伸分析。

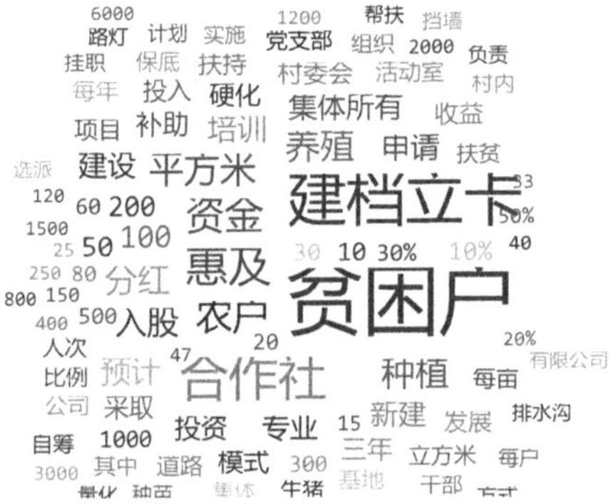

图 4.36 2017 年项目内容分析结果示例

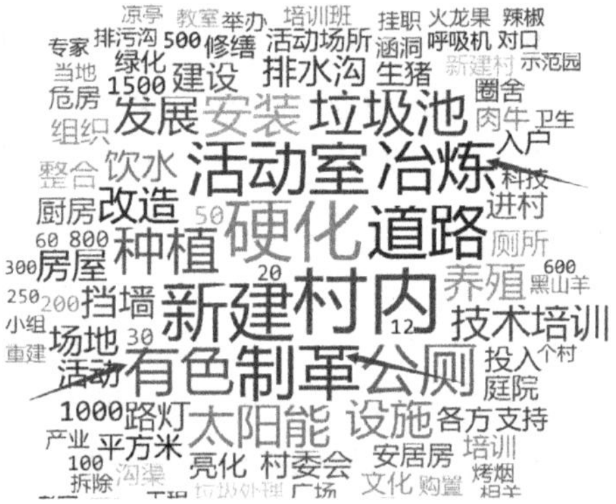

图 4.37 某地高污染、高能耗项目分析结果示例

4. 扶贫资金使用情况的标签云分析

为了掌握扶贫资金的整体使用情况，确认扶贫资金的使用是否合理、合规和合法，需要对某一时期内扶贫资金使用内容进行总体分析。针对这一需要，采用本节研究的基于文本数据的标签云分析方法对从被审计单位采集来的相关扶贫资金支出数据进行分析，根据分析结果可以初步发现扶贫资金是否存在违规使用的问题。例如，采用标签云对从某地采集来的扶贫资金进行综合分析，其结果示例如图 4.38 所示。

图 4.38 的分析结果表明，该被审计单位一部分扶贫资金用在餐费、高尔夫、中介费、烟酒等方面。根据这一分析，审计人员可以对这些扶贫资金数据做进一步的详细分析，查找所有含有“餐费、高尔夫、中介费、烟酒”等方面的支出，从而发现审计线索。

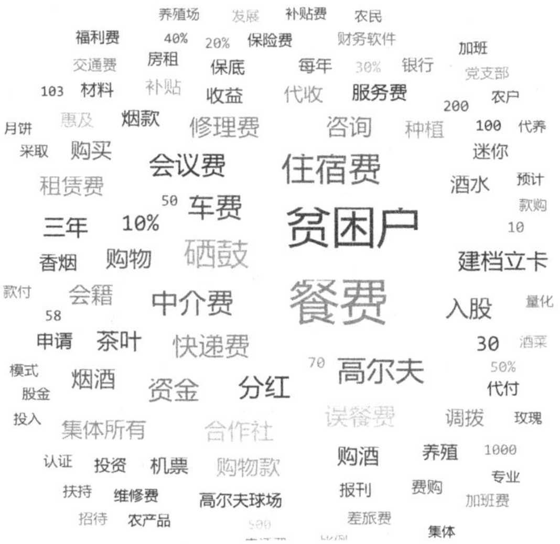

图 4.38　某地扶贫资金使用情况内容分析结果示例

4.7.5　小结

对文本数据进行分析是大数据审计的一项重要内容，但由于目前常用审计软件中缺少针对文本数据的审计方法，审计人员无法采用这一方法进行审计。本节采用 Python 语言实现了文本数据审计方法，包括文本相似度分析和标签云分析，采用该方法不需要开发或购买专门的审计软件，使审计人员能够在低成本、易实现的情况下实现对文本数据的分析，从而为大数据审计的广泛应用打下基础。

4.8　大数据环境下的联网审计研究

4.8.1　研究大数据环境下的联网审计的重要性

随着被审计单位信息化趋向普及，审计对象的信息化使得审计信息化成为必然。近年信息技术的发展使得审计信息化向远程、动态、实时的方向发展，远程联网审计或持续审计成为审计信息化的一个重要发展方向，并已得到学术界、审计人员以及软件开发人员的广泛研究与应用（CICA/AICPA，1999；Vasarhelyi et al.，2012；Gonzalez et al.，2012；Alles et al.，2013）。我国高度重视审计信息化工作，为了实现现场审计和远程审计相结合，提高审计工作效率，积极推进联网审计工作。2015 年 12 月 8 日，中共中央办公厅、国务院办公厅印发的《关于实行审计全覆盖的实施意见》指出，“创新审计技术方法是实现审计全覆盖的一个重要手段，要求构建大数据审计工作模式，提高审计能力、质量和效率，扩大审计监督的广度和深度，同时，探索建立审计实时监督系统，实施联网审计”。2017年3月，中共中央办公厅、国务院办公厅印发的《关于深化国有企业和国有资本审计监督的若干意见》提出，“创新审计理念，完善审计监督体制机制，改进审计方式方法”。

由以上分析可知，联网审计是目前审计研究与应用的一个重要方向。大数据时代的到来给联网审计带来了机遇和挑战。例如，目前的联网审计实现方法能否完全满足大数据环境下的审计需要？大数据环境对联网审计的数据采集、数据存储、数据分析等关键环节有哪些影响？哪些审计数据方法可以用于大数据环境下的联网审计数据分析？大数据技术如何提高联网审计的效果？如何控制大数据环境对联网审计产生的风险？虽然联网审计近年来得到国内外学术界的高度重视，但目前关于联网审计的研究多集中在联网审计的实现技术、应用和绩效评价等方面（Gonzalez et al.，2012；Alles et al.，2013；陈伟，2012；Chen，2012），对于大数据环境下的联网审计问题目前尚缺少系统、深入的研究，影响了大数据环境下联网审计技术的广泛应用。

综上所述，研究大数据环境下的联网审计风险问题具有重要的理论意义和应用价值。本节中，作者结合大数据审计及联网审计的研究与应用现状，分析大数据环境下联网审计风险及其风险控制问题。

4.8.2 大数据环境下的联网审计风险分析

随着大数据时代的到来，大数据环境下开展联网审计将面临的风险主要表现如下。

1. 联网审计的数据采集风险

1）常用联网审计数据采集与传输方式存在风险与挑战

由前文分析可知，传统的联网审计数据采集时，被审计单位数据服务器端放置一台称为“数据采集前置机”的服务器，通过在“数据采集前置机”上安装数据采集软件，把审计需要的财政财务数据和相关经济业务数据采集到部署在本地的审计数据采集服务器（前置机）中，从而完成联网审计的审计数据采集工作。大数据环境下，数据量巨大，传统借助网络环境的数据传输方式已不能满足大数据环境下的数据传输需要，数据传输安全、数据传输速度、数据传输成本等都给联网审计的实施带来巨大挑战。这些挑战主要表现为：一是需要采集数据的被审计单位数量广、数据量大。为了实现审计全覆盖，同时也是为了更好地发挥大数据审计的优势和威力，更好地实现对不同来源数据的比较分析，更全面地发现相关问题线索，需要采集更多单位的电子数据，包括金融、财政、税收、海关、企业数据等，采集的层次不仅包括省级单位，还包括基层单位。二是除了需要从被审计单位内部采集数据之外，还需要采集相关外部数据。在这种环境下，若仍然采用原来的方式，则联网审计的成本会大大增加。三是大数据环境下，被审计单位产生的数据量大，一些单位每天产生的数据量高达数亿条，这给联网审计系统的数据采集和数据传输带来很大的风险与挑战。

2）大数据环境下联网审计数据的质量风险

大数据环境下，影响数据真实性的因素很多，为了能得到正确、可靠的审计证据，防止大数据环境下的“假账真审”，必须保证采集来的相关数据的真实性和可靠性，审计大数据质量控制是防范与控制大数据环境带来的审计风险的一个关键问题。传统环境下，联网审计大多采集被审计单位内部的结构化数据；大数据环境下，数据来源更丰富，这些数据源于社交媒体数据，包括传感器信息、海量图像文件、Web 文本、电子邮件等。联网审计不仅仅需要采集被审计单位的内部数据（结构化数据、非结构化数据），还需要采集被审计单位外部的数据，因此，数据质量控制上更加复杂，审计风险更大（例如，从公共网络上采集来的相关数据的可靠性、完整性、准确性等很难得到验证）。这给开展大数据审计带来了障碍，造成了一定的审计风险。

3）联网审计大数据采集的不全面带来的风险

大数据环境下，审计单位需要访问第三方数据来源并将自己的信息与外部的信息进行集成以充分发挥大数据的潜力。然而，目前尚未建立起数据访问与数据共享机制。这给大数据审计带来了障碍，影响了审计取证的查全率，造成了一定的审计风险。

2. 联网审计数据存储与管理风险

大数据环境下，联网审计的数据存储与管理风险主要表现如下。

（1）大数据环境下，通过联网审计从被审计单位采集来的电子数据是巨量的，已有的联网审计数据存储技术将不能完全满足大数据环境的需要，被审计单位的大数据对审计数据的存储提出了挑战，研究适合大数据环境的联网审计数据存储技术成为开展联网审计的一项重要任务。大数据环境下，联网审计数据的存储方法发生了改变，包括存储设施、存储架构、数据访问机制等。另外，在进行数据存储时，审计大数据的集成也是一个问题，需要把从不同被审计单位或同一被审计单位中不同数据源中的各种不同数据整合在一起，这些数据往往涉及诸多数据源，并且它们的数据模式也可能不一致。

（2）大数据环境下，为了获得全面、可靠的审计证据，需要从众多的被审计单位采集大量敏感和重要的数据来分析，这些审计大数据常常会含有一些详细的、潜在的能够反映被审计单位机密的信息，这些采集来的数据集中存储在审计单位的数据中心，来自网络的攻击会影响审计大数据的安全，一些对审计数据中心的恶意进攻也会造成更严重的后果，这就需要对这些采集来的审计大数据有合适的，贯穿审计数据采集、审计数据传输、审计数据存储、审计数据维护、审计数据分析等整个数据生命周期的控制和保护，以减少审计风险。

（3）大数据环境下，联网审计的数据存储风险还包括灾难恢复与业务连续风险。大数据环境下，审计数据中心的灾难恢复与业务连续策略对联网审计有着重要的影响，主要表现为：审计数据中心如何考虑灾难恢复计划（disaster recovery plan，DRP）与业务连续计划（business continuity plan，BCP）？审计数据中心的数据是否有备份？当发生灾难事故时，数据恢复的时间有多长？另外，审计单位和被审计单位使用的网络连接是否可靠？数据传输是否可靠？当网络出现故障时，是否会影响联网审计的可靠性？

3. 联网审计数据分析风险

通过联网审计采集来的电子数据需要采用相关审计工具和方法进行分析，从而发现审计线索，获得审计证据。目前常用的审计数据分析方法主要有 SQL 数据查询、审计抽样、统计分析、数值分析等，审计大数据的复杂性给数据分析带来了一定困难。由大数据的特点可知，现有的联网审计方法已不能完全满足大数据环境下联网审计的需要，因此，大数据环境下开展联网审计大数据分析需要更多的技术与方法。大数据环境下，如果不采用大数据技术实现从传统的审计数据分析向审计大数据分析的转换，必将影响审计数据分析结果和分析效率，造成一定的审计风险。

4.8.3 大数据环境下的联网审计风险控制对策

1. 改进联网审计的数据采集方法

由前文分析可知，大数据环境下，联网审计的数据采集存在一定的风险，一方面是因为数据量大、结构复杂；另一方面是数据的传输风险；除了需要从被审计单位内部采集数据之外，还需要采集相关外部数据。因此，目前在审计实务中，对于数据采集，除了已有的联网自动采集数据方法之外，大数据环境下，也可以采用其他数据采集方式为开展联网审计提供服务。例如，在审计项目实施期间按规定程序依法现场采集相关数据、每年定期从相关单位采集数据、被审计单位定期报送相关数据等。因此，在实际的联网审计实施过程中，可以采取联网审计和数据报送相结合的方式来控制与减少联网审计的实施风险，其原理如图 4.39 所示。

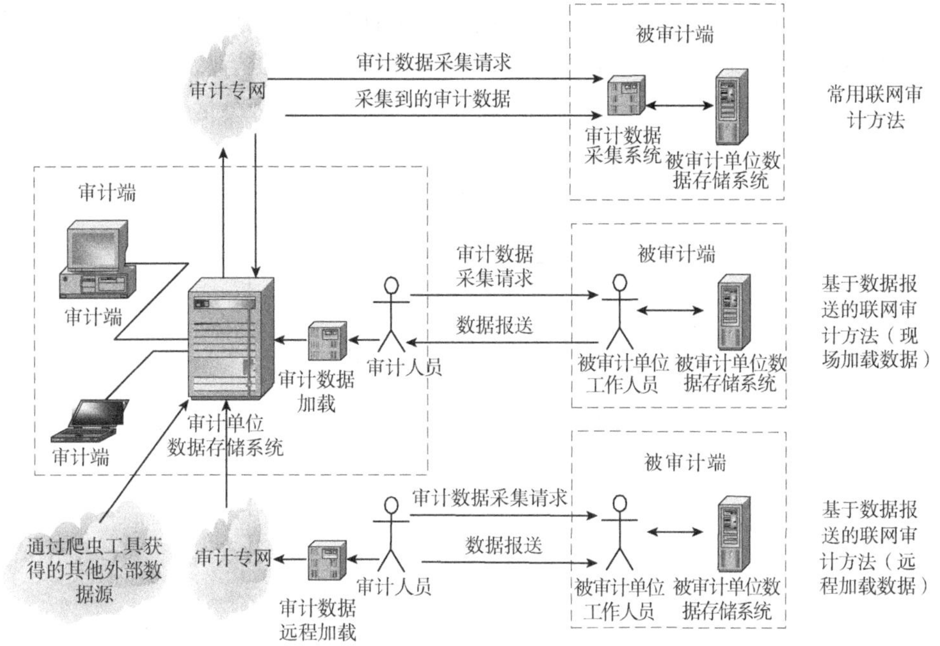

图 4.39　大数据环境下的联网审计实现方法原理

（1）针对相对固定、数据量小、联网条件成熟的相关被审计单位，仍可以继续采用原有的联网数据采集方式。在联网采集数据的过程中，需要针对不同传输环境和数据敏感级别，采用差异化的加密及传输方式进行传输，确保数据传输的安全性和完整性。

（2）对于那些比较分散、审计周期不固定，或者是数据量极大，或者是联网条件不成熟的相关被审计单位，可以采用定期数据报送方式采集。在数据报送时，一般需要采用对数据加密后通过移动介质拷贝、“双人交付”的方式进行，在报送的过程中要注意做好介质交接记录。另外，在数据报送时，被审计单位需要根据审计单位要求的数据格式提供数据，从而有效地控制数据质量风险。

（3）通过网络爬虫获得其他数据。这种数据采集方式可以有效地弥补审计大数据不全面性方面的不足，使得审计人员可以将被审计单位内部数据与外部相关数据进行集成以充分发挥大数据的潜力，提高了审计取证的查全率，减少审计风险。另外，审计人员在采用这种数据采集方式时，应注意选择合适的公开数据源（数据采集对象），注意加强数据验证，保证采集来的相关公开数据的可靠性、完整性和准确性，减少审计风险。

2. 改进联网审计的数据存储方法

借助云计算平台或分布式文件系统进行大数据环境下的联网审计数据存

储与管理，可以解决大数据环境下联网审计数据的存储问题。借助云计算平台或分布式文件系统，在审计单位构建联网审计的海量数据存储系统，对采集来的数据按不同的应用（逻辑）或按数据特征（类型）进行分区管理，示例如图4.40所示。

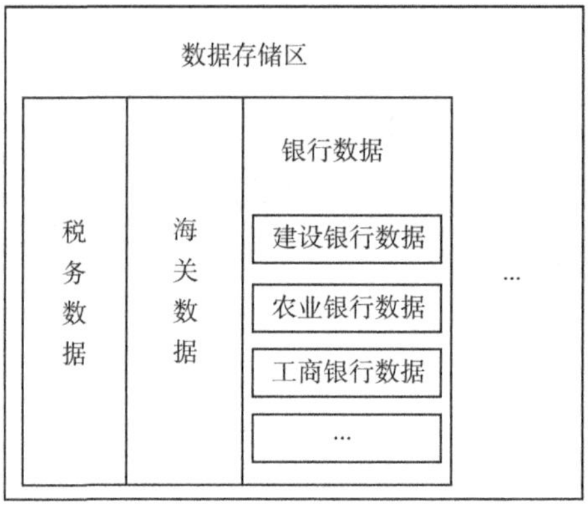

图4.40　审计数据分区管理示例

3. 加强数据存储的安全管理工作

1）加强日常安全管理工作

大数据环境下联网审计的数据管理安全涉及管理、人员、技术等各个方面，因此，数据安全管理工作可以从管理安全（如安全管理制度与管理组织）、人员安全以及技术安全（如计算机机房、操作系统、数据库系统、网络通信、软件、硬件等）三个方面出发。

（1）管理安全。审计单位应在联网审计的数据安全管理方面建立相应的安全管理职能部门，设置相应的安全管理岗位，为信息系统的安全管理提供组织上的保障；建立相应的管理制度，并要求严格执行相关管理制度，各项操作要符合制度要求。

（2）人员安全。在数据管理方面，审计单位要制定详细的数据管理制度和流程来严格管理数据的采集、存储、分析、传输、分发、备份、恢复、清理和销毁，在内部数据管理岗位设置和人员安排方面要注意做到职责分离；在数据使用方面，审计单位要注意提高审计人员的数据安全意识、加强数据安全重要性教育，数据使用、下载等过程要审批。

（3）技术安全。审计单位要注意防范数据中心运行环境中影响信息系统正常、可靠运行的安全隐患，保护数据中心相关信息系统中的各种资源免受毁坏、替换、盗窃和丢失的威胁，如自然灾害风险的威胁、环境故障风险（如电力故障、设备故障、温度、湿度、静电、恐怖袭击等）的威胁等。

2）采用分级保护方式进行数据应用管理

为了减少大数据环境下联网审计的数据应用风险，根据采集来的被审计数据对象和敏感程度的不同，在数据应用管理上要进行分级别保护。

（1）对于一般基础类数据，如税务、工商等数据，可以对相关审计单位开放查询使用权限。

（2）对于特定的专业类数据，需要根据年度开展的审计项目实际需要授权。

（3）对于跨区域、跨行业的数据，需要相关部门共同审批。

（4）对于其他特殊需要数据，需要根据实际情况进行审批。

3）加强业务连续性管理与控制

业务连续性管理是为了防止业务活动中断，保护关键业务流程不受信息系统失效或自然灾害的影响，将意外事件或灾难对业务的影响降到最低水平。传统环境下，通过联网审计采集的数据量小，在意外事件或灾难发生后，一般可以比较容易地恢复，或者重新采集相关数据，但在大数据环境下，联网审计需要采集的数据量大，数据来源广，数据结构复杂，数据预处理时间长，且预处理成本高，因此，在意外事件或灾难发生时，若没有合适的针对联网审计的业务连续性管理措施，就很难对业务进行恢复。大数据环境下联网审计数据中心无在线生产系统，时效性低，对数据运算速度要求相对较低，因此，对于其业务连续性管理，尽管不需要像生产系统的要求那么高，但需要确保在意外事件或灾难发生后，能在需要的时间内恢复业务运作所需的 IT 基础设施、数据管理系统和数据查询与分析服务，最终使联网审计系统能够按照联网审计方案中规定的水平与恢复时间等目标对外提供服务。

为了做好大数据环境下联网审计数据的业务连续性管理，可以采取以下措施。

（1）指定一个部门负责联网审计数据的业务连续性管理工作。

（2）制订规范的业务连续性计划，以及业务连续性管理相关规章制度与人员名单。

（3）制订规范的 IT 服务连续性计划，包括相关的规章制度、文件以及人员名单。

（4）做好年度应急演练工作。

4. 研究面向大数据环境的联网审计数据分析方法

大数据环境下，联网审计给审计人员提供了丰富的数据，如果仅仅使用原有的联网审计数据分析方法，则不能充分利用这些数据发现相关问题，造成审计检查风险。因此，为了减少大数据环境下的联网审计数据分析风险，审计人员可以采用以下数据分析方法。

1）对采集来的数据进行非现场总体分析

通过对采集来的数据进行总体分析，审计人员可以发现相关线索，从而为现场审计提供服务。面向大数据环境的联网审计数据分析方法原理如图 4.41 所示。相关分析方法分析如下。

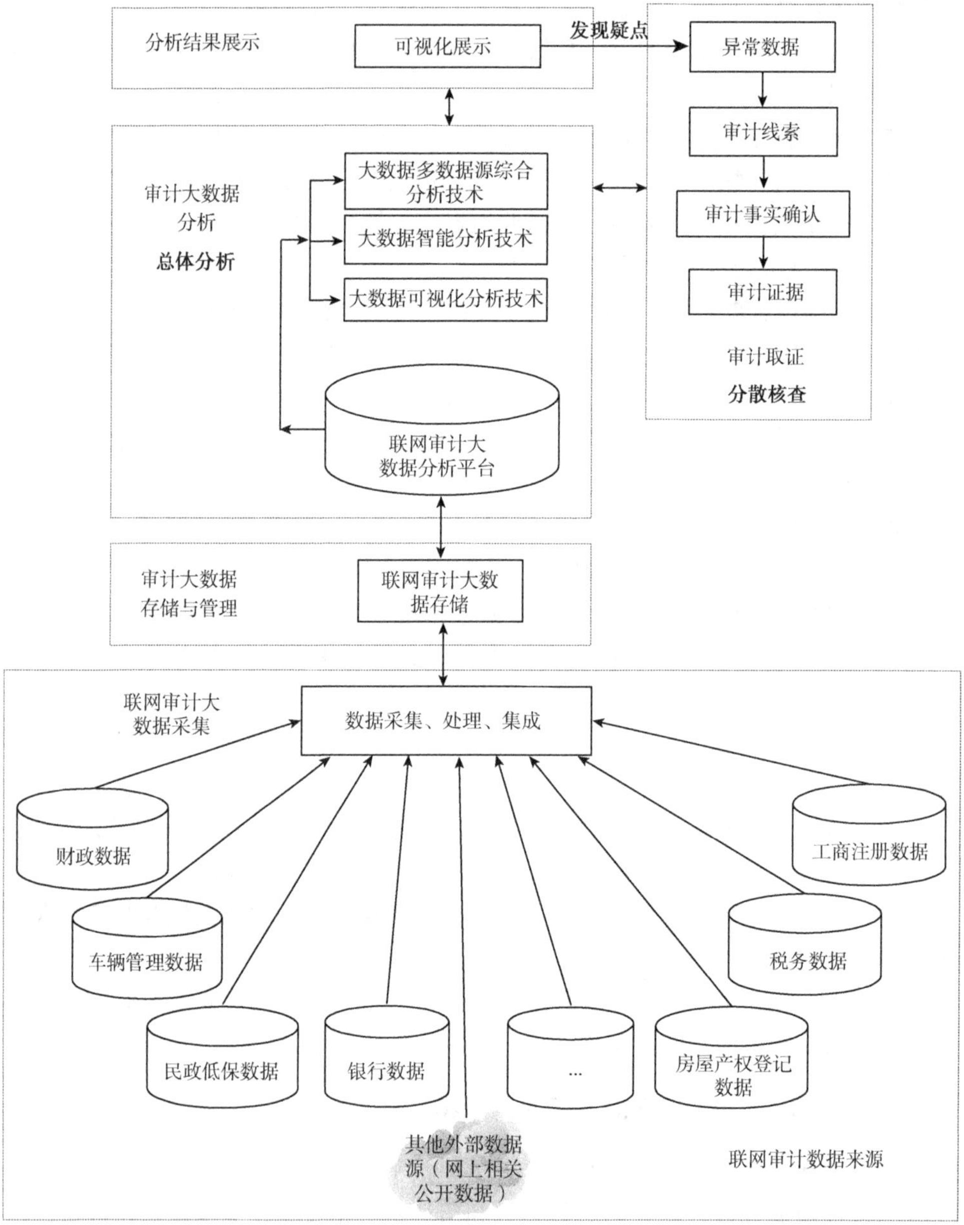

图 4.41　面向大数据环境的联网审计数据分析方法原理

2）提供远程数据查询和分析服务

为了更好地服务于现场审计项目，在实际的审计工作中，在风险可控的情况下，联网审计数据中心可以为审计人员开放相关数据，审计人员通过审计专网查询相关数据库，进行数据的查询和分析，完成审计工作，其原理如图 4.42 所示。在以上数据使用过程中，为了控制审计风险，需要做到如下五点。

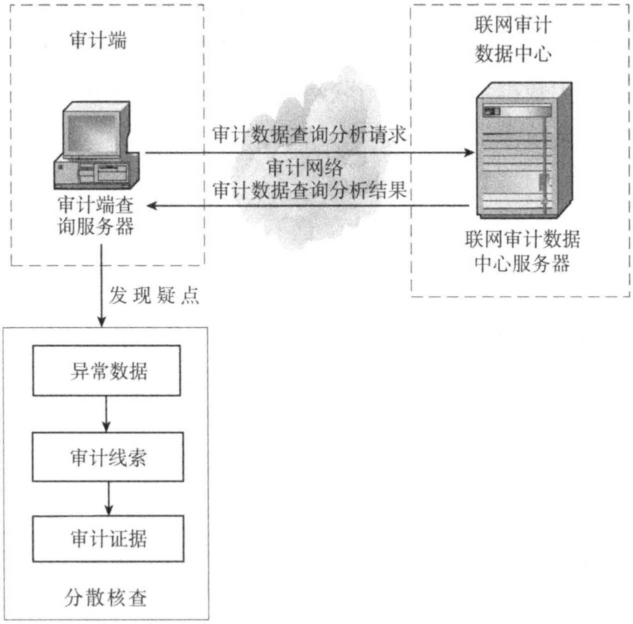

图 4.42　远程数据查询服务原理

（1）根据实际审计项目需要开放相应的数据。审计单位和审计人员严格按照授权使用的范围、用途、方式等使用相应的数据。

（2）分级开放数据，控制相关风险。权限账户的权限管理必须基于“最小授权”原则，并需严格限定账户的使用范围和使用目的。

（3）数据使用要严格遵守保密管理规定，审批流程执行到位。数据的使用过程要有完整的记录控制措施。控制措施要完整记录数据分析和导出的操作时间、操作人、操作方式、数据内容等相关信息，并留存授权资料以供检查使用。

（4）加强对数据使用人员的安全保密教育，强化对数据使用安全重要性的认识。

（5）相关数据分析均在审计单位特定的数据分析平台上进行，经授权下载在终端中使用的相关数据，在使用完毕后应及时销毁。

4.8.4　小结

大数据时代的到来给联网审计带来了挑战，研究大数据环境下如何开展联网审计工作，有助于今后联网审计的广泛应用。本节作者结合大数据的研究与应用现状，研究大数据环境下的联网审计方法、风险及其控制对策。考虑到联网核查这种联网审计方式一般在被审计单位内部局域网内进行，且仅能进行数据查询操作，风险较小，因此，这种联网审计方式不在本节研究的范围之内。由本节的研究可知，相对于目前常用的联网审计方法，大数据环境下的联网审计面临的环境更复杂，因此，如何控制大数据环境下的联网审计风险是今后开展联网审计的一项重要任务。今后大数据环境下实施联网审计时，应该充分利用大数据技术带来的优势，回避大数据技术带来的风险。

4.9 本章小结

大数据时代的到来使得审计工作不得不面临被审计单位的大数据环境，如果不研究大数据环境下如何开展审计工作，审计人员将再次面临无法胜任审计工作的挑战。本章作者结合大数据的研究与应用现状，研究了大数据环境下电子数据审计面临的机遇、挑战，以及大数据环境下的电子数据审计方法，包括基于数据可视化技术的电子数据审计方法、大数据环境下基于模糊匹配的审计方法、基于Benford定律的大数据审计方法、基于网络爬虫技术的大数据审计方法、基于文本数据分析的大数据审计方法等。另外，还研究了大数据环境下的远程联网电子数据审计方法及其风险控制方法。通过本章的内容，可以掌握大数据环境下电子数据审计的基本理论与应用，从而为今后研究与应用大数据环境下的电子数据审计理论与方法打下基础。

第5章 大数据环境下的电子数据审计应用研究

5.1 引　　言

第4章研究了大数据环境下一些有效的电子数据审计方法以及部分应用案例，本章结合金融审计、扶贫审计、污染防治审计“三大攻坚战”，以及经济责任审计等目前常见的审计工作实际应用案例，研究大数据环境下如何开展电子数据审计。

5.2 基于大数据可视化分析技术的审计线索特征挖掘方法研究与应用

5.2.1 研究基于大数据可视化分析技术的审计线索特征挖掘方法的重要性

随着被审计单位信息化趋向普及，审计对象的信息化使得审计信息化成为必然。有价值的审计线索是帮助审计人员发现被审计单位各方面违规或违法问题的关键因素，信息化环境下，审计人员通过审计被审计单位的电子数据，发现审计线索，然后通过对审计线索进行确认，获得相关审计证据。因此，把握住审计线索的特征，不断丰富审计线索的发现方法是今后审计工作的一项重要任务。随着信息技术的发展，大数据时代的到来为电子数据审计带来了机遇和挑战。

随着大数据时代的到来，研究如何借助大数据技术来充分发挥审计预防、揭示和抵御的“免疫系统”功能具有重要的理论意义和应用价值。虽然目前常用的电子数据审计工具（如SQL Server、Microsoft Excel、AO审计软件等）与方法（如SQL数据查询）也能帮助分析电子数据，发现审计线索，满足电子数据审计的基本需要，但如何透过现象发现本质，通过发现的审计线索分析出更深层次的问题，达到审计免疫、防范审计风险的目的尚缺少研究。另外，电子数据审计过程中，枯燥的数字和分析结果严重影响了审计效率以及审计人员对审计工作的热情，且难以帮助审计人员从审计大数据中发现被审计单位电子数据中的关系、规律和趋势。大数据可视化分析技术的发展为解决以上问题提供了机遇（陈伟，2017）。本节在第4章研究的基础上，结合大数据审计的研究与应用现状，研究基于大数据可视化分析技术的审计线索特征挖掘方法与应用。

5.2.2 基于大数据可视化分析技术的审计线索特征挖掘方法分析

1. 目前常用电子数据审计方法存在的不足

目前，信息化环境下的审计方法一般是通过对被审计数据的分析，构建相应的 SQL 语句。然后，通过在一些数据库工具（如 Microsoft Access、SQL Server 等）或审计软件中运行以上 SQL 语句，查找出审计线索。不难发现目前常用电子数据审计方法存在以下不足。

（1）无论是采用数据库工具还是审计软件，应用基于 SQL 语句的数据查询方法开展电子数据审计时，都需要编写烦琐的 SQL 语句，且对审计人员有一定的技术水平要求。

（2）基于 SQL 的数据查询方法分析结果以二维表格形式展示，当结果数据量大时，显示的结果枯燥，并且不形象。

（3）目前常用的审计方法是依据相关法律、法规以及审计经验对相关问题进行地毯式排查，但难以发现复杂性隐蔽问题，以及问题产生的原因和规律，不能从根源上防范问题的发生。

2. 基于大数据可视化分析技术的审计线索特征挖掘原理

大数据的研究与应用目前已经成为国内外的热点，尽管传统的审计数据分析技术也可以用于目前的审计大数据分析，但大数据环境下，开展大数据审计需要更多、更优的技术与方法。为了充分从大数据中挖掘有用的信息，不同种类的大数据技术被研究出来，同时，一些用于分析大数据的工具也被开发出来（Science，2011；Chen，2014；陈伟，2016；Manyika et al.，2011）。其中，数据可视化技术是大数据环境下开展电子数据审计的重要方法。大数据环境下，数据可视化技术可以更简洁地表达被审计大数据的信息，有助于审计人员探索、分析和解释复杂的海量数据，借助数据可视化技术，审计人员能够“洞察”被审计数据信息中内在因素的模式和关联，快速从大数据中发现审计线索及其特征。

基于大数据可视化分析技术的审计线索特征挖掘方法原理为：在审计大数据集成和预处理的基础上，借助某种大数据可视化分析软件对被审计数据进行可视化建模分析。审计人员结合自己的审计背景知识，发挥人类视觉系统的敏感性，通过对可视化的结果图形和图像进行分析、观察和认知，从总体上系统地理解和分析被审计数据的内涵和特征，从而发现审计线索，获得审计证据。同时，根据需要，交互地改变可视化软件的设置，改变输出的可视化图形和图像，从不同的方面获得对被审计数据的理解，从而全面发现审计线索的特征，分析产生相关问

题的规律和原因。概括来说，基于大数据可视化分析技术的审计线索特征挖掘，使得审计的目的已不仅仅是查找证据，而是通过对审计线索的分析，发现相关问题产生的规律，及时提出防范和化解风险的对策建议，完善相关管理体制、修订相关法律等，及时揭示和反映对全局、对未来有根本性影响及存在重大风险隐患的问题，从而发挥审计预防、揭示和抵御的“免疫系统”功能。基于大数据可视化技术的审计线索特征挖掘方法原理如图 5.1 所示。

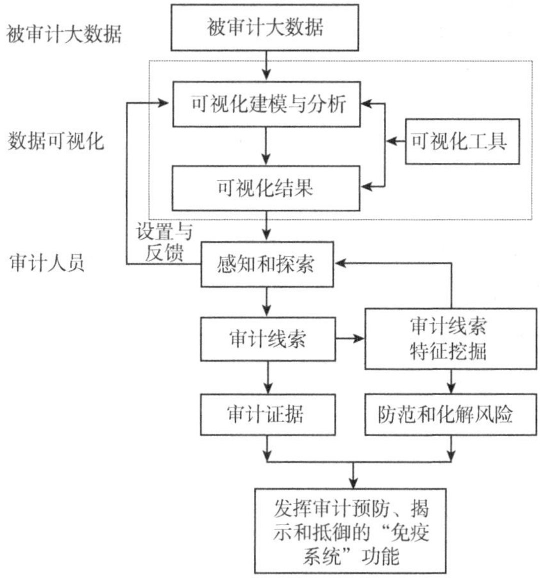

图 5.1　基于大数据可视化分析技术的审计线索特征挖掘方法原理

5.2.3　基于大数据可视化分析技术的审计线索特征挖掘方法应用案例

1. 案例背景

中华人民共和国成立初期，我国一直实行计划管理模式，公立医院对患者收取低价的医疗服务费和药品成本费（基本接近其成本价格），但这种经营模式造成医院经营亏损。随着社会的发展，医疗服务需求进一步增大，为缓解政府财政对公立医院补助不足的压力，我国于 1954 年正式启动药品加成政策，但在改革开放以后，这一政策的弊端逐渐凸显出来，导致很多不良现象的出现。2016 年 7 月 1 日，国家发展改革委、国家卫生计生委、人力资源社会保障部、财政部四部委对外发布《推进医疗服务价格改革的意见》，要求各地围绕公立医院综合改革，统筹考虑取消药品加成及当地政府补偿政策，同步调整医疗服务价格（国家发改委，2016）。2016 年 11 月 8 日，中共中央办公厅、国务院办公厅转发的《国务院深化医药卫生体制改革领导小组关于进一步推广深化医药卫生体制改革经验的若干意见》指出，所有公立医院取消药品加成，统筹考虑当地政府确定的补偿政策，精准测算调价水平，同步调整医疗服务价格。国家卫生计生委表示 2017 年我国城市公立医院将全部取消药品加成（人民网，2017）。

本案例以政府推行取消药品加成政策为背景，探究某公立医院 2013～2016 年（在此期间，该公立医院已作为国家药品零加成试点医院，此阶段西药已实行零加成）是否仍然存在药品加成的违规现象。基于 R 语言，以该医院中西药价格审计为例，分析大数据可视化分析技术在药品价格加成审计中的应用。通过对可视化分析结果以及图形所蕴藏的潜在信息的挖掘，深度分析加成药品的特征，为审计人员提供决策。

2. 目前常用药品价格加成审计方法的不足

对于药品价格加成审计，目前常用的审计方法为先根据分析，编写 SQL 语句，然后在某一数据库工具或审计软件中运行该 SQL 语句进行分析，如图 5.2 所示。本例中，相关 SQL 语句示例如下。

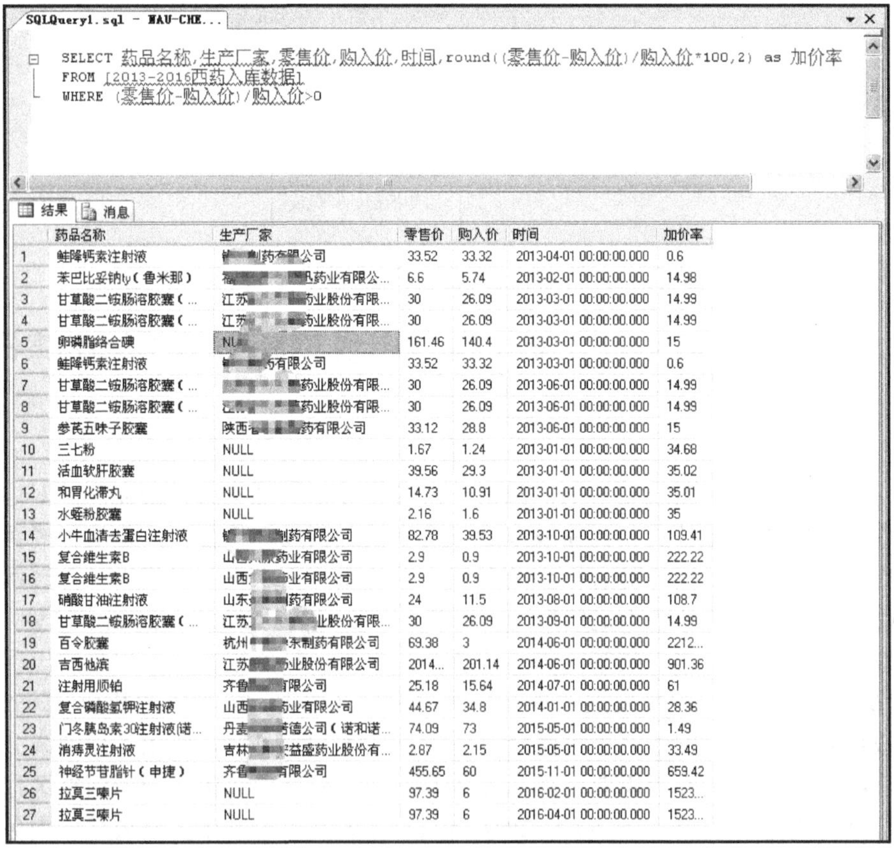

SQLQuery1.sql - NAU-CHE...

```
SELECT 药品名称,生产厂家,零售价,购入价,时间,round((零售价-购入价)/购入价*100,2) as 加价率
FROM [2013-2016西药入库数据]
WHERE (零售价-购入价)/购入价>0
```

结果 消息

	药品名称	生产厂家	零售价	购入价	时间	加价率
1	鲑降钙素注射液	[illegible]制药有限公司	33.52	33.32	2013-04-01 00:00:00.000	0.6
2	苯巴比妥钠ty(鲁米那)	[illegible]药业有限公...	6.6	5.74	2013-02-01 00:00:00.000	14.98
3	甘草酸二铵肠溶胶囊(...	江苏[illegible]药业股份有限...	30	26.09	2013-03-01 00:00:00.000	14.99
4	甘草酸二铵肠溶胶囊(...	江苏[illegible]药业股份有限...	30	26.09	2013-03-01 00:00:00.000	14.99
5	卵磷脂络合碘	NU[illegible]	161.46	140.4	2013-03-01 00:00:00.000	15
6	鲑降钙素注射液	[illegible]药有限公司	33.52	33.32	2013-03-01 00:00:00.000	0.6
7	甘草酸二铵肠溶胶囊(...	[illegible]药业股份有限...	30	26.09	2013-06-01 00:00:00.000	14.99
8	甘草酸二铵肠溶胶囊(...	[illegible]药业股份有限...	30	26.09	2013-06-01 00:00:00.000	14.99
9	参芪五味子胶囊	陕西[illegible]药有限公司	33.12	28.8	2013-06-01 00:00:00.000	15
10	三七粉	NULL	1.67	1.24	2013-01-01 00:00:00.000	34.68
11	活血软肝胶囊	NULL	39.56	29.3	2013-01-01 00:00:00.000	35.02
12	和胃化滞丸	NULL	14.73	10.91	2013-01-01 00:00:00.000	35.01
13	水蛭粉胶囊	NULL	2.16	1.6	2013-01-01 00:00:00.000	35
14	小牛血清去蛋白注射液	[illegible]制药有限公司	82.78	39.53	2013-10-01 00:00:00.000	109.41
15	复合维生素B	山[illegible]药业有限公司	2.9	0.9	2013-10-01 00:00:00.000	222.22
16	复合维生素B	山西[illegible]业有限公司	2.9	0.9	2013-10-01 00:00:00.000	222.22
17	硝酸甘油注射液	山东[illegible]药有限公司	24	11.5	2013-08-01 00:00:00.000	108.7
18	甘草酸二铵肠溶胶囊(...	江苏[illegible]业股份有限...	30	26.09	2013-09-01 00:00:00.000	14.99
19	百令胶囊	杭州[illegible]东制药有限公司	69.38	3	2014-06-01 00:00:00.000	2212...
20	吉西他滨	江苏[illegible]业股份有限公司	2014...	201.14	2014-06-01 00:00:00.000	901.36
21	注射用顺铂	齐鲁[illegible]有限公司	25.18	15.64	2014-07-01 00:00:00.000	61
22	复合磷酸氢钾注射液	山西[illegible]药业有限公司	44.67	34.8	2014-01-01 00:00:00.000	28.36
23	门冬胰岛素30注射液(诺...	丹麦[illegible]德公司(诺和诺...	74.09	73	2015-05-01 00:00:00.000	1.49
24	消痔灵注射液	吉林[illegible]益盛药业股份有...	2.87	2.15	2015-05-01 00:00:00.000	33.49
25	神经节苷脂针(申捷)	齐鲁[illegible]有限公司	455.65	60	2015-11-01 00:00:00.000	659.42
26	拉莫三嗪片	NULL	97.39	6	2016-02-01 00:00:00.000	1523...
27	拉莫三嗪片	NULL	97.39	6	2016-04-01 00:00:00.000	1523...

图 5.2 基于 SQL 语句查询的药品价格加成审计方法示例

```
SELECT 药品名称，生产厂家，零售价，购入价，时间，round（(零售价-购入价）/购入价*100，2）as 加价率
FROM [2013-2016 年西药入库数据]
WHERE（零售价-购入价）/购入价>0
```

这种方法仅能发现所要查找的问题，不便于审计人员从总体上把握药品价格加成情况，不能进一步深入分析更多的现象和规律以及相关原因。审计人员不应仅仅满足该公立医院关于西药价格的审计结果，还应扩大审计范围，审计其他公立医院是否同样存在药品加成的违规问题，价格加成类药品是否同样具有相似特征，举一反三，深挖公立医院售卖药品存在的加价率问题，为国家取消药品加成政策的实施保驾护航。

3. 大数据可视化分析软件选择

第 2 章分析了常见的大数据可视化分析工具，考虑到大数据可视化分析工具 R 语言是比较简单的、开源的大数据可视化分析软件，作者以 R 语言为例，阐述如何进行深度分析。

4. 总体情况宏观分析

基于以上分析，为了从总体上了解该公立医院 2013～2016 年是否仍然存在药品加成的违规问题，根据对被审计问题的分析，借助 R 语言进行建模，以加价率的大小定义气泡形状的大小，然后将药品加成情况以气泡大小的形式在图中随机分布，生成的气泡图如图 5.3 所示，其中气泡面积越大，则代表该药品加成情况越严重。根据图 5.3 中气泡的大小，审计人员可以对该公立医院 2013～2016 年药品加成总体情况做宏观分析，快速、清晰观察出药品加成情况。

5. 规律深度分析

通过以上对药品加成总体情况的宏观分析，发现被审计单位存在药品加成问题。这些被审计单位存在的药品加成问题有没有什么规律可循呢？例如，什么价格的药品容易加成呢？哪些类型的药品容易加成呢？被审计单位各年度的药品加成情况怎么样呢？等等，对于这些问题，需要做进一步的分析。

1）加成药品价格分布情况分析

将药品价格（“购入价”）作为横坐标，药品加价率作为纵坐标作散点图分析，其结果如图 5.4 所示。其中，以散点颜色的深浅区分其所属年份。由图 5.4 不难得出如下结论。

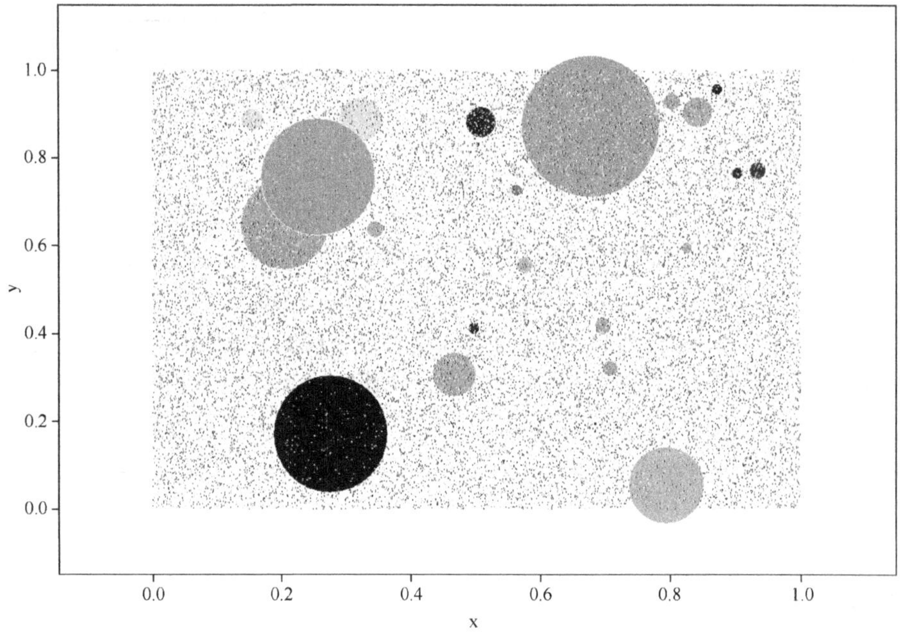

图 5.3 某公立医院 2013～2016 年药品加成总体情况宏观分析

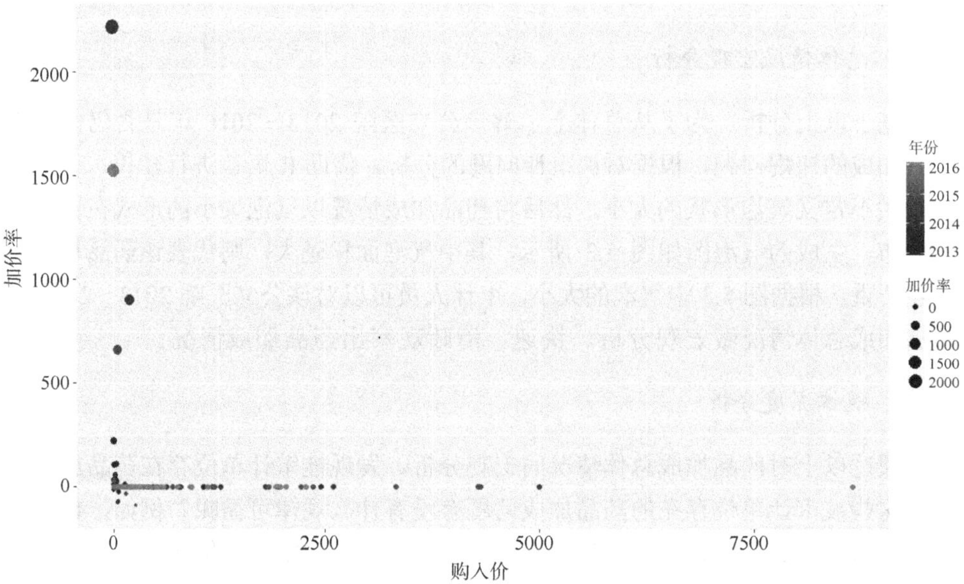

图 5.4 某公立医院 2013～2016 年药品加成情况

（1）散点多分散于横坐标上，表明大部分药品不存在加成现象。

（2）通过颜色深浅的比对，发现每年均有药品加成现象。

（3）价格加成的药品多集中在购入价较低的区域（靠近纵坐标），且价格低的药品，其加价率较大。

（4）存在一些药品加价率小于零的现象（散点出现在横坐标以下）。

为了进一步分析是否存在“价格加成的药品多集中在购入价较低的区域”以及“价格加成的药品多出现在什么样的价格区域”，对图 5.4 所反映的信息做进一步分析，得到图 5.5 所示的结果。

从图 5.5 可直观地看出，存在价格加成的药品其购入价大多集中在 100 元以下。因此，不难发现加成药品具备购入价较低的特点。

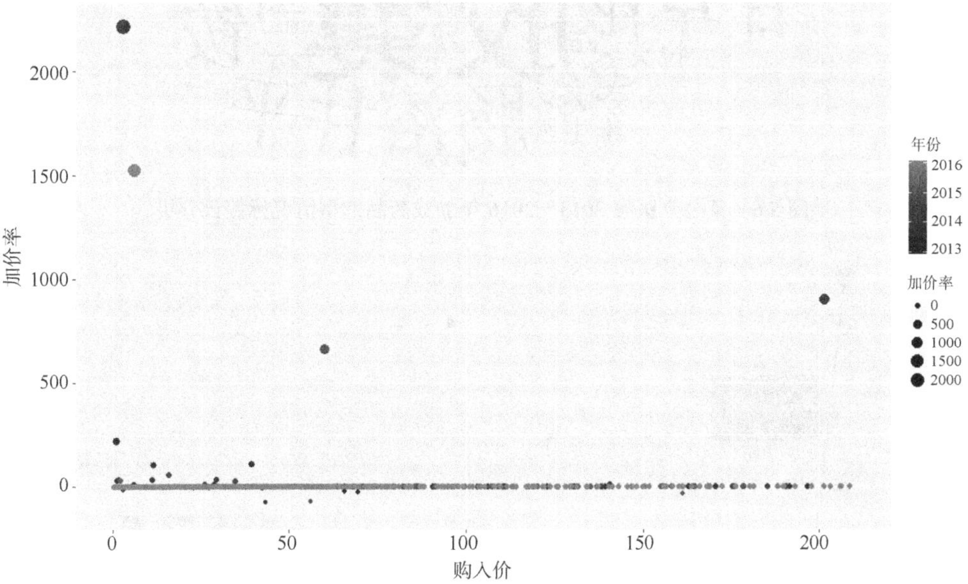

图 5.5　某公立医院 2013～2016 年加成药品的购入价范围分析

2）加成药品的剂型特征

为了探究所有加成药品的剂型特征，可以对加成药品做标签云分析，其结果如图 5.6 所示。由图 5.6 可以清晰地看出各种剂型药品的加成情况，其中，剂型为胶囊和注射液的药品存在价格加成情况最多。因此，不难发现，该医院 2013～2016 年存在价格加成的药品剂型以胶囊和注射液居多，审计人员应该对类剂型的药品加强关注。

3）药品加成的变化趋势分析

为了分析该公立医院近年执行国家取消药品加成政策的情况，对药品加成的变化趋势进行分析，得到图 5.7 所示的结果。由图 5.7 可以发现，2013 年加成药品的数量较多，但这些加成药品的加价率却较小，而随着时间的推移，2014 年、2015 年以及 2016 年，加成药品种类较少，但其各自的加价率较往年却明显偏高。不难发现，从表面上看，作为取消药品加成的试点医院，该公立医院药品价格管理正不断规范化，药品加价的违规现象正不断减少，给审计人员的感觉是该公立医院正在逐渐遵循国家取消药品加成的政策，但实际上该公立医院正通过增加药品加价率的方式变相地进行药品加成。

图 5.6　某公立医院 2013～2016 年加成药品剂型情况标签云分析

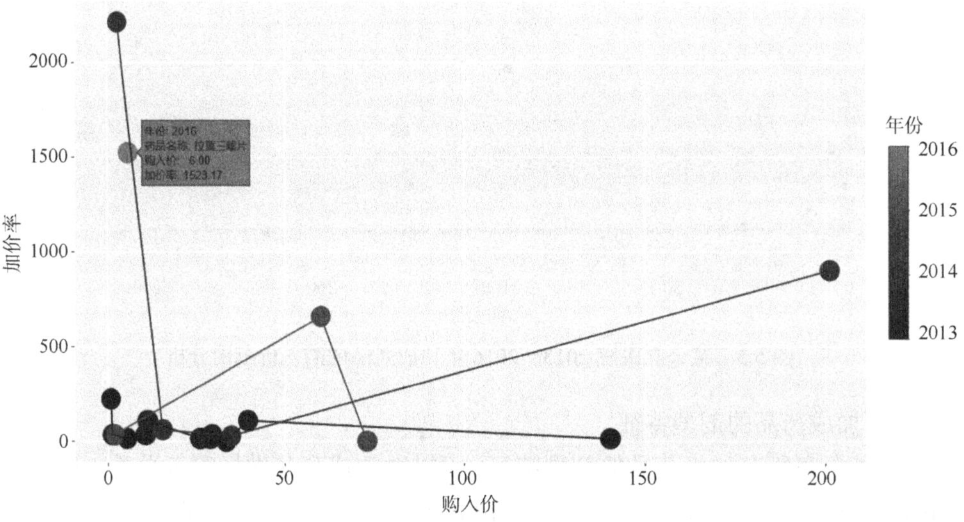

图 5.7　某公立医院 2013～2016 年药品加成的变化趋势分析

6. 案例总结

对于本例，通过以上方法，不仅清晰、直观地发现了存在药品加成的情况，而且进一步分析了哪些价格范围的药品容易加成、哪些剂型的药品容易加成、药品加成的变化趋势等，从而为从根源上解决药品加成问题提供了依据。

同理，本方法可应用于其他医院药品加成问题审计之中，从而更好地验证本节研究结论的准确性。

5.2.4　基于大数据可视化分析技术的审计方法与常用方法的比较分析

相对于基于大数据可视化分析技术的审计方法，常用的基于 SQL 语句的数据查询方法以及基于电子表格软件的数据查询方法存在以下不足。

1. Excel 所能处理的数据量受限

Microsoft Excel 对于一般的电子数据审计非常有效和方便，但对于海量数据的分析和半结构化数据的分析存在一定的不足。另外，Microsoft Excel 的可视化分析功能有限。进入大数据时代，数据量不断增加，数据类型和结构更加复杂，这使得 Microsoft Excel 不能满足大数据审计的需要。

2. SQL 查询方法功能有限

SQL 语句作为结构化查询语言，在数据查询方面具备强大的功能，SQL 的易理解、易操作、易上手等特点使其近年来一直得到广大审计人员的广泛应用。但 SQL 查询分析仅仅是通过排查的方式发现审计线索，在深度发现审计线索特征以及复杂性隐蔽的审计线索方面尚存在很大的不足。

概括来说，三种数据审计方法的比较分析如表 5.1 所示。

表 5.1　三种数据审计方法的比较分析

数据审计方法	需要的分析工具及其易获取性	对审计人员是否有较高的专业技术要求	分析结果的易理解性	方法的灵活程度	处理的数据量大小	审计预防、揭示和抵御的“免疫系统”功能
基于SQL的数据查询方法	可以用专门的审计软件，也可以采用通用数据库软件，容易获取	一般	差	高	取决于所使用的数据库工具或审计软件	一般
基于电子表格软件的数据查询方法	分析工具容易获取	不需要	差	一般	小	差
基于数据可视化技术的审计方法	需要专门的可视化分析软件，可选择开源或商品化软件，容易获取	一般，取决于使用什么工具	很好	高	大	强

5.2.5　小结

大数据时代的到来使得审计工作不得不面临被审计单位的大数据环境，如何便于审计人员从总体上把握被审计大数据情况，从审计大数据中发现被审计单位电子数据中的关系、规律和趋势，分析出更深层次的问题，达到防范审计风险的目的，成为大数据环境下开展审计工作的一项重要任务，大数据可视化分析技术成为实现这一需要的一个重要手段。本节根据这一需要，结合大数据的研究与应用现状，研究了基于大数据可视化分析技术的电子数据审计方法，并以某公立医院药品加成审计为例，借助R语言工具，不仅分析了该公立医院是否存在药品加成情况，同时还深度分析了药品加成存在的规律。研究结果不仅为今后相关政策的实施提供了决策依据，同时为审计人员开展相关审计项目提供了理论方法和经验数据。

由本节的研究可知，相对于目前常用的电子数据审计方法，基于大数据可视化分析技术的电子数据审计方法具有以下优点。

1. 从根源上防范相关问题的发生

通过大数据可视化分析，发现被审计单位产生相关问题的深层次规律，从根源上防范相关问题的发生，达到审计的目的。

2. 为实现相似项目审计的精准审计打下基础

通过大数据可视化分析，发现被审计单位产生相关问题的深层次规律，为今后的相似项目审计提供了理论方法和经验数据。相似项目审计时，借助这些理论方法和经验数据可以快速缩小审计范围，从而为实现相似项目的精准审计打下基础。

综上所述，通过大数据可视化的手段“洞察”被审计数据中的问题，发现被审计对象发生问题的深层次规律，达到防范审计风险的目的成为今后大数据审计应用的重要内容与方向。

5.3 基于大数据技术的经济责任审计

5.3.1 研究大数据环境下开展经济责任审计的重要性

经济责任审计是我国政府审计的一类重要审计项目。经济责任审计是指审计机关依法依规对党政主要领导干部和国有企业领导人员经济责任履行情况进行监督、评价和鉴证的行为，它是以领导干部任职期间本地区、本部门（系统）、本单位财政收支、财务收支以及有关经济活动的真实、合法和效益为基础，重点检查领导干部守法、守纪、守规、尽责情况，加强对领导干部行使权力的制约和监督，推进党风廉政建设和反腐败工作，推进国家治理体系和治理能力现代化（审计署，2014）。由于目前的经济责任审计项目一般规模较大，涉及的审计内容较广，如何

利用大数据技术提高审计的效率和效果，更好地实现审计全覆盖对开展经济责任审计项目非常重要。此外，大数据环境下，被审计单位信息化程度高，信息系统复杂，需要采集的各类数据较多，且不仅仅是数据库中的电子数据，还包括一些非结构化数据。因此，大数据环境下如何开展经济责任审计成为一个重要的研究与应用问题。本节中，作者结合大数据与经济责任审计的研究与应用现状，研究基于大数据技术的经济责任审计。

5.3.2　大数据环境下经济责任审计的数据采集

1. 数据来源

大数据环境下，采集审计所需要的数据是开展经济责任审计项目的必要步骤，如前文所述，采集数据的来源主要包括以下四个方面。

（1）上级审计机关数据中心提供的数据。这类数据由上级审计机关根据审计项目的需要，提供给开展审计项目的下级审计机关，下级审计机关一般可通过查询方式使用上级审计机关提供的数据。

（2）审计机关定期采集并上传至上级审计机关或本部门数据中心的各类数据。在开展相关审计项目时，在法律许可的条件下，审计机关可以充分利用平时积累的这些数据。

（3）在审计项目实施过程中根据需要采集的各类数据。在开展相关审计项目时，审计机关可以根据项目的需要，从被审计单位依法采集相关所需要的审计数据。

（4）通过大数据工具从互联网上抓取的公开数据。审计人员还可以通过一些大数据工具从互联网上抓取所需要的相关公开数据，或者自动搜索互联网上关于被审计单位一些公开报道的风险信息，从而便于进行全方位的大数据分析。

2. 现场审计数据采集范围

大数据环境下，为了开展经济责任审计，除了利用已有的相关数据之外，还需要围绕审计工作方案，在被审计单位现场采集审计所需要的财务和业务电子数据，为积极运用大数据技术查找审计线索，分析体制和机制上的问题，提高审计监督效率和水平奠定基础。根据对被审计单位的调查，在审计现场搭建分析环境，在访谈和现场观察等基础上，采集审计所需要的被审计单位的相关数据，与非现场（审计机关内部）数据分析同步开展工作，确保数据分析工作既有非现场数据的支撑，又与审计现场紧密结合。由于目前的经济责任审计项目规模大，审计覆盖面广，被审计单位信息化程度高，且信息系统复杂，需要采集的各类数据较多，且不仅仅是数据库中的电子数据，还包括一些董事会会议记录、董事会会议决议、总经理办公会记录、会议决议单、办公会通知、办公文件等非结构化数据，以及一些政策、内部控制手册、各个系统使用手册等非电子化材料。因此，数据采集的类型可分为结构化数据和非结构化数据。

1）结构化数据

结合各被审计单位的实际情况，采集的结构化数据主要包括：被审计单位共性数据，主要涉及基础管理、相对具有一致性的数据，包括报表、财务、产权、投资、供应商管理、合同管理、采购和销售等数据；被审计单位个性数据，如用于决策、审批、签批等的决策数据，体现经济运行和行业特点的业务数据；与信息系统有关的结构化数据，如信息系统的操作用户信息、用户操作日志等方面的相关数据。

2）非结构化数据

结合各被审计单位的实际情况，采集的非结构化数据主要包括：被审计单位基本情况、历史沿革、经营范围、组织结构、部门职责、生产经营和改革发展状况、存在的主要问题和风险；被审计单位内部审计报告、社会审计报告、审计机关审计报告等，以及对上述报告发现问题的整改情况；被审计单位与经营管理决策相关的党组（委）会、董事会、总经理办公会会议纪要和会议记录；与信息系统有关的非结构化数据，如信息系统的开发、测试、运行、安全管理、业务连续性管理等方面的相关文档。

5.3.3 大数据环境下经济责任审计的数据分析

1. 总体情况分析

在经济责任审计中，通过对财务报表数据的分析，可以掌握被审计单位财务收支总体情况；通过结构分析和历年变化趋势分析，可以把握总体情况。对于总体情况分析，可以采用大数据多数据源综合分析技术等方法来完成。

2. 政策落实情况分析

以“三去一降一补”政策落实情况为例，可以采用大数据多数据源综合分析技术等方法来完成以下分析。

1）去产能情况分析

（1）关停企业财政补贴合规性分析。通过分析公共财政预算、政府性基金预算、国有资本经营预算支出情况，关注是否存在违反国家产业政策，对“两高一资”企业进行补贴等问题。通过将环保局环境污染处理处罚台账数据、淘汰落后产能企业与国库集中支付数据进行关联分析，筛选企业在接受处罚或关停的时间范围内，领取财政补贴的情况。

（2）去产能真实性分析。通过分析落后产能企业、关停企业是否存在应关停未关停、骗取财政补贴、重点企业夜间开工生产规避监控等问题，将电力、税收等数据与环保重点监测企业、淘汰落后产能企业、关停企业名单进行关联分析，通过用电和税收趋势反映企业真实经营状态，对于数据分析发现的已领取关停补贴的企业仍具有较高用电数据或纳税额、重点监控企业夜间用电数据高于白天等审计线索，做进一步的延伸核实，从而获得审计证据。

2）去杠杆情况分析

通过银行贷款流向限制性行业、产能过剩行业，对小微企业、新兴产业信贷支持不足等问题分析去杠杆政策是否取得实效。通过关联分析地方金融机构贷款余额明细表与相关部门（如经信委）淘汰落后产能企业名单，分析名单内企业获取贷款数据，并进一步核实贷款原因和去向，从而发现相关问题。通过分析小微企业贷款统计表，关注将不符合小微企业要求的贷款纳入统计范围的情况，核实金融机构对小微企业支持的真实性。

3）补短板情况分析

对于补短板情况分析，以审计保障性住房目标责任完成情况为例，需要分析保障性住房分配过程的真实性、合规性，可以将保障性住房分配数据与房产税务数据、工商数据、财政数据进行关联分析，查找持有企业股份或已有房产人员获取保障性住房、重复享受不同类别保障性住房等可疑数据，从而发现相关审计线索，获得审计证据。

3. 自然资源资产管理情况数据分析

在经济责任审计中，通过对各部门的图层数据进行叠加分析，可以发现在限制开发区域或禁止开发区域进行房地产开发、开矿、工业项目建设等问题。例如，将国土资源部门的基本农田数据、林业部门的公益林数据、规划部门的城市规划数据、发改委的主体功能区数据等图层数据进行叠加，分析出红线范围内大规模建设或占用土地的情况，并通过地理信息技术软件自动计算出占地面积。对疑似违规建设的图层数据调取历年卫星遥感和航拍影像，进一步调查违规占地建设的具体开工年度，筛查特定年度区间的占地建设情况。

4. 企业重大决策

在经济责任审计中，可以采用大数据可视化分析技术分析被审计单位不同年度的会议文件，从而总体了解被审计单位的相关会议内容情况。

5. 信息系统运行与管理情况

在经济责任审计中，可以采用大数据多数据源综合分析技术、大数据可视化分析技术等分析被审计单位的信息系统开发、测试、运行、安全管理、业务连续性管理等方面是否存在风险。具体案例详见第 7 章。

6. 廉洁从业事项分析

在经济责任审计中，为了分析被审计单位领导人落实廉洁从业规定情况，可以采用大数据多数据源综合分析技术、大数据可视化分析技术等分析被审计单位在餐费、高尔夫、购物、酒、烟、会议、补贴、保险、中介、咨询等方面的经费使用情况；为了筛查企业相关人员违反廉洁从业准则经商办企业或为家属经商提供便利的行为，可以采用大数据多数据源综合分析技术通过对被审计单位相关人员名单与工商数据进行关联分析，从而发现相关线索；为了分析被审计单位和相关往来单位是否存在利益输送，可以采用社会网络分析技术，分析被审计单位和相关往来单位之间的关系，从而发现相关线索。

5.3.4 基于大数据技术的经济责任审计方法原理

通过以上对经济责任审计项目数据采集与分析方法的研究，不难发现，基于大数据技术的经济责任审计方法主要是充分利用被审计单位的内部和外部数据、结构化数据和非结构化数据，基于“总体分析，分散核查”的审计思路，借助大数据技术对这些数据进行多数据源综合对比分析、挖掘分析、可视化分析等，发现相关审计线索。在此基础上，通过对这些审计线索做进一步的延伸审计和审计事实确认，最终获得审计证据，从而发现经济责任审计中的相关问题。其原理如图 5.8 所示。

5.3.5 小结

大数据时代的到来使得审计工作不得不面临被审计单位的大数据环境，大数据环境下如何开展经济责任审计成为一个重要问题。随着大数据技术的发展，被审计单位信息化程度越来越高，信息化应用范围越来越广，使用的应用系统也越来越多，业务系统也越来越复杂。这使得目前常用的经济责任审计方法不能有效地满足大数据环境下经济责任审计的需要，采用大数据技术开展经济责任审计成为一种有效的方法。另外，大数据环境下，如何便于审计人员从总体上把握被审计大数据情况，快速发现可疑数据，提高审计效率，实现“总体分析，分散核查”的目的成为大数据环境下开展审计工作的一项重要任务。本节根据这一需要，研究了基于大数据技术的经济责任审计方法。通过本节的研究，不难发现，相对于目前常用的方法，基于大数据技术的经济责任审计方法的主要优点如下。

1. 分层次多角度开展工作

基于大数据技术的经济责任审计方法一方面可以充分利用大数据全面反映被

审计单位总体情况；另一方面，可以充分运用数据关联分析、对比分析、智能分析、可视化分析等技术，为揭示问题、评价业绩、界定经济责任提供数据支撑。

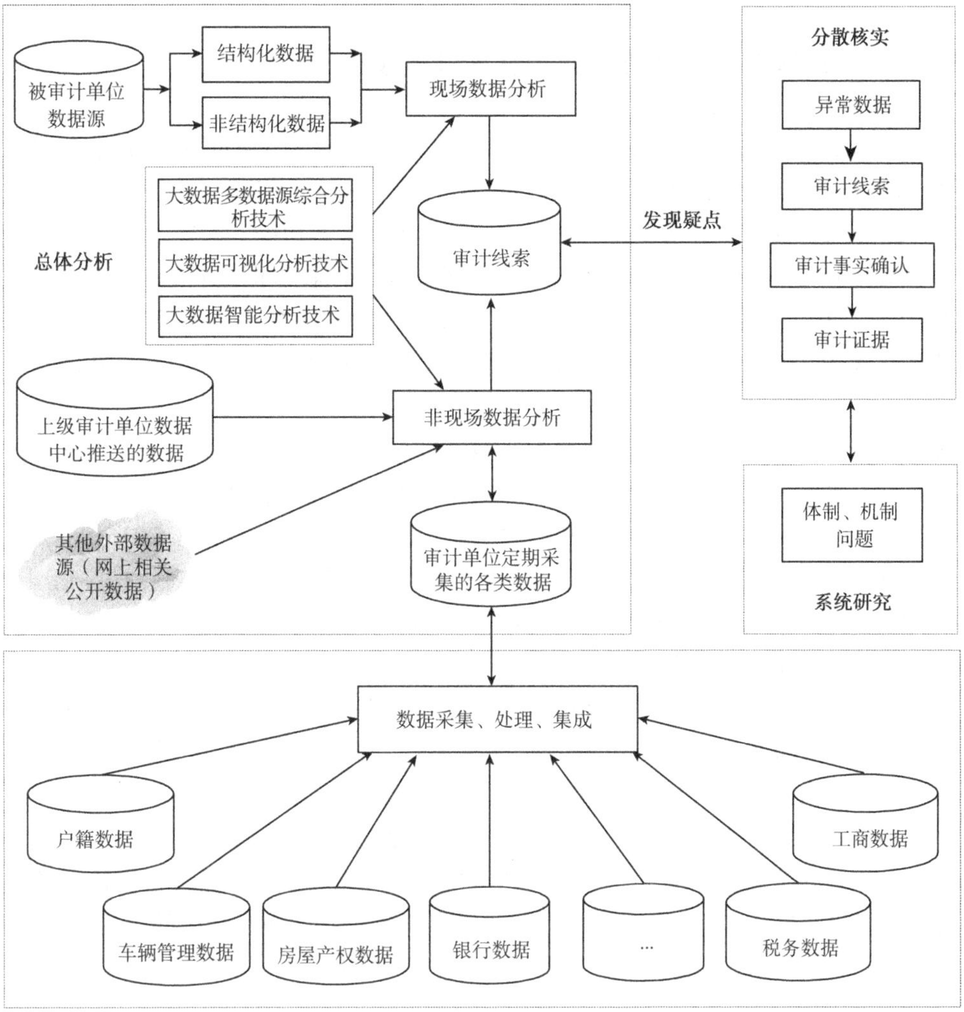

图 5.8　基于大数据技术的经济责任审计方法原理

2. 精准定位、疑点指导、延伸核查

基于大数据技术的经济责任审计方法一是可以有效关注重大线索，对重点项目、重点人员、大额资金相关数据进行深入挖掘；二是可以关注异常问题，对资金流动的可疑关联方，如短期注销企业、责令关停企业、公职人员入股企业等加大分析力度；三是可以关注特色，基于被审计单位的发展特色，进行有针对性的分析研究。

5.4 基于大数据技术的扶贫审计

5.4.1 研究基于大数据技术的扶贫审计的重要性

党的十九大报告指出要坚决打赢脱贫攻坚战。为了深入贯彻党的十九大精神，开展扶贫专项审计成为目前我国审计机关的一项重要任务。为了提高审计效率，更好地完成扶贫专项审计，创新审计技术方法非常重要。

党的十九大报告指出要善于运用互联网技术和信息化手段开展工作。中共中央政治局 2017 年 12 月 8 日下午就实施国家大数据战略进行了第二次集体学习，习近平总书记指出："善于获取数据、分析数据、运用数据，是领导干部做好工作的基本功。各级领导干部要加强学习，懂得大数据，用好大数据，增强利用数据推进各项工作的本领，不断提高对大数据发展规律的把握能力，使大数据在各项工作中发挥更大作用。"近年来，大数据技术的研究与发展为审计工作带来了机遇和挑战，目前国内外高度关注大数据技术在审计工作中的应用。2015 年 12 月中共中央办公厅、国务院办公厅印发的《关于实行审计全覆盖的实施意见》指出，"创新审计技术方法是实现审计全覆盖的一个重要手段，要求构建大数据审计工作模式，提高审计能力、质量和效率，扩大审计监督的广度和深度"；2017 年 3 月中共中央办公厅、国务院办公厅印发的《关于深化国有企业和国有资本审计监督的若干意见》提出"创新审计理念，完善审计监督体制机制，改进审计方式方法"；国际内部审计师协会 2011 年发布了《数据分析技术》指南（Lambrechts 等，2011），2017 年又发布了《理解与审计大数据》指南（GTAG，2017）；大数据审计得到了美国注册会计师协会的重视，AICPA（2014）分析了大数据环境对审计工作的影响。国内外学术界也高度关注大数据技术在审计中的应用。Earley（2015）分析了大数据技术给审计工作带来的机遇和挑战，研究了大数据技术在 CPA 审计中的应用；作者分析了大数据审计的现状与发展，以及大数据环境下电子数据审计的机遇、挑战与方法（陈伟，2016；陈伟，2017），研究了大数据环境下基于模糊匹配的审计方法（陈伟，2016），基于 Benford 定律的大数据审计方法（陈伟，2017），大数据环境下基于数据可视化技术的电子数据审计方法（陈伟，2017），以及基于大数据可视化分析技术的审计线索特征挖掘方法（陈伟，2018）。

综上所述，如何积极利用国内外大数据技术的新进展，探索在扶贫审计实践中运用大数据技术具有重要的应用价值和理论意义。本节中，作者结合大数据审计的研究与应用现状，以及目前开展扶贫专项审计的需要，探索基于大数据技术的扶贫审计理论与方法。

5.4.2　基于大数据技术的扶贫审计方法原理

基于大数据技术开展扶贫审计的一般过程为：根据对被审计单位的调查，在访谈和现场观察等基础上，采集被审计单位的相关扶贫审计财务数据，相关行业信息包括公安户籍、民政低保、房屋产权登记、工商注册、车辆管理等结构化数据，以及相关年度扶贫项目安排、相关年度扶贫资金计划安排、扶贫项目工作总结、相关扶贫项目绩效评价报告等非结构化数据。然后，在审计大数据集成和预处理的基础上，基于“总体分析，发现疑点，分散核查，系统研究”的审计思路，采用大数据可视化分析等技术对相关数据进行分析，审计人员通过对可视化的分析结果进行观察，快速从被审计大数据信息中发现异常数据，获得审计线索。另外，审计人员还可以根据需要，对异常数据做详细分析，从不同的方面获得对被审计数据的理解，从而全面地分析被审计数据。在可视化分析结果的基础上，审计人员可以借助 SQL 查询方法和审计软件对被审计数据进行建模与分析，进一步获得相关证据。在此基础上，通过对这些结果数据做进一步的延伸审计和审计事实确认，最终获得审计证据。综上分析，基于大数据技术的扶贫审计方法原理如图 5.9 所示。

大数据环境下，对于扶贫审计数据可以采用以下审计数据分析方法进行分析。

1. 大数据多数据源综合分析技术

大数据环境下，审计人员可以采用大数据多数据源综合分析技术，通过比较公安户籍、民政低保、房屋产权登记、工商注册、车辆管理等相关行业信息，分析相关违规信息。

2. 大数据智能分析技术

通过相关数据挖掘等智能分析方法，审计人员可以深入查找扶贫资金使用过程的一些违规、违法事项。除了传统的针对结构化数据的数据挖掘之外，对于文本数据等半结构化数据，可以采用分词和关键词抽取等分析，提取文本中的核心词语，生成标签云图，其中，词频决定关键词的显示大小。例如，在扶贫审计过程中，为了总体了解扶贫对象数据中受援单位的受援频次情况，可以通过以上方法对文本数据进行分析，从而实现“总体分析，发现疑点”的目的。

3. 大数据可视化分析技术

大数据环境下，审计人员可以借助大数据可视化分析工具（Koh et al.，2010；陈伟，2017），分析受援单位受援频次、扶贫项目内容、扶贫资金的总体使用情况等数据，快速从大数据中发现相关审计线索。

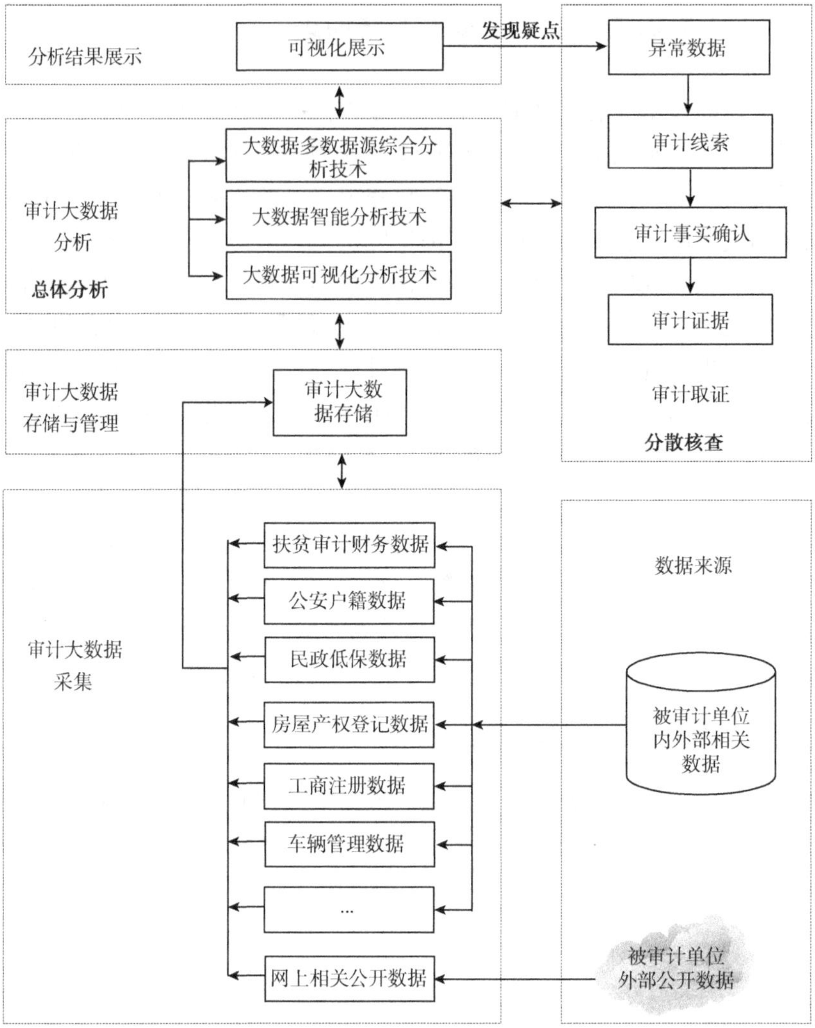

图 5.9　基于大数据技术的扶贫审计方法原理

4. 外部公共数据分析

在必要的情况下，审计人员可以借助大数据工具，抓取网上被审计单位的相关扶贫资金和项目等数据（如项目信息），分析这些数据中是否存在违反相关政策的问题（如项目金额是否符合相关规定）。

5.4.3　基于大数据技术的扶贫审计相关方法分析

根据前文对基于大数据技术的扶贫审计方法原理的分析，本节对基于大数据技术的扶贫审计相关有效方法做进一步的详细分析。

1. 基于大数据可视化分析技术的扶贫审计总体分析方法

一般来说，扶贫资金覆盖面广、金额较小，审计人员在有限的时间和有限的条件下如何选择最需要延伸调查的单位，是扶贫审计工作中的一个重要决策环节。为了便于审计人员从总体上把握扶贫受援单位、扶贫项目内容等大数据情况，快速发现可疑问题，提高审计效率，实现“总体分析，分散核查”的审计方式，可以对采集来的相关数据采用大数据可视化分析工具进行总体分析，部分应用分析示例如下。

1）扶贫项目内容可视化分析

为了掌握扶贫政策的变化情况，需要了解某一时期内扶贫项目内容的总体变化情况。针对这一需要，审计人员可以采用大数据可视化分析工具对采集来的扶贫项目数据进行综合分析，总体掌握扶贫项目内容，以及某一时期内扶贫项目内容的变化，从而帮助审计人员判断被审计单位的扶贫政策执行情况。

2）受援单位受援频次可视化分析

通过对扶贫对象的数据采集，审计人员可以采用大数据可视化分析工具分析出各扶贫对象近年来受资助的频率。过去传统的数据挖掘一直研究的是结构化数据，为了总体了解扶贫对象数据中受援单位的受援频次，可以借助大数据可视化分析软件进行建模，对文本文件格式的数据进行分析，按受援单位在一定时期内受资助的次数，计算受援单位的受援频次，在此基础上，对所有受援单位数据生成标签云图进行分析，其中，标签云中字体的大小表示受援单位受援助的次数。基于可视化分析结果，审计人员可以准确选取下一步延伸的重点，如选取受援频次高的单位作为下一步延伸的重点。相对传统的数据表格式的统计分析方式，基于可视化技术的分析效果更好，对比结果更形象。

3）扶贫资金使用情况大数据可视化分析

为了掌握扶贫资金的总体使用情况，确认扶贫资金的使用是否合理、合规和合法，需要对某一时期内扶贫资金使用内容进行总体分析。针对这一需要，审计人员通过从被审计单位采集相关扶贫资金支出数据，采用大数据可视化分析技术分析其使用情况。根据分析结果，可以初步确认扶贫资金是否存在违规使用的问题。

2. 基于大数据技术的精准扶贫审计方法

为了分析被审计单位是否做到“真扶贫，扶真贫”，审计人员通过从被审计单位那里采集来的贫困人员等相关数据，结合公安户籍、民政低保、房屋产权登记、工商注册、车辆管理等其他行业信息，构建跨地区、跨行业、跨部门、跨年度的大数据审计分析体系，借助大数据技术对其进行分析，从而发现相关线索，其原理如图 5.10 所示。例如，通过把建档立卡系统中的人员信息和相关数据进行比较分析，查找“四有”（有小轿车、有商品房、有国家公职、有公司注册登记）人员；通过整合全省村级集体经济数据、村居居民信息数据、国家惠农补贴资金等数据，可以发现采用虚报名册、虚报面积等手段套骗国家粮食直补资金、中幼林抚育资金、柴油补贴资金等作为村集体经济收入来源，致使国家的惠农政策偏离方向，严重地损害国家利益的现象；通过采用大数据爬虫工具，抓取网上关于被审计单位的相关扶贫数据（如扶贫相关科研课题信息），分析这些数据中是否存在违反相关政策的问题（如扶贫相关课题的资助金额是否符合相关规定等）。

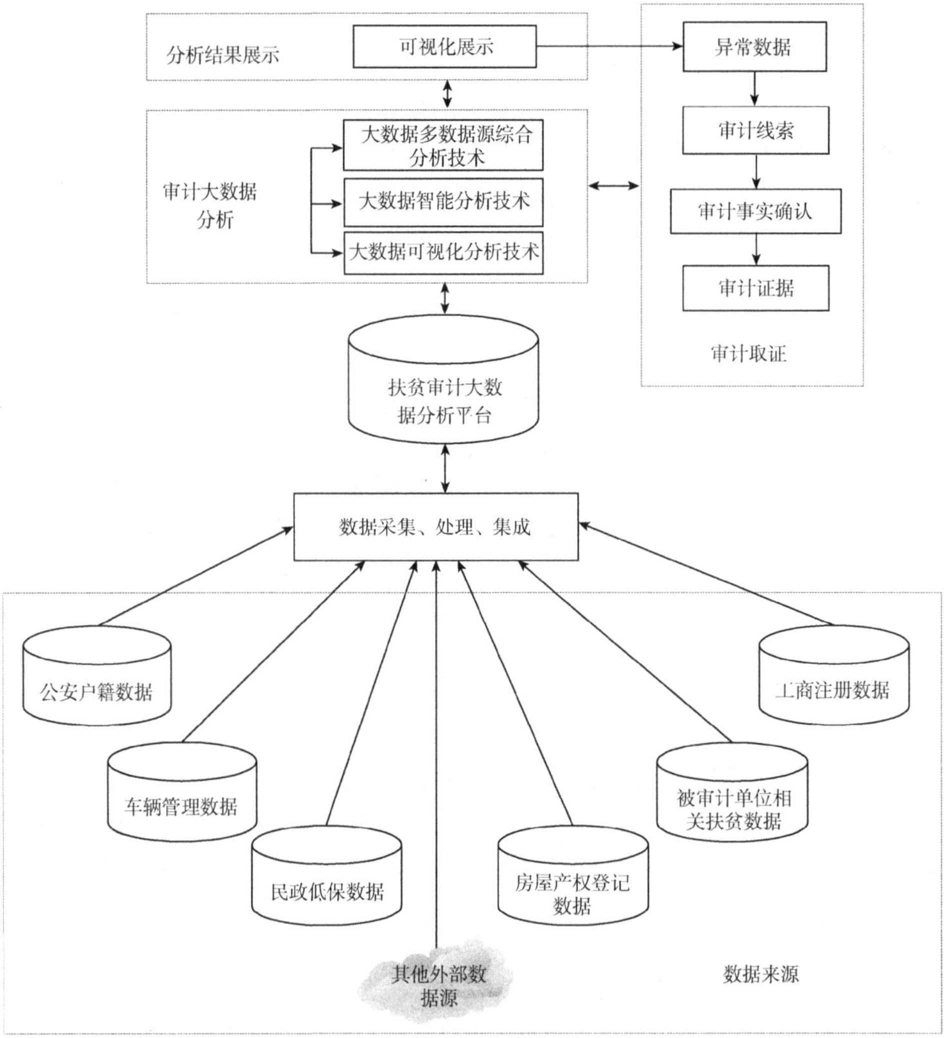

图 5.10　基于大数据技术的精准扶贫审计方法原理

5.4.4　基于大数据技术的扶贫审计应用案例分析

基于前文分析，本节以扶贫项目内容的大数据可视化分析和扶贫资金使用情况的大数据可视化分析为例，分析如何基于大数据可视化分析技术开展扶贫审计。

1. 扶贫项目内容大数据可视化分析应用

以某扶贫项目审计为例，假设需要了解该地区 2014～2017 年的扶贫项目内容总体变化情况，审计人员可以借助大数据可视化分析工具进行建模，计算该期间扶贫项目内容的频次情况。在此基础上，按年度对所有扶贫项目内容数据生成标签云图进行分析，其结果示例如图 5.11～图 5.14 所示，其中，标签云中字体的大小表示扶贫项目内容出现的次数情况。图 5.11～图 5.14 的分析结果表明，该地区 2017 年扶贫项目内容发生了变化。例如，建档立卡工作成为 2017 年扶贫项目关注的重点，从而表明被审计单位有效地执行了国家的扶贫政策。下一步需要确认的工作就是该地区建档立卡工作的实施情况，例如，建档立卡人员是否准确？致贫原因分析是否合理？帮扶措施是否合适？等等。

图 5.11　2014 年项目内容分析结果示例

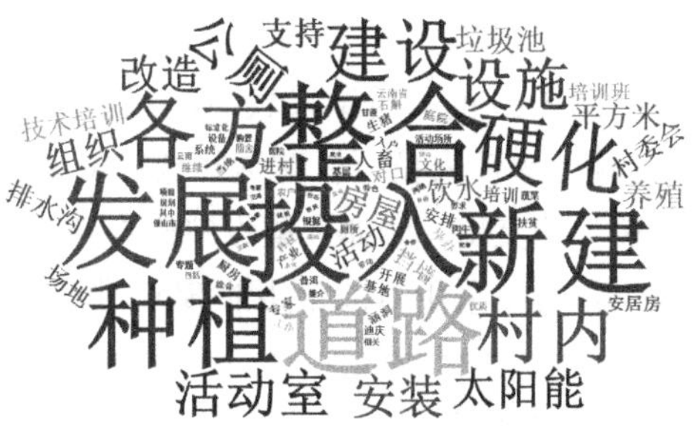

图 5.12　2015 年项目内容分析结果示例

图 5.13　2016 年项目内容分析结果示例

图 5.14　2017 年项目内容分析结果示例

另外，通过对扶贫项目内容进行分析，还可以总体把握一些扶贫项目的内容是否符合国家产业政策。

2. 扶贫资金使用情况大数据可视化分析应用

为了了解扶贫资金的使用情况，以从某被审计单位采集来的扶贫资金为例，采用大数据可视化分析工具对其进行综合分析，其结果示例如图 5.15 所示。

图 5.15　某被审计单位扶贫资金使用情况内容分析结果示例

图 5.15 的分析结果表明，该被审计单位一部分扶贫资金用在招待费上。根据这一分析，审计人员可以对这些扶贫资金数据做进一步的详细分析，查找所有含有“招待费”的支出。例如，假设要检查扶贫资金电子数据中有无关于“招待费”方面的数据，可以采用目前常用的 SQL 查询方法进行分析，相应的 SQL 语句如下。

```
SELECT  *
FROM 扶贫资金数据
WHERE  摘要 like  '%招待费%';
```

通过在审计软件或数据库中运行以上 SQL 语句，可以很容易地查找出扶贫资金数据中关于“招待费”方面的数据。以自主研发的易智通审计软件为例，其分析结果示例如图 5.16 所示。

5.4.5　小结

如何利用大数据技术提高扶贫审计工作的效率成为目前扶贫审计研究与应用中的一个重要问题。本节在分析基于大数据技术的扶贫审计方法原理的基础上，从基于大数据可视化分析技术总体分析发现扶贫相关可疑数据和基于大数据技术分析扶贫资金使用过程中的具体违规问题两个方面出发，研究了如何应用大数据技术开展扶贫审计，并在一些扶贫审计项目中进行了探索应用，从而为今后在扶贫审计项目中应用大数据技术提供了理论基础和经验数据。

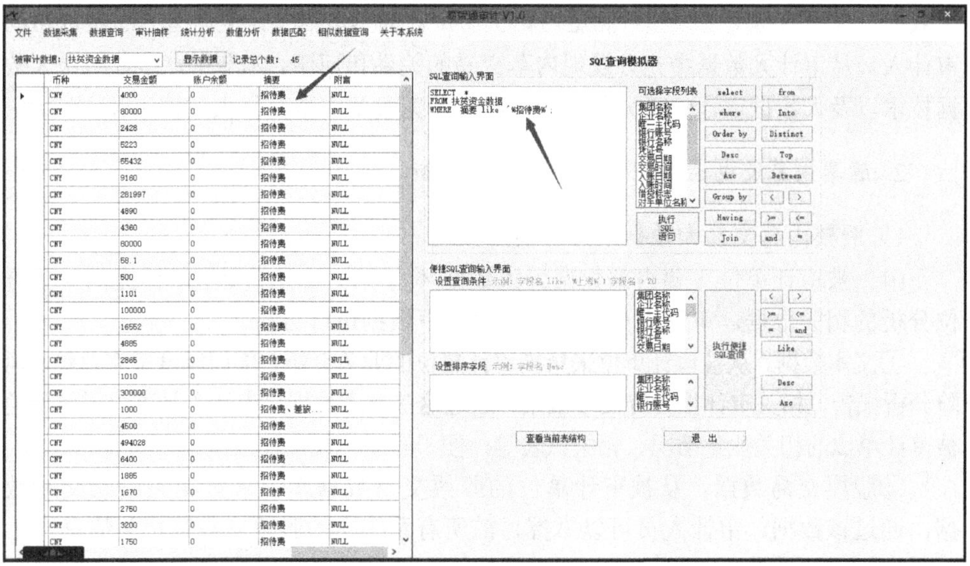

图 5.16　某被审计单位扶贫资金中关于“招待费”方面的数据分析结果示例

5.5　基于大数据技术的金融审计

5.5.1　研究基于大数据技术的金融审计的重要性

党的十九大把防范化解重大风险作为“三大攻坚战”的首要战役，特别是防范金融风险。因此，如何防范化解金融风险成为目前审计领域的一项重点工作。大数据技术的发展为解决这一问题提供了机遇，研究如何采用大数据技术来防范化解金融风险具有重要的理论意义和应用价值。本节以股票内幕交易大数据审计方法和非法集资大数据审计方法为例，研究大数据技术在金融审计中的应用。

5.5.2　股票内幕交易大数据审计方法

1. 研究股票内幕交易大数据审计方法的重要性

股票内幕交易是金融审计关注的一个重要方面，“内幕交易”是行为人依据自己所掌握的股票、证券交易的内幕信息，泄露给他人或者加以利用，以实现股票、证券交易非法获利的行为。大数据技术的发展为解决这一问题提供了机遇，研究如何借助大数据技术来防范化解金融风险具有重要的理论意义和应用价值。美国证券交易委员会应用大数据技术分析内幕交易和会计欺诈，运用大数据策略来监督金融市场活动（AICPA，2014）。虽然目前常用的电子数据审计工具（如 SQL Server、Microsoft Excel、AO 审计软件等）与方法（如 SQL 数据查询）等也能帮助分析电子数据，发现内幕交易线索，满足内幕交易审计的基本需要，但这些方法难以帮助审计人员从审计大数据中充分发现内幕交易的关系和规律。本节中，作者结合大数据技术以及大数据审计的研究与应用现状，研究股票内幕交易大数据审计方法。

2. 股票内幕交易大数据审计方法原理分析

1）股票内幕交易大数据审计所需的数据

（1）被审计单位主要内部数据。大数据环境为股票内幕交易审计提供了全方位分析的相关数据，审计人员一般可以对以下数据进行分析。

①文本数据。从被审计单位采集被审计单位的业务介绍、部门年度工作总结、风险分析报告、相关审计报告等文本数据，通过这些文本数据，审计人员可以了解目前被审计单位的相关业务情况、相关风险等，便于开展相关审计工作。

②股票交易数据。从被审计单位的股票交易数据库中采集相关股票交易数据，通过该数据，审计人员可以掌握目前所有系统中的股票交易等相关信息。

（2）被审计单位主要外部数据。

①工商数据。为了掌握相关公司的股东、法人、投资关系等信息，审计人员需要分析相关工商数据。

②相关银行交易数据。根据对股票交易数据的分析，根据需要，在授权和合法的情况下，审计人员可以查询部分可疑单位或个人的银行交易数据，掌握资金走向。相关银行交易数据可以经批准授权后，由相关银行提供。

③公安户籍数据。为了分析相关人员之间的亲属关系，审计人员可以分析相关公安户籍数据。

④其他外部相关数据。除了通过以上方法获得被审计单位的相关数据之外，审计人员还可以通过一些大数据工具抓取互联网上相关公开数据，或者搜索网上关于被审计单位一些公开报道的相关股票重大利好信息等，便于辅助判断相关内幕交易问题。

2）股票内幕交易基本特征分析

根据审计人员的审计经验，一般来说，获利大、购买标的单一、交易间隔时间短的股票交易容易存在内幕交易现象。因此，为了查找股票内幕交易，审计人员可以根据内幕交易的这些基本特征，借助大数据技术，对采集来的相关股票交易数据进行总体分析，查找具有这些特征的客户信息数据，从而发现相关可疑线索。

3）股票内幕交易大数据审计方法原理

股票内幕交易大数据审计方法原理可概述为：根据对被审计单位的调查，在访谈和现场观察等基础上，采集被审计单位的内外部相关信息如股票交易数据、工商数据、相关银行交易数据、公安户籍数据等结构化数据，相关文本数据（如被审计单位的部门年度工作总结、风险分析报告、相关审计报告等相关数据）等非结构化数据，以及从外部互联网上公开数据源采集来的相关文本数据。然后，在审计大数据预处理的基础上，基于“总体分析，发现疑点，分散核查，系统研究”的审计思路，根据股票内幕交易特征，采用大数据工具对股票交易数据等相关结构化数据进行建模和总体分析，审计人员通过对可视化的分析结果进行观察，快速从被审计大数据信息中发现异常数据，获得审计线索。在此基础上，采用社会网络分析对工商数据进行分析，或采用数据查询等方法分析相关银行交易数据、公安户籍数据等，通过对这些异常数据做进一步的延伸审计和审计事实确认，最终获得审计证据。综上分析，股票内幕交易大数据审计方法原理如图 5.17 所示。

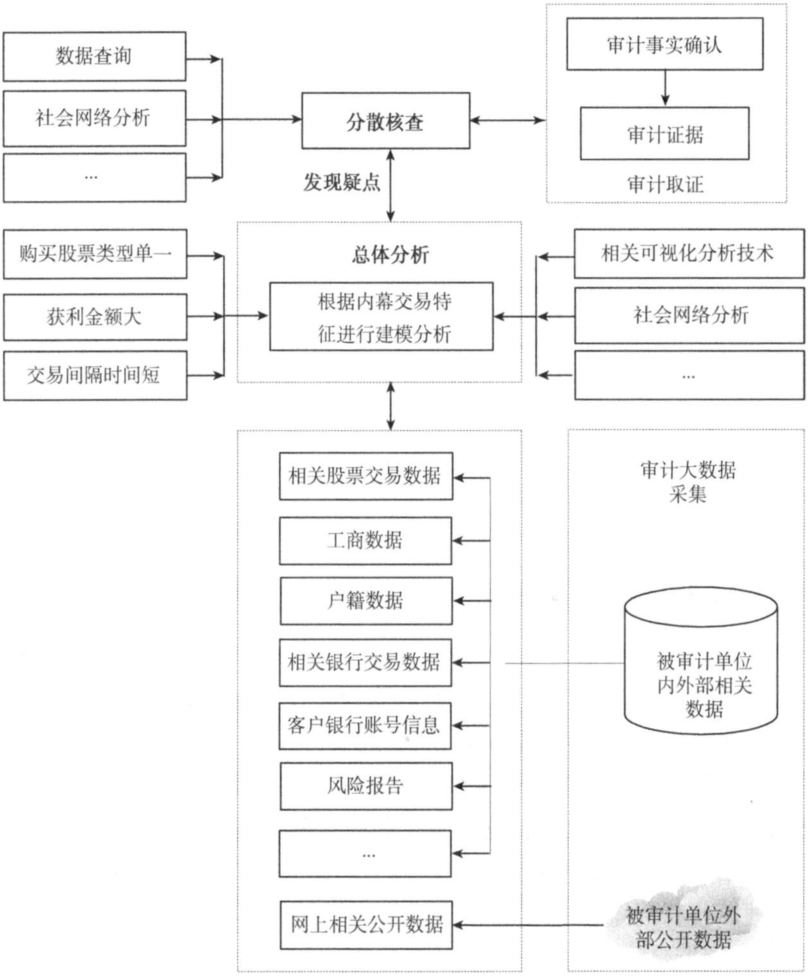

图 5.17　股票内幕交易大数据审计方法原理

其中，基于社会网络分析的股票内幕交易大数据审计方法原理为：在审计大数据集成和预处理的基础上，借助某种社会网络分析软件对被审计的股票交易大数据进行社会网络建模与分析，审计人员结合自己的审计背景知识，通过对社会网络分析的结果图形和图像进行分析与观察，从总体上发现被分析数据之间的相互关系。同时，根据需要，交互地改变社会网络分析的参数设置，改变输出的可视化图形和图像大小，从不同的方面获得对被审计数据的理解，清晰地发现被分析数据之间的相互关系，从而发现审计线索，获得审计证据。基于社会网络分析的股票内幕交易大数据审计方法原理如图 5.18 所示。

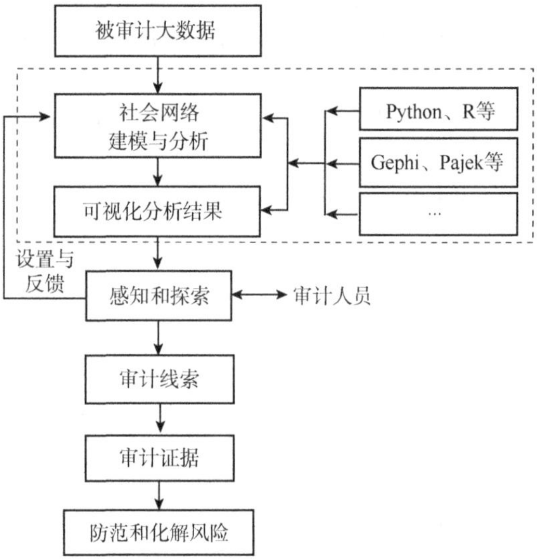

图 5.18　基于社会网络分析的股票内幕交易大数据审计方法原理

3. 股票内幕交易大数据审计方法应用案例

1）案例背景

为了全面防范化解金融风险，目前在金融审计中既要关注单个被审计金融机构的重大问题和风险点，更需要关注全体金融机构、金融产品、金融市场宏观的、总体的风险点和问题。本案例以某金融审计项目中证券公司审计为背景，探究该公司 2013～2018 年股票交易数据中是否存在内幕交易的违规现象。假设现已获得相关大数据，其中，处理后的相关股票交易数据（注：本案例中相关数据已经过脱密处理，获利金额单位为万元）示例如图 5.19 所示。

2）总体分析

（1）基于直方图的股票交易数据总体分析。直方图是一种展示数据频率的特殊柱状图，利用直方图，可以对数据进行频率分析，从而帮助审计人员了解数据的分布情况。直方图分析方法在审计工作中具有一定的用途。例如，在金融审计中，通过直方图分析，审计人员可以分析客户购买股票的频率，从而判断客户购买股票的类型是否比较单一。根据前文分析的内幕交易的基本特征，为了从总体上了解是否仍然存在内幕交易的违规现象，采用 Python 语言实现了针对该公司股票交易数据的直方图分析，并对该公司的股票交易数据进行分析，其分析结果示例如图 5.20 所示，其中，X 轴表示被分析的客户编号，Y 轴表示被分析的客户购买股票的种类（频率）。

客户编号	客户全称	标的代码	标的名称	获利金额
C001	江东省仙湖有限公司	B0016	大发科技	2150.00
C010	沈后明	B0016	大发科技	1900.00
C013	滁州吕票教育有限公司	B0016	大发科技	880.00
C015	天大省心投资集团有限公司	B0016	大发科技	135440.00
C021	南信期货8号资产管理计划	B0016	大发科技	2703.00
C032	大京沃本控股有限公司	B0016	大发科技	1440.00
C033	刘小长	B0016	大发科技	22563.50
C033	刘小长	B0016	大发科技	2530.00
C035	江南财富投资管理有限公司	B0016	大发科技	61322754.08
C035	江南财富投资管理有限公司	B0016	大发科技	2150.00
C039	江东科技管理有限公司	B0016	大发科技	1600.00
C041	连云港邝矿建筑有限公司	B0016	大发科技	1164.00
C045	汉东市瑞绵实业有限公司	B0016	大发科技	16254996.00
C067	汉东至实资管有限公司	B0016	大发科技	1520.00
C106	汉东至发资管有限公司	B0016	大发科技	150000.00
C109	江发至发资管有限公司	B0016	大发科技	900.00

图 5.19 相关股票交易数据示例

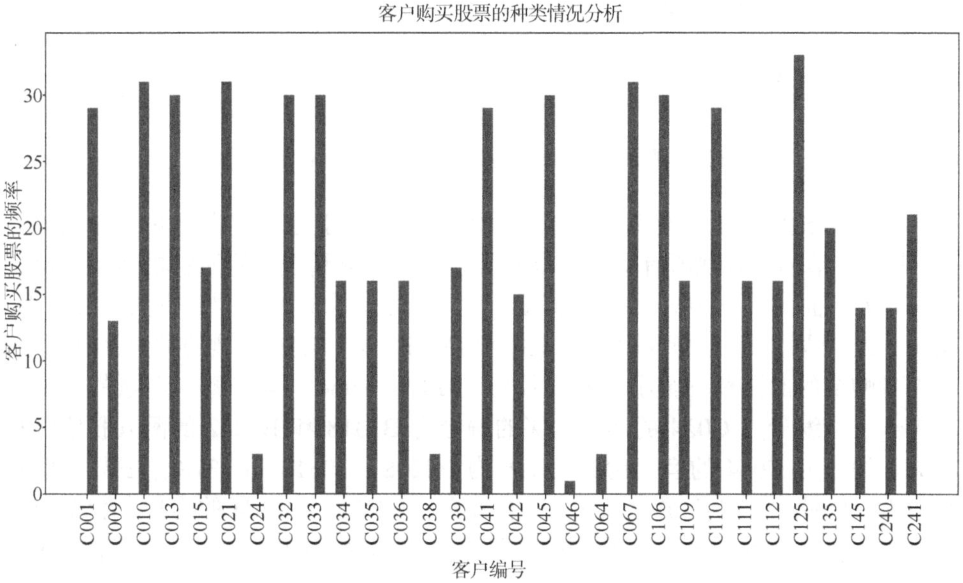

图 5.20 基于直方图的股票交易数据总体分析结果示例

由图 5.20 不难发现，编号为 C024、C038、C046、C064 的客户购买股票的类型比较单一，这些客户是审计人员关注的重点。

（2）基于气泡图的股票交易数据总体分析。根据前文分析的内幕交易的基本特征，为了从总体上了解是否存在内幕交易的违规现象，借助 Python 工具进行建模，以购买股票的获利多少定义气泡形状的大小，按交易单位计算所有股票交易的获利情况，并以气泡图的形式展示出来，其结果示例如图 5.21 所示。

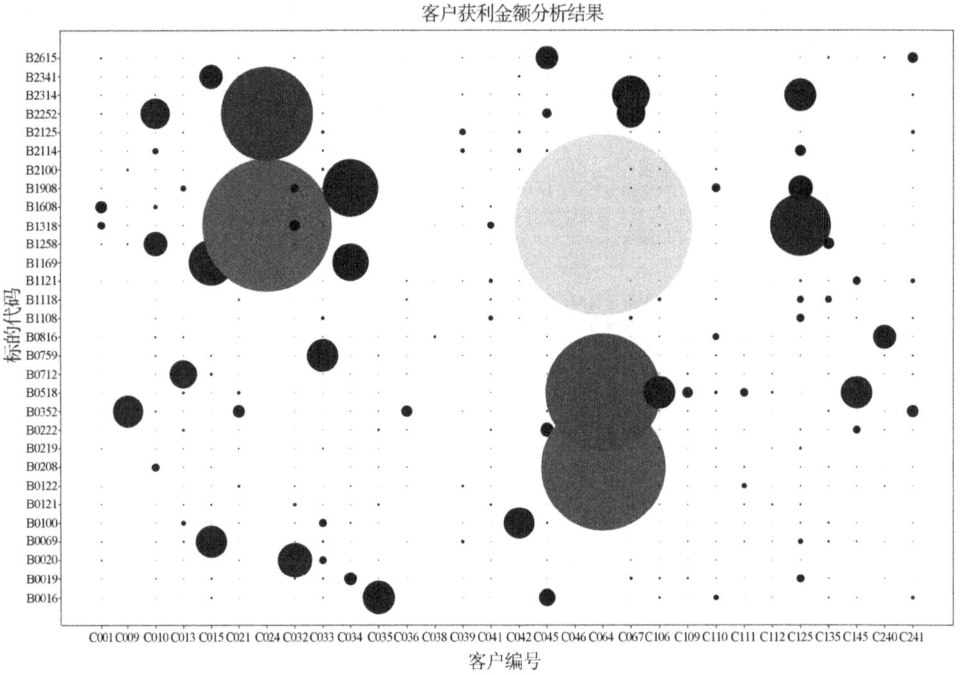

图 5.21　基于气泡图的股票交易数据总体分析结果示例

根据图 5.21 的分析结果，审计人员可以对全部股票交易总体情况做宏观分析，快速、清晰地发现所有交易单位的股票交易获利情况，从而轻松地锁定可疑单位，为后面的进一步分析打下基础。例如，结合图 5.20 中的直方图分析结果，从图 5.21 可以发现，尽管编号为 C038 和 C046 的客户购买股票的类型比较单一，但二者购买的股票获利很小；而编号为 C024 和 C064 的客户购买股票的类型比较单一，且编号为 C024 的客户购买的编号为 B1318 和 B2252 的两只股票获利较大，编号为 C064 的客户购买的编号为 B0208、B0518、B1318 的三只股票获利较大。因此，审计人员可以初步判定编号为 C024 和 C064 的客户在股票交易上具有“类型比较单一，且获利较大”这一内幕交易的基本特征，是审计人员关注的重点。

（3）基于社会网络分析的相关工商数据总体分析。为了从总体上掌握股票交易客户与所购买的股票之间是否存在某种关联关系（是否是股东关系、是否有投资关系等），可以采用社会网络分析对相关股票交易客户的工商信息进行分析。采用 Python 语言实现针对工商信息分析关联关系（是否是股东关系、是否有投资关系等）的社会网络分析，并对相关股票交易客户的工商信息进行分析，其分析结果示例如图 5.22 所示。

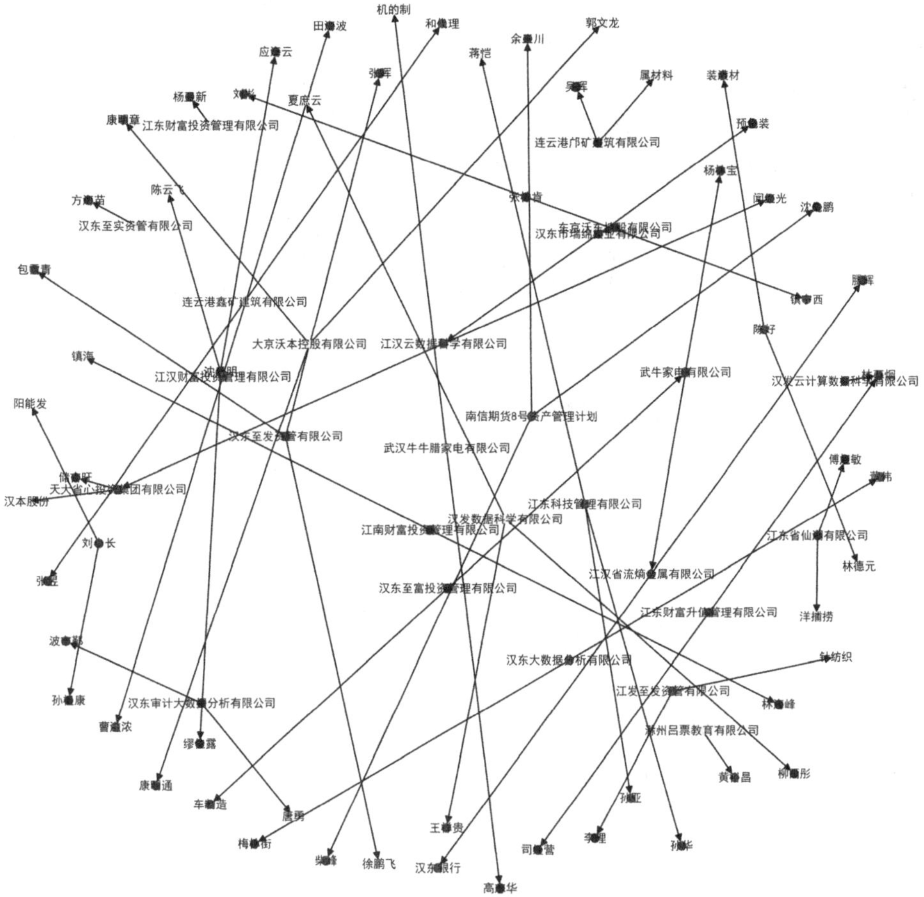

图 5.22　基于 Python 语言的企业与股东关系社会网络分析结果示例

由图 5.22 可以发现，“汉东至富投资管理有限公司”的股东为“武牛家电有限公司”和“车制造”，“武牛家电有限公司”的股东为“杨林宝”和“江汉省流熵金属有限公司”，而“江汉省流熵金属有限公司”的股东为“滕辉”和“汉东银行”，通过社会网络分析，从而发现“汉东银行”为“汉东至富投资管理有限公司”的股东，证实了“汉东银行”和“汉东至富投资管理有限公司”之间的控股关系，如图 5.23 所示。从而可以推测：“汉东至富投资管理有限公司”（客户编号为 C064）在购买“汉东银行”（标的代码为 B0208）股票的过程中，可能存在内幕交易情况。

同理，可发现“东京沃东控股有限公司”的股东为“汉东市瑞绵实业有限公司”，“汉东市瑞绵实业有限公司”的股东为“江汉云数据科学有限公司”和“预包装”，“江汉云数据科学有限公司”的股东为“天大省心投资集团有限公司”和“闻红光”，而“天大省心投资集团有限公司”的股东为“储吉旺”和“汉本股份”。通过社会网络分析，从而发现“汉本股份”为“东京沃东控股有限公司”的股东，证实了“汉本股份”和“东京沃东控股有限公司”之间的控股关系，如图 5.24 所示。从而可以推测：“东京沃东控股有限公司”（客户编号为 C024）在购买“汉本股份”（标的代码为 B1318）股票的过程中，可能存在内幕交易情况。

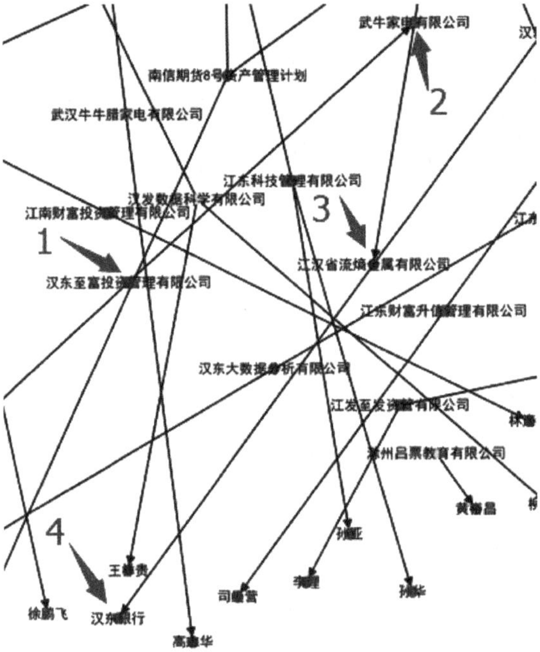

图 5.23　内幕交易可疑线索社会网络关系示例一

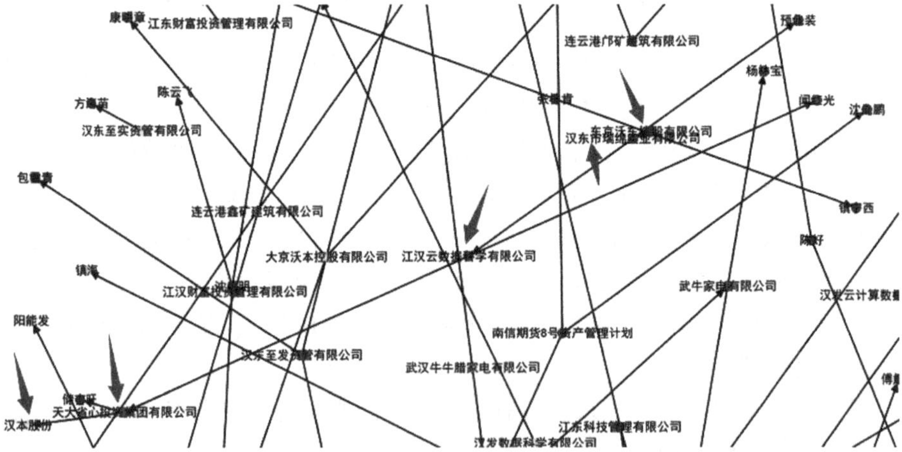

图 5.24　内幕交易可疑线索社会网络关系示例二

（4）总体分析综合结论。通过相关股票交易数据查询得知：汉东至富投资管理有限公司的客户编号为 C064，汉东银行的标的代码为 B0208；东京沃东控股有限公司的客户编号为 C024，汉本股份的标的代码为 B1318。

综合直方图、气泡图以及社会网络分析的结果，审计人员进一步判定客户编号为 C024 的“东京沃东控股有限公司”在购买标的代码为 B1318 的“汉本股份”股票的过程中，以及客户编号为 C064 的“汉东至富投资管理有限公司”在购买标的代码为 B0208 的“汉东银行”股票的过程中，可能存在内幕交易情况。

3）分散核查

通过总体分析，审计人员便可以发现股票内幕交易的相关疑点，对于这些疑点数据，审计人员可以做进一步的分散核查，从而更准确地发现相关审计证据。可采用的方法如下。

（1）分析银行交易数据。借助银行交易数据，审计人员可以基于数据查询方法分析相关可疑客户和标的之间的关联关系，具体过程如下。

①获得相关可疑客户的银行账号信息。基于总体分析，从采集来的被审计单位的客户银行账号信息数据中查找出可疑客户和标的名称的银行账号信息，字段包括开户基本信息、银行转账基本信息等。

②分析银行交易数据。基于可疑客户和标的名称的银行账号信息，在获得批准的情况下，借助银行交易数据，分析这些可疑客户的银行交易数据，查看可疑客户的资金来源，确认资金来源人和来源单位与标的名称之间的关联关系（是否是投资关系等）。

（2）分析公安户籍数据。采用社会网络分析，根据相关公安户籍数据，分析相关人员之间的关系。

4）分析结果

本案例中，通过以上分析发现，“汉东银行”和“汉东至富投资管理有限公司”之间存在资金往来关系。从而进一步确认“汉东至富投资管理有限公司”和“汉东银行”之间存在内幕交易情况。

4. 小结

大数据时代的到来为审计工作提供了机遇，如何借助大数据环境和大数据技术从总体上把握被审计单位相关大数据情况，探索被审计单位相关大数据中的相互关系和规律，从而发现隐藏的内幕交易审计线索成为大数据环境下开展金融审计工作的一项重要任务。本节根据这一需要，结合大数据审计的研究与应用现状，研究了大数据环境下的内幕交易审计方法，并以某证券公司审计为例，分析了该方法的应用。研究结果为审计人员今后开展相关审计项目、防范化解金融风险提供了理论方法和经验数据。

由本节的研究可知，相对于目前常用的审计方法，本节研究的方法具有以下优点。

（1）可以充分利用大数据环境提供的机遇，便于审计人员从总体上把握被审计大数据情况，快速发现可疑线索，提高审计效率。

（2）本节研究的方法可以发现被审计单位相关大数据中的相互关系和规律，“洞察”被审计数据中的相关问题，从而发现隐藏的审计线索，从根源上达到防范、化解金融风险的目的。

5.5.3 非法集资大数据审计方法

1. 研究非法集资大数据审计方法的重要性

长期以来，我国经济社会保持较快发展，资金需求旺盛，融资难、融资贵问题比较突出，民间投资渠道狭窄的现实困难和非法集资高额回报的巨大诱惑交织共存。当前，非法集资问题日益凸显。一些案件由于参与群众多、财产损失大，频繁引发群体性事件，甚至导致极端过激事件发生，影响社会稳定。因此，防范和处置非法集资是一项长期、复杂、艰巨的系统性工程。各地区、各有关部门要高度重视，坚决守住不发生系统性区域性金融风险底线（国务院，2015）。近年来，随着金融科技、区块链等概念的提出和技术的发展，一些不法分子打着“金融创新”“区块链”的旗号进行非法集资，中国银行保险监督管理委员会等多部门 2018 年 8 月联合发布了《关于防范以“虚拟货币”“区块链”名义进行非法集资的风险提示》（中国银保监会，2018）。中国银监会指出，“创新工作方法，充分利用互联网、大数据等技术手段加强对非法集资的监测预警”。审计人员应用大数据技术及时发现非法集资问题对防范化解金融风险非常重要。虽然目前常用的电子数据审计工具（如 SQL Server、Microsoft Excel、AO 审计软件等）与方法（如 SQL 数据查询）等也能帮助分析电子数据，发现非法集资线索，满足非法集资审计的基本需要，但这些方法难以帮助审计人员从被审计大数据中充分发现非法集资问题的关系和规律。本节中，作者结合大数据技术以及大数据审计的研究与应用现状，研究基于社会网络分析技术的非法集资大数据审计方法。

2. 研究背景分析

1）非法集资简介

非法集资是金融审计关注的一个重要方面，非法集资是指个人、法人或其他组织未经有关部门依法批准（包括没有批准权限的部门批准，有审批权限的部门超越权限批准集资），违反国家金融管理法律规定，向社会公众（包括单位和个人）吸收资金的行为。一般来说，非法集资具有以下四个特征。

（1）未经有关部门依法批准或者借用合法经营的形式吸收资金。

（2）向社会公众即社会不特定对象（不是特定少数人）吸收资金。

（3）承诺在一定期限内给出资人以货币、股权、实物等方式还付本息或者给付回报。

（4）通过网络、媒体、传单、手机信息传递等途径向社会公开宣传。

2）目前常用电子数据审计方法存在的不足

防范非法集资的方法很多，其中，资金流向监测是发现并防范非法集资的关键，非法集资大部分通过银行转账，银行是发现非法集资的前哨。要充分利用各种技术手段，加强对涉嫌非法集资可疑资金的实时监测预警，及早发现并报告非法集资资金动向，在严格执行大额可疑资金报告制度基础上，对各类账户交易中具有分散转入集中转出、定期批量小额转出等资金异动进行监测分析（中国银监会，2015）。

目前审计人员开展非法集资审计的一般方法为：借助 Microsoft Excel 等电子表格工具或 SQL Server 等数据库工具，根据非法集资的特点，采用 Microsoft Excel 的数据透视分析等功能或 SQL Server 的分类汇总等功能，对相关银行交易数据进行分析，从而发现相关可疑问题。目前常用电子数据审计方法存在的不足分析如下。

（1）基于电子表格软件的数据查询方法和基于 SQL 的数据查询方法仅仅是通过排查的方式发现审计线索，在深度发现审计线索特征以及发现复杂性隐蔽的审计线索方面尚存在很大的不足。

（2）进入大数据时代，数据数量不断增加，数据类型和结构更加复杂，而电子表格软件所能处理的数据数量和数据类型受限，这使得常用的电子表格软件不能满足大数据审计的需要。

（3）目前常用的审计方法是依据相关法律、法规以及审计经验对相关问题进行地毯式排查，但难以发现复杂性隐蔽问题，难以发现问题产生的原因和规律，不能从根源上防范问题的发生。

针对非法集资涉及的人员众多、资金活动复杂、数据量巨大等特点，可以探索更多新的技术方法。例如，可以通过社会网络分析发现银行交易数据中的异常节点，从而发现相关非法集资线索。本节根据非法集资审计的需要，选择了适合审计项目需要的社会网络分析技术（Combe et al.，2010）。

3. 基于社会网络分析的非法集资大数据审计方法原理分析

1）大数据环境下非法集资审计所需的数据

（1）被审计单位主要内部数据。

大数据环境为非法集资审计提供了全方位分析的相关数据，审计人员一般可以对以下数据进行分析。

①相关文本数据。从被审计单位采集被审计单位的相关业务介绍、部门年度工作总结、风险分析报告、相关审计报告等相关文本数据，通过这些文本数据，审计人员可以了解目前被审计单位与非法集资相关的业务情况、相关风险等，便于审计人员开展相关非法集资审计工作。

②银行交易数据。资金流向监测是发现并防范非法集资的关键，非法集资大部分通过银行转账。因此，需要从相关被审计单位的银行交易数据库中采集相关银行交易数据，审计人员通过该数据可以发现相关非法集资的线索。

（2）被审计单位主要外部数据。

①工商数据。为了掌握相关非法集资企业的股东、法人、投资关系，以及查看企业的经营范围、注册资金以及持续经营情况等信息，审计人员需要分析相关工商数据。

②税务数据。为了掌握相关非法集资企业的资产状况，审计人员需要分析相关税务数据。

③社保数据。为了分析相关人员之间的亲属关系，进而发现非法集资组织者及背后实际控制人，审计人员需要分析相关社保数据。

④其他外部相关数据。除了通过以上方法获得被审计单位的相关数据之外，审计人员还可以通过一些大数据工具抓取互联网上相关公开数据，或者通过一些大数据工具搜索互联网上与被审计对象有关的一些关于集资的公开宣传等信息，便于辅助判断相关非法集资问题。

2）非法集资大数据交易基本特征分析

如前文所述，防范非法集资的方法很多，其中，资金流向监测是发现并防范非法集资的关键，非法集资大部分通过银行转账，银行是发现非法集资的前哨（中国银监会，2015）。根据审计人员的审计经验，一般来说，分散转入集中转出、公司的交易量特别大，同时它的交易对手又是大量个人、定期批量小额转出的各类账户交易容易存在非法集资现象。因此，为了查找非法集资，可以根据非法集资的这些基本特征，借助大数据技术，对相关银行交易数据进行总体分析，查找具有这些特征的客户信息数据，从而发现相关审计线索。

3）基于社会网络分析的非法集资大数据审计方法原理

基于社会网络分析的非法集资大数据审计方法原理可概述为：根据对被审计单位的调查，在访谈和现场观察等基础上，采集被审计单位的内外部相关信息，包括银行交易数据、工商数据、税务数据、社保数据等结构化数据，相关文本数据（如被审计单位的部门年度工作总结、风险分析报告、相关审计报告等相关数据）等非结构化数据，以及从外部网上公开数据源采集来的关于集资的公开宣传相关文本数据。然后，在审计大数据预处理的基础上，基于“总体分析，发现疑点，分散核查，系统研究”的审计思路，根据非法集资的特征，采用社会网络分析工具对银行交易数据等相关结构化数据进行建模和总体分析，审计人员结合自己的审计背景知识，通过对社会网络分析的可视化结果图形和图像进行分析与观察，从总体上发现被分析数据之间的相互关系以及相关异常数据。同时，根据需要，交互地改变社会网络分析的参数设置，改变输出的可视化图形和图像大小，从不同的方面获得对被审计数据的理解，进而清晰地发现被分析数据之间的相互关系以及相关异常数据，从而发现非法集资审计线索（如相关非法集资可疑企业等）。在此基础上，进行延伸审计。例如，通过对工商数据的分析，查看可疑企业的经营范围、注册资金以及持续经营情况；通过对税务数据的分析，查看企业的资产状况；通过对社保数据的分析，逐步锁定非法集资组织者及背后实际控制人等。通过对这些异常数据做进一步的延伸审计和审计事实确认，从而发现未经批准、不特定对象、公开宣传、承诺高息并且极大可能到期无法兑付等非法集资案件线索，最终获得审计证据。综上分析，基于社会网络分析的非法集资大数据审计方法原理如图 5.25 所示。

4. 于社会网络分析的非法集资大数据审计方法应用案例

本案例以某商业银行审计为背景，探究如何借助该单位 2013～2017 年的银行交易数据，分析是否存在非法集资的违规现象。为了对被审计数据进行社会网络分析，需要选择合适的社会网络分析软件。目前，一些流行的社会网络分析软件，如 Python、Gephi、Pajek 等都具有强大的社会网络分析功能。考虑到 Python 是比较简单、流行、开源的大数据可视化分析软件，作者以 Python 为例，实现社会网络分析。

基于前文分析的非法集资的基本特征、社会网络分析方法原理及相关软件工具，为了从总体上了解是否存在非法集资的违规现象，借助 Python 工具进行建模，实现针对账户交易数据来分析关联关系（存在什么样的资金往来关系等）的社会网络分析，并对相关银行交易数据进行社会网络分析，从而从总体上掌握银行交易数据中交易单位与交易对手之间是否存在某种关联关系（存在什么样的资金往来关系等），其分析结果示例如图 5.26 所示。

由图 5.26 不难发现，该交易数据中有两处交易单位的交易对手比较集中。对图 5.26 分析结果中的两处可疑部分进行局部放大，如图 5.27 和图 5.28 所示。由图 5.27 可以发现，众多交易对手的资金流向一个账号为“52010496092”的账户，该账户的交易量相对较大，具有非法集资的一些基本特征。由图 5.28 可以发现，众多交易对手的资金流向一个账号为“52010496461”的账户，该账户的交易量相对较大，且它的交易对手又是大量个人，具有非法集资的一些基本特征。以上这两处可疑数据值得审计人员关注。

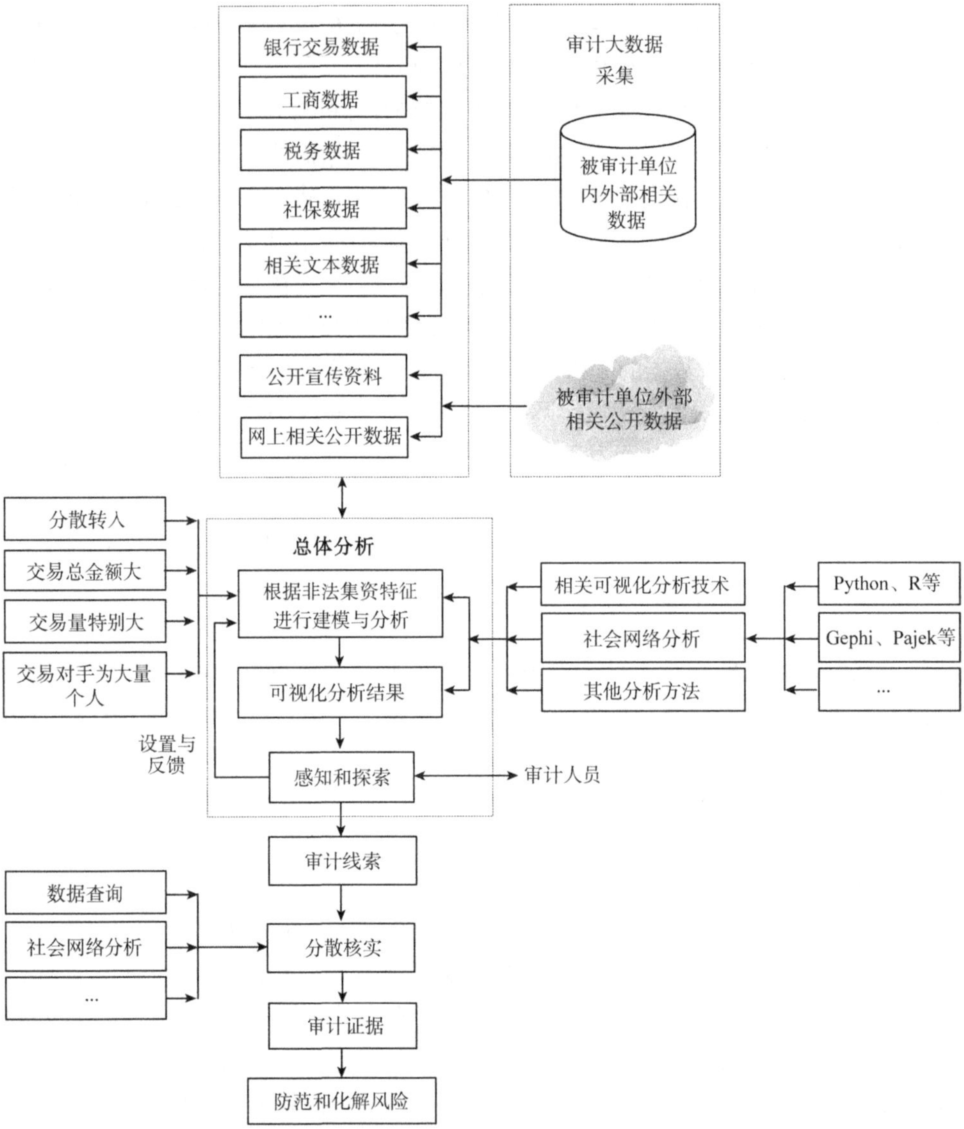

图 5.25　基于社会网络分析的非法集资大数据审计方法原理

由以上分析可知，通过社会网络分析，审计人员便可以容易地发现非法集资的相关疑点数据（可疑账户）。对于这些疑点数据，审计人员可以做进一步的分散核查，从而更准确地发现相关审计证据。下一步的工作就是对可疑账户做进一步的分析，如确认该账户归属哪个单位（企业），在此基础上，进行延伸审计，如通过对工商数据的分析，查看可疑企业的经营范围、注册资金以及持续经营情况；通过对税务数据的分析，查看企业的资产状况；通过对社保数据的分析，逐步锁定非法集资组织者及背后实际控制人；通过对银行交易数据的

分析，查看该单位的相关资金流向等。从而最终确认该单位是不是从事非法集资活动。

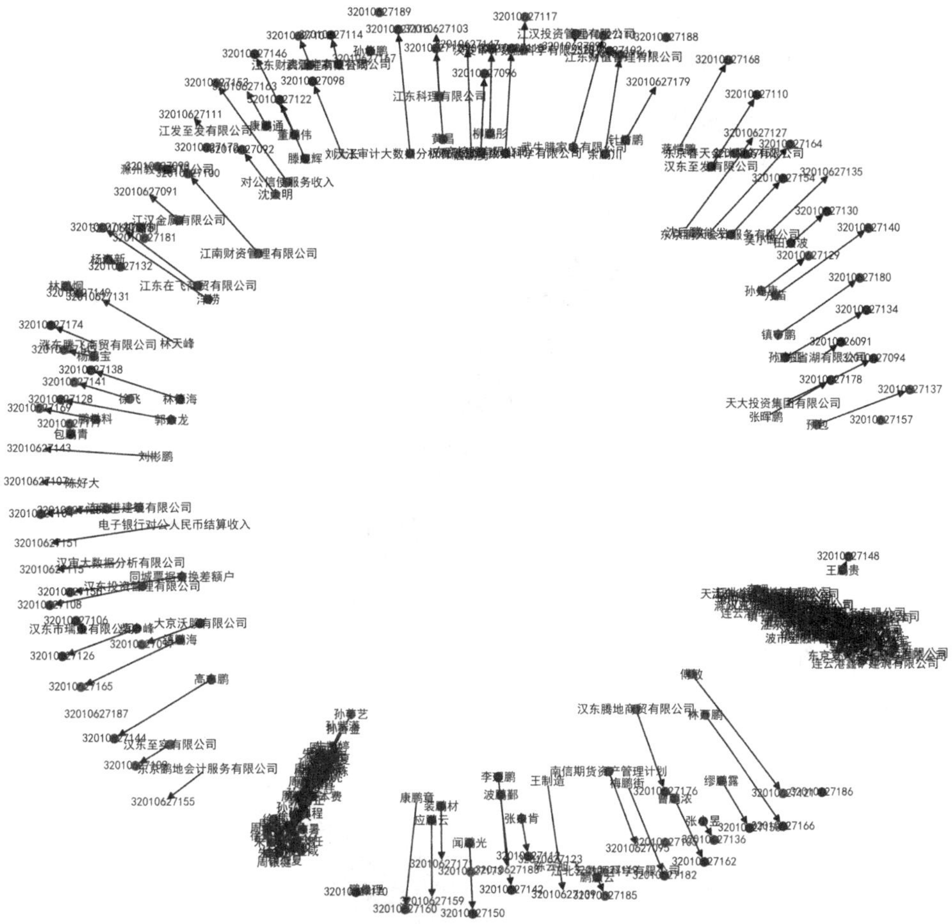

图 5.26　基于 Python 的非法集资审计社会网络总体分析结果示例

通过以上分析，最终确认账号为“52010496461”的企业存在非法集资活动。

5. 小结

大数据时代的到来为审计工作提供了机遇，如何借助大数据环境和大数据技术从总体上把握被审计单位相关大数据情况，从中发现被审计单位相关大数据中的相互关系和规律，从而发现隐藏的非法集资审计线索成为大数据环境下开展金融审计工作的一项重要任务。本节根据这一需要，结合大数据审计的研究与应用现状，研究了基于社会网络分析的非法集资大数据审计方法，并结合案例分析了该方法的应用。研究结果为今后审计人员开展相关审计项目、防范化解金融风险提供了理论方法和经验数据。由本节的研究可知，相对于目前常用的审计方法，基于社会网络分析的非法集资大数据审计方法具有以下优点。

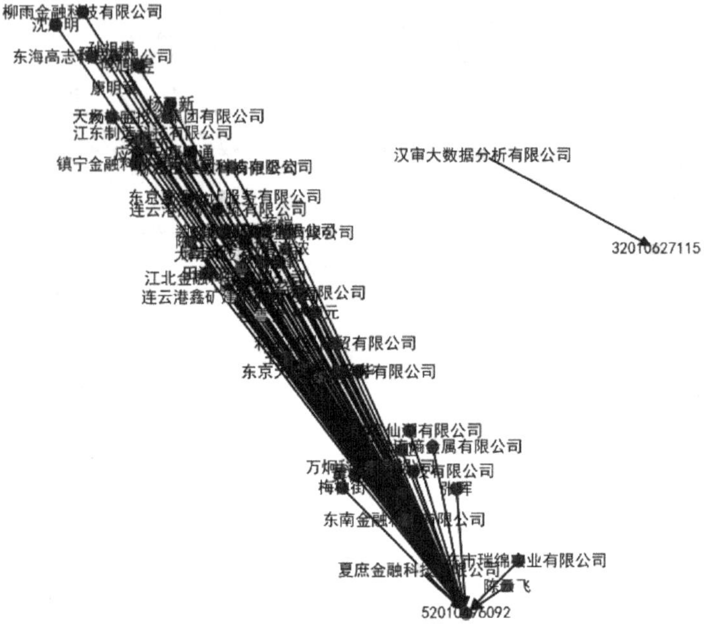

图 5.27 基于 Python 的非法集资审计社会网络分析可疑线索示例一

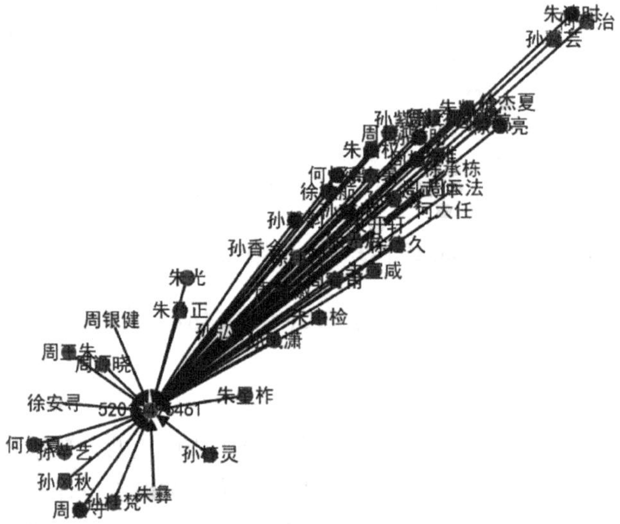

图 5.28 基于 Python 的非法集资审计社会网络分析可疑线索示例二

（1）基于社会网络分析的非法集资大数据审计方法可以充分利用大数据环境提供的机遇，便于审计人员从总体上把握被审计大数据情况，快速发现可疑线索，提高审计效率。

（2）通过基于社会网络的大数据可视化分析，可以发现被审计单位相关大数据中的相互关系和规律，从而发现隐藏的审计线索，达到防范化解金融风险的目的。

5.6　基于大数据可视化分析技术的大气污染防治审计

5.6.1　研究基于大数据可视化分析技术的大气污染防治审计的重要性

污染防治是党的十九大提出的“三大攻坚战”之一，坚决打好污染防治攻坚战是党和国家的重大决策部署。2018 年 6 月 16 日印发的《中共中央国务院关于全面加强生态环境保护　坚决打好污染防治攻坚战的意见》指出，要深入学习贯彻习近平新时代中国特色社会主义思想和党的十九大精神，决胜全面建成小康社会，全面加强生态环境保护，打好污染防治攻坚战，提升生态文明，建设美丽中国。因此，如何做好污染防治审计成为目前审计领域研究与应用的重点。虽然目前常用的电子数据审计工具（如 SQL Server、Microsoft Excel、AO 审计软件等）与方法（如 SQL 数据查询）等也能帮助分析电子数据，发现污染防治审计线索，满足污染防治审计的基本需要，但目前常用的审计方法是依据相关法律、法规以及审计经验对相关问题进行地毯式排查，难以发现复杂性隐蔽问题以及问题产生的原因和规律，不能从根源上防范问题的发生，且分析结果多是以二维表格形式展示，当结果数据量大时，显示的结果枯燥，并且不形象，不能满足大数据环境下审计发展的需要。随着信息技术的发展，大数据审计成为目前审计领域研究与应用的热点问题。

综合分析，研究如何应用大数据技术开展污染防治审计具有重要的社会价值和应用价值。大气污染防治、水污染防治、土壤污染防治等都是污染防治攻坚战的重要内容。2018 年 6 月 16 日印发的《中共中央国务院关于全面加强生态环境保护　坚决打好污染防治攻坚战的意见》指出，“坚决打赢蓝天保卫战，着力打好碧水保卫战，扎实推进净土保卫战”。2013 年 9 月 10 日，国务院印发《大气污染防治行动计划》。为保护和改善环境，防治大气污染，保障公众健康，推进生态文明建设，促进经济社会可持续发展，2015 年 8 月 29 日修订的《中华人民共和国大气污染防治法》公布，该法自 2016 年 1 月 1 日起施行。本节作者以大气污染防治为例，结合大数据技术以及大数据审计的研究与应用现状，研究基于大数据可视化分析技术的大气污染防治审计方法。

5.6.2 基于大数据可视化分析技术的大气污染防治审计方法原理分析

1. 大数据环境下大气污染防治审计所需的数据

大数据环境为大气污染防治审计提供了全方位分析的相关数据，如审计人员可以对以下数据进行分析。

1）文本数据

文本数据如被审计单位的业务介绍、部门年度工作总结、批准的相关项目、大气污染防治工作情况的报告、相关审计报告等。通过这些文本数据，审计人员可以了解目前被审计单位的相关业务情况、大气污染防治工作情况等，便于开展相关审计工作。

2）空气质量监测数据

空气质量监测数据如空气质量日均值监测数据、国控站点和省控站点 PM2.5 小时监测数据等，通过该数据，审计人员可以掌握目前该地区空气质量等相关信息。

3）站点经纬度信息数据

站点经纬度信息数据如国控站点和省控站点的经纬度信息，审计人员可以使用这些数据来查看国控站点和省控站点的分布情况，确定国控站点和省控站点的位置，从而为相邻站点监测数据分析比较等打下基础。

4）相关企业用电数据

相关企业用电数据用于分析相关企业的生产情况，审计人员可以使用这些数据来分析相关企业与大气污染物排放之间的关系。

5）相关财务数据

相关财务数据如大气污染防治资金使用情况等，审计人员可以使用这些数据来分析被审计单位是否合理使用大气污染防治资金。

6）其他外部相关数据

除了通过以上方法获得被审计单位的相关数据之外，审计人员还可以通过一些大数据工具抓取相关环保部门网站上的空气质量监测数据，便于辅助判断空气质量监测数据的真实性等情况以及开展其他大数据分析。

2. 基于大数据可视化分析技术的大气污染防治审计方法原理

基于大数据可视化分析技术的大气污染防治审计方法原理可概述为：根据对被审计单位的调查，在访谈和现场观察等基础上，采集被审计单位的内外部相关大数据，包括相关财务数据、空气质量监测数据、站点经纬度信息数据、相关企业用电数据等结构化数据，被审计单位批准的相关项目、大气污染防治工作情况的报告、部门年度工作总结等非结构化数据。然后，在审计大数据预处理的基础

上，基于“总体分析，发现疑点，分散核查，系统研究”的审计思路，采用大数据工具对空气质量监测数据、被审计单位批准的相关项目等相关结构化和非结构化数据进行建模与总体分析，审计人员通过对可视化的分析结果进行观察，快速从被审计大数据信息中发现异常情况（如大气污染防治相关数据变化情况、大气污染防治相关资金使用情况、被审计地区大气污染防治相关信息系统建设与应用情况等），获得审计线索。在此基础上，通过对这些异常数据做进一步的延伸审计和审计事实确认，最终获得审计证据。综上分析，基于大数据可视化分析技术的大气污染防治审计方法原理如图 5.29 所示。

5.6.3　基于大数据可视化分析技术的大气污染防治审计方法应用案例

1. 案例背景

大气污染防治、水污染防治、土壤污染防治等都是污染防治攻坚战的重要内容。本案例以加强大气污染防治、改善大气环境质量为背景，以 A 地 2015～2017 年大气污染防治情况审计为例，研究大数据可视化分析技术在该类型审计中的应用，从而为今后审计人员在该类型审计中应用大数据审计技术提供技术方法与经验数据。假设现已获得 A 地 2015～2017 年空气质量日均值监测数据和 A 地国控站点与省控站点 2017 年 PM2.5 小时监测数据等相关大数据。以 A 地 2015～2017 年空气质量日均值监测数据为例，其数据示例如图 5.30 所示。

考虑到 R 语言是比较简单、流行、开源的大数据可视化分析软件，本节作者以 R 语言为例，实现大数据可视化分析。

2. 基于地区分布图的相关空气质量数据总体分析

为了从总体上掌握被审计地区空气质量情况，审计人员有时需要获得一些相关环保部门网站上公开的空气质量监测数据。在实际的审计工作中，当需要查询大量的空气质量监测数据时，需要花费审计人员很多的时间和精力，如何批量查询相关数据成为困扰审计人员的一件重要事情。网络爬虫的出现为解决审计人员的这一问题提供了一种可行的方法，审计人员可以通过网络爬虫工具采集该地区相关空气质量监测数据。在此基础上，借助 R 工具，采用热力图进行分析，从而非常直观地从总体上掌握被审计地区空气质量情况。

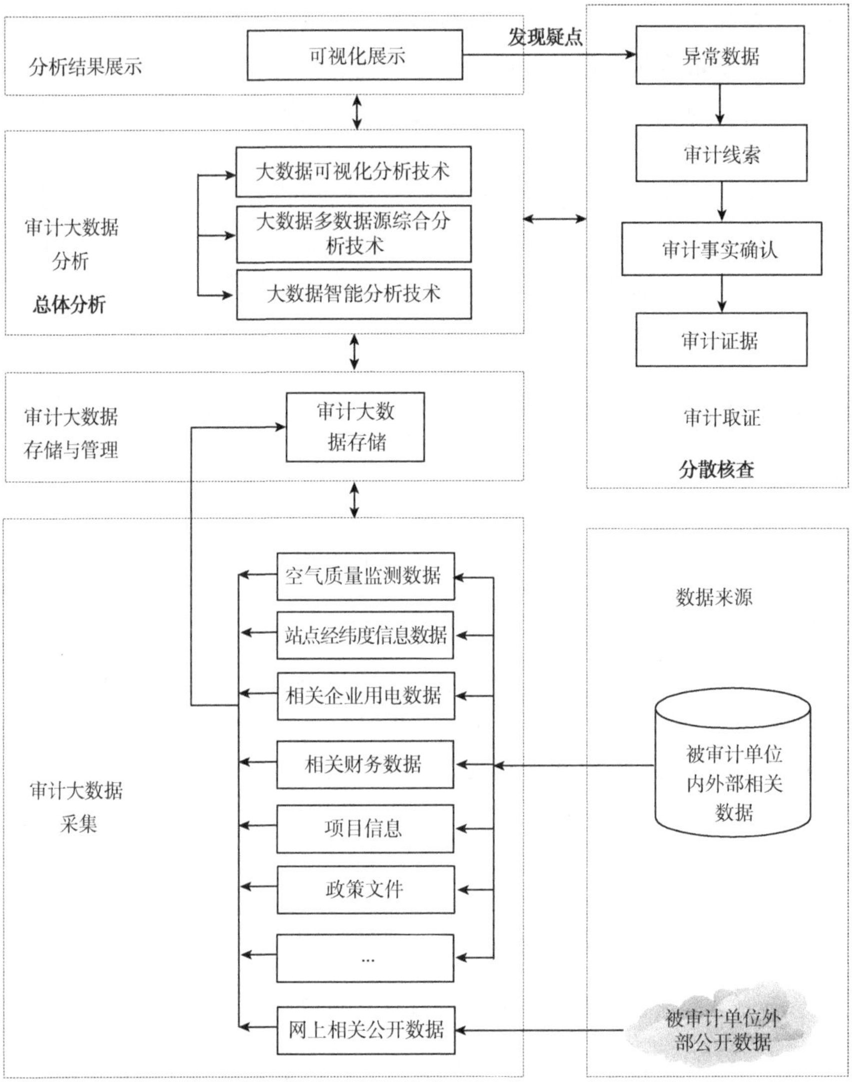

图 5.29　基于大数据可视化分析技术的大气污染防治审计方法原理

3. 空气质量变化情况分析

时间序列图是以时间为横轴，变量为纵轴，可以用于观察变量随时间变化情况的图，也叫推移图。在大气污染防治审计过程中，审计人员可采用时间序列图有效地分析空气质量变化情况，例如，通过时间序列图分析，可以比较不同时期区域内环境空气质量变化情况，检测该地空气质量有没有变差；可以判断该地大气污染防治有关约束性指标的完成情况，如二氧化硫（SO_2）等排放物控制指标、细颗粒物（PM2.5）或可吸入颗粒物（PM10）年均浓度下降考核指标完成情况等；

通过分析六项污染物的浓度变化情况，可以检测该地有没有篡改、伪造监测数据，是否严格履行监测职责。以该地 2017 年空气质量监测数据分析为例，为了总体把握该地 2017 年的空气质量变化情况，可以采用时间序列图分析 2017 年六项污染物数值变化情况，其分析结果如图 5.31 所示。为了更清晰地观察每一项污染物数值变化情况，各项污染物的年度时间序列分析结果示例如图 5.32 所示。其中，六项污染物分别为：二氧化硫（SO_2）、二氧化氮（NO_2）、一氧化碳（CO）、臭氧（O_3）、细颗粒物（PM2.5）和可吸入颗粒物（PM10）。

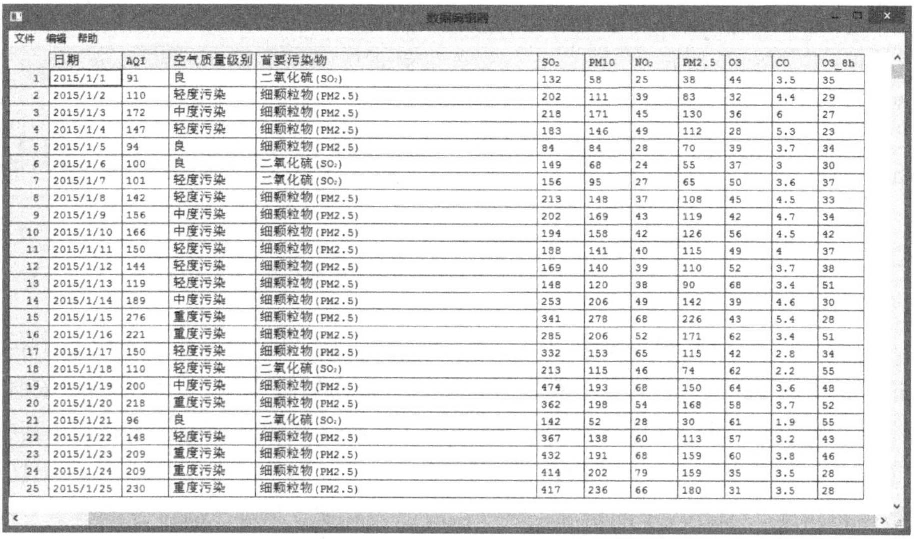

	日期	AQI	空气质量级别	首要污染物	SO_2	PM10	NO_2	PM2.5	O3	CO	O3_8h
1	2015/1/1	91	良	二氧化硫(SO_2)	132	58	25	38	44	3.5	35
2	2015/1/2	110	轻度污染	细颗粒物(PM2.5)	202	111	39	83	32	4.4	29
3	2015/1/3	172	中度污染	细颗粒物(PM2.5)	218	171	45	130	36	6	27
4	2015/1/4	147	轻度污染	细颗粒物(PM2.5)	183	146	49	112	28	5.3	23
5	2015/1/5	94	良	细颗粒物(PM2.5)	84	84	28	70	39	3.7	34
6	2015/1/6	100	良	二氧化硫(SO_2)	149	68	24	55	37	3	30
7	2015/1/7	101	轻度污染	二氧化硫(SO_2)	156	95	27	65	50	3.6	37
8	2015/1/8	142	轻度污染	细颗粒物(PM2.5)	213	148	37	108	45	4.5	33
9	2015/1/9	156	中度污染	细颗粒物(PM2.5)	202	169	43	119	42	4.7	34
10	2015/1/10	166	中度污染	细颗粒物(PM2.5)	194	158	42	126	56	4.5	42
11	2015/1/11	150	轻度污染	细颗粒物(PM2.5)	188	141	40	115	49	4	37
12	2015/1/12	144	轻度污染	细颗粒物(PM2.5)	169	140	39	110	52	3.7	38
13	2015/1/13	119	轻度污染	细颗粒物(PM2.5)	148	120	38	90	68	3.4	51
14	2015/1/14	189	中度污染	细颗粒物(PM2.5)	253	206	49	142	39	4.6	30
15	2015/1/15	276	重度污染	细颗粒物(PM2.5)	341	278	68	226	43	5.4	28
16	2015/1/16	221	重度污染	细颗粒物(PM2.5)	285	206	52	171	62	3.4	51
17	2015/1/17	150	轻度污染	细颗粒物(PM2.5)	332	153	65	115	42	2.8	34
18	2015/1/18	110	轻度污染	二氧化硫(SO_2)	213	115	46	74	62	2.2	55
19	2015/1/19	200	中度污染	细颗粒物(PM2.5)	474	193	68	150	64	3.6	48
20	2015/1/20	218	重度污染	细颗粒物(PM2.5)	362	198	54	168	58	3.7	52
21	2015/1/21	96	良	二氧化硫(SO_2)	142	52	28	30	61	1.9	55
22	2015/1/22	148	轻度污染	细颗粒物(PM2.5)	367	138	60	113	57	3.2	43
23	2015/1/23	209	重度污染	细颗粒物(PM2.5)	432	191	68	159	60	3.8	46
24	2015/1/24	209	重度污染	细颗粒物(PM2.5)	414	202	79	159	35	3.5	28
25	2015/1/25	230	重度污染	细颗粒物(PM2.5)	417	236	66	180	31	3.5	28

图 5.30　A 地 2015～2017 年空气质量日均值监测数据示例

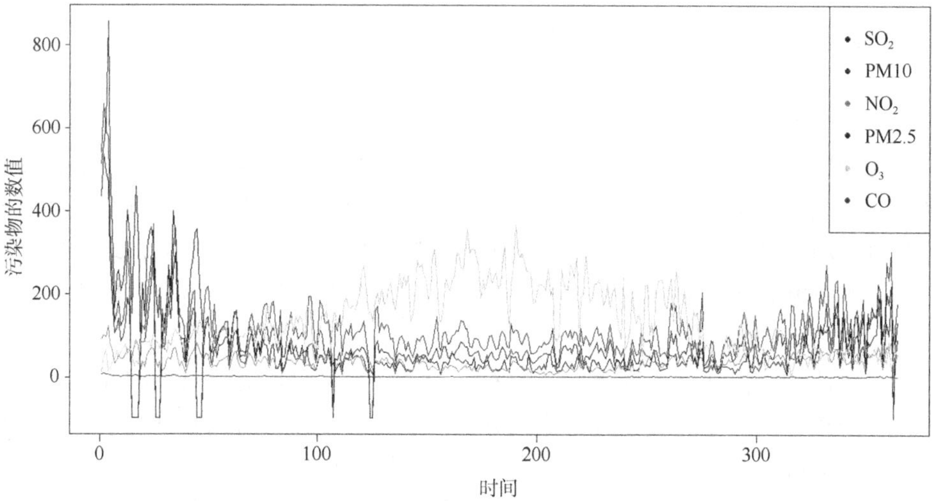

图 5.31　六项污染物时间序列对比图

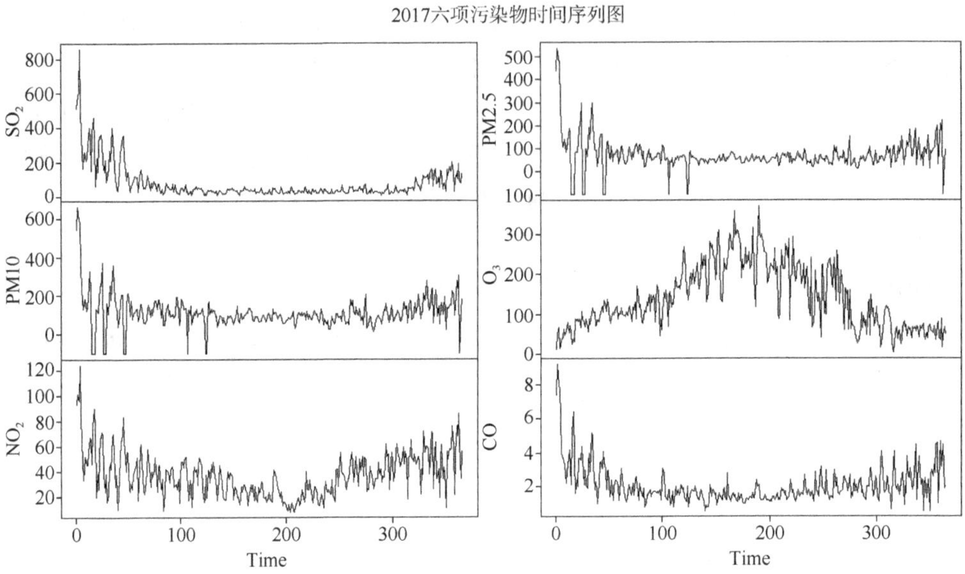

图 5.32　六项污染物分布各自的时间序列图分析结果示例

由图 5.32 可以容易地查看 2017 年六项污染物在每个时间点的数值大小和变化情况。由图 5.31 和图 5.32 不难发现，除了污染物臭氧（O_3）在夏季出现数值大幅上升的情况，其余五项污染物的数值均在 1 月和 2 月出现大幅上升情况。其中，在 1 月，二氧化硫（SO_2）的数值甚至飙到了 800 以上，可吸入颗粒物（PM10）的数值也出现了 600 以上的情况，空气情况比较恶劣。另外，通过分析结果发现，细颗粒物（PM2.5）或可吸入颗粒物（PM10）监测部分数据出现负值，大气污染物排放自动监测设备传输数据异常，需要引起审计人员的注意，应当及时进行调查，从而发现影响自动监测数据真实性和准确性问题的线索。

4. 空气质量监测数据异常情况分析

在开展大气污染防治审计时，为了确保环境监测数据准确真实，防止篡改或者伪造监测数据等现象的发生，审计人员需要对照相关法规，详细调查大气污染监测设施和系统建设情况、空气质量国控监测点位，检查空气质量自动监测点的数据是否能够真实反映辖区空气质量。为了防止部分地区通过将空气监测站设在公园，或采用棉纱堵塞采样头、向监测设备洒水等方式对空气自动监测站实施干扰，导致监测数据严重失真等问题的发生，审计人员可以通过对不同部门的或不同地区的相邻站点监测数据进行比较分析，从而发现异常监测数据线索，判断监测数据的准确真实性。例如，审计人员首先可以采用地区分布图对站点经纬度信息进行分析，查看该地区国控站点和省控站点的分布情况。在此基础上，以某地国控和省控相邻站点监测数据分析为例，采用散点图对比国控和省控相邻站点的监测数据，其分析结果示例如图 5.33 所示。

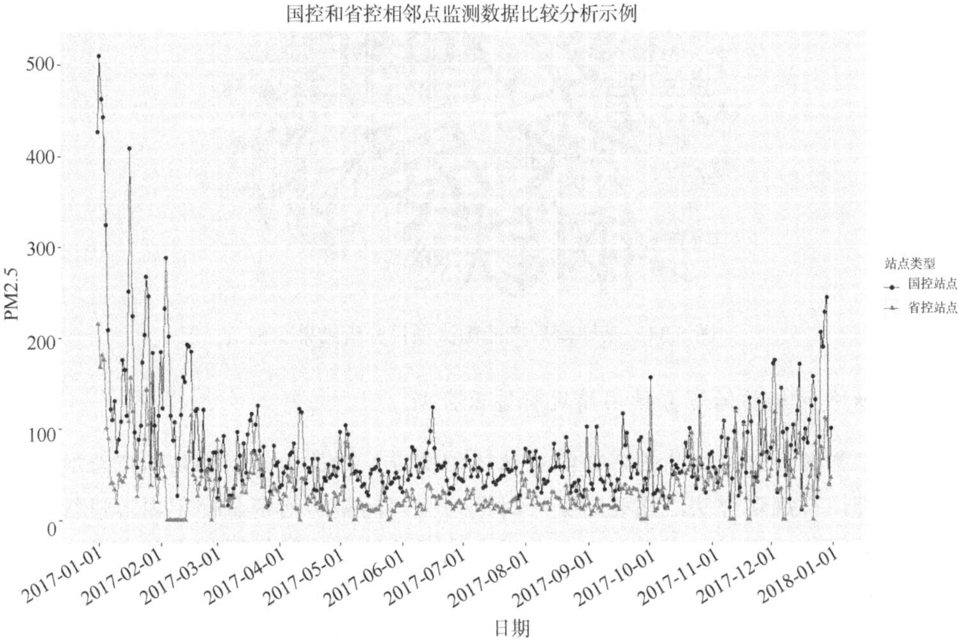

图 5.33　国控和省控相邻站点监测数据的比较分析结果示例

由图 5.33 不难发现，该地区国控和省控相邻站点监测数据存在不一致，需要引起审计人员的重点关注。另外，通过对该地区国控站点监测数据进行分析，发现监测数据中的异常现象（如该区的 PM2.5 监测数据是否明显低于同时间段内其他区域的数值），从而可以进一步判断站点采样系统是否受到人为干扰。

5. 新增大气污染物排放项目分析

为了防治大气污染，基于时间序列图等分析，对一些因大气环境质量持续恶化、二氧化硫、细颗粒物（PM2.5）或可吸入颗粒物（PM10）等浓度长时间“爆表”的地方，需要暂停新增大气污染物排放项目的环评审批，严禁核准产能严重过剩行业新增产能项目。因此，审计人员通过对该地批准的相关项目内容进行分析，可以总体分析该地是否存在新增大气污染物排放项目。例如，分析该地批准的相关项目是否投向电解铝、钢铁、水泥、平板玻璃等一些高污染、高能耗等落后产能淘汰项目，如果存在，则需要审计人员进一步关注。基于以上分析，以某地大气污染防治审计项目为例，采用标签云分析方法对该地批准的相关项目内容进行分析，其结果示例如图 5.34 所示。图 5.34 的分析结果表明，该地批准的相关项目内容中存在“钢铁”“水泥”等关键词，从而表明该地批准的相关项目中可能存在内容属于高污染、高能耗行业，需要审计人员做进一步的延伸分析。

图 5.34　某地落后产能淘汰项目分析结果示例

6. 大气污染防治资金使用情况标签云分析

为了掌握大气污染防治资金的总体使用情况，确认大气污染防治资金的使用是否合理、合规和合法，需要对某一时期内大气污染防治资金使用内容进行总体分析。针对这一需要，采用标签云分析方法对从被审计单位采集来的相关大气污染防治资金支出数据进行分析，根据分析结果可以初步发现大气污染防治资金是否存在违规使用的问题。例如，采用标签云对从某地采集来的大气污染防治资金进行综合分析，其结果示例如图 5.35 所示。

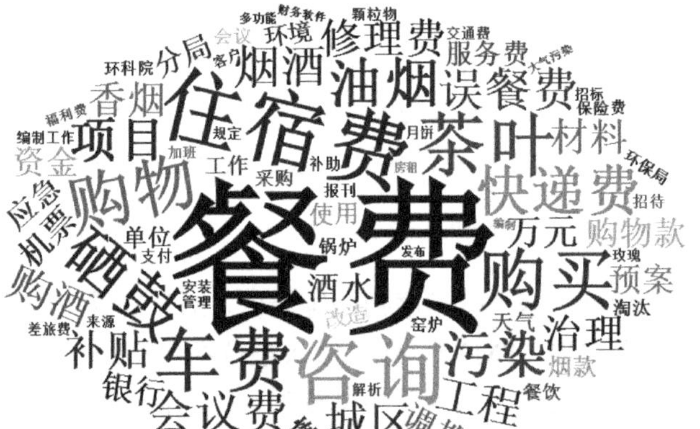

图 5.35　某地大气污染防治资金使用情况内容分析示例

由图 5.35 的分析结果不难发现，该被审计单位一部分大气污染防治资金用在了餐费、烟酒等方面。根据这一分析，审计人员可以对这些大气污染防治资金数据做进一步的详细分析，查找所有含有“餐费、烟酒”等方面的支出，从而发现审计线索。

5.6.4　小结

大数据技术的发展为大气污染防治审计工作提供了机遇，本节根据这一需要，结合目前大数据审计的研究与应用现状，研究了基于大数据可视化分析技术的大气污染防治审计方法，并以某大气污染防治审计项目为例，分析了该方法的应用。研究结果为审计人员今后开展相关审计项目提供了理论方法和经验数据。由本节的研究可知，相对于目前常用的大气污染防治审计方法，本节研究的方法具有以下优点。

（1）可以充分利用大数据环境提供的机遇，便于审计人员从总体上把握被审计大数据情况，快速发现可疑线索，提高审计效率。

（2）可以发现被审计单位相关大数据中的相互关系和规律，“洞察”被审计数据中的相关问题，从而发现隐藏的审计线索。

5.7　本 章 小 结

由前文分析可知，大数据审计主要内容包括大数据环境下的电子数据审计（如何利用大数据技术审计电子数据、如何审计大数据环境下的电子数据）和大数据环境下的计算机信息系统审计（如何利用大数据技术审计信息系统、如何审计大数据环境下的信息系统）两个方面。本章根据电子数据审计以及大数据审计的研究与应用现状，研究了基于大数据可视化分析技术的审计线索特征挖掘方法与应用案例，在此基础上，结合审计实务，以“三大攻坚战”金融审计、扶贫审计、污染防治审计以及经济责任审计等实际应用案例为例，研究了如何开展大数据环境下的电子数据审计。通过本章的内容，可以快速掌握大数据环境下如何开展电子数据审计，从而为今后开展大数据环境下的电子数据审计打下基础。

第 6 章　信息系统审计基础方法

6.1　引　　言

信息化环境下，除了通过审计电子数据获得审计证据之外（陈伟，2012），审计被审计单位的信息系统，即信息系统审计，也是目前开展审计工作的一项重要工作。对于一些信息化程度高、对信息系统依赖大的行业，如银行等，信息系统审计更为重要。中国银监会 2017 年 4 月发布的《中国银监会关于银行业风险防控工作的指导意见》（银监发〔2017〕6 号）指出：“（三十四）加强信息科技风险防控。银行业金融机构要全面强化网络信息安全管理，提高身份认证机制安全性；加大对新兴电子渠道风险的管理力度，完善灾备体系，制定完善应对预案；完善外包管理体系，降低外包风险，不得将信息科技管理责任外包。对发生严重信息科技风险事件的银行业金融机构，各级监管机构要及时采取必要的强制性监管措施。”2017 年 7 月 14 日，在北京召开的全国金融工作会议上，习近平总书记指出，“强化监管，提高防范化解风险能力是一项重要工作”。党的十九大报告指出，“健全金融监管体系，守住不发生系统性金融风险的底线”。

信息化环境下，信息系统及其数据成为一个单位的重要资产，因此，信息系统的安全性、可靠性、有效性要有保证，对信息系统的设计、开发、运行、维护要进行审计，对信息系统涉及的人员要进行审计。另外，如果一个被审计单位的信息系统控制存在一定的问题，那么系统中的电子数据必将存在一定的问题。对有问题的电子数据进行审计，其实就是假账真审，因此，为保证审计结果的正确性，防范审计风险，开展信息系统审计具有重要意义。为了更好地掌握大数据环境下的信息系统审计，首先需要了解信息系统审计的相关基础方法，本章介绍信息系统审计的基础方法，从而为后文研究大数据环境下的信息系统审计打下基础。

6.2　信息系统审计简介

6.2.1　信息系统审计主要内容分类

信息系统内部控制是指一个单位在信息系统环境下，为了确保业务活动的有效进行，保护资产的安全与完整，防止、发现、纠正错误与舞弊，确保信息系统提供真实、合法、完整的信息，而制定和实施的一系列政策、程序和措施。

1. 信息系统内部控制的分类

1）依据控制内容分类

一般来说，依据控制的内容，信息系统内部控制分类如图 6.1 所示。

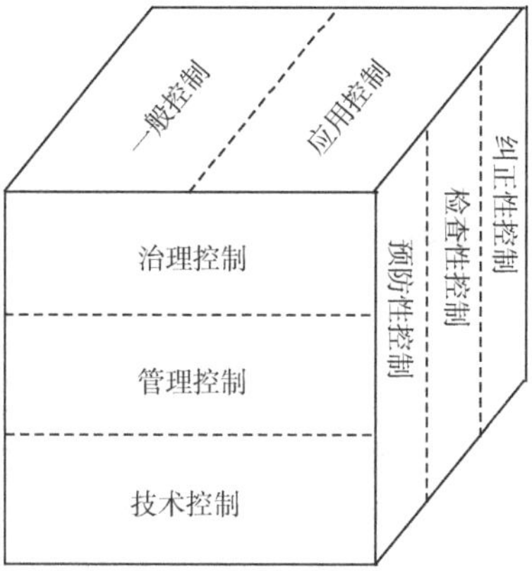

图 6.1　信息系统内部控制分类方法（依据控制内容）

（1）一般控制（general controls，GCs）。

（2）应用控制（application controls，ACs）。

2）依据控制预定意图分类

由图 6.1 可以看出，依据控制的预定意图，无论是一般控制还是应用控制，都可以分类如下。

（1）预防性控制（事前控制）。

（2）检查性控制（事中控制）。

（3）纠正性控制（事后控制）。

3）依据控制层次分类

依据控制的层次，无论是一般控制还是应用控制，都可以分类如下。

（1）治理控制。

（2）管理控制。

（3）技术控制。

其中，治理控制指政策等方面的控制；管理控制指标准、组织与管理、物理环境控制等方面的控制；技术控制指系统软件控制、系统开发控制以及基于应用系统的控制等方面的控制，如图 6.2 所示。

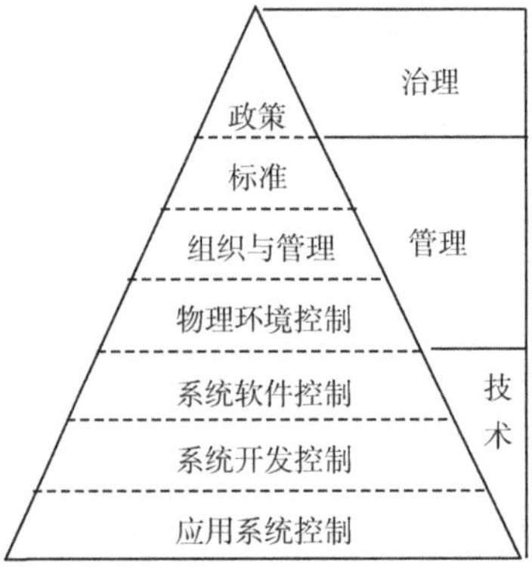

图 6.2 信息系统内部控制分类方法（依据控制层次）

4）依据技术和管理的视角分类

从技术的角度来看，一般控制包括数据库控制、网络控制、操作系统控制等；应用控制主要是针对具体应用系统的控制。从 IT 管理的角度来看，无论是一般控制还是应用控制，都可以分成 IT 规划管理、系统运行管理、系统开发管理、供应商管理等，如图 6.3 所示。

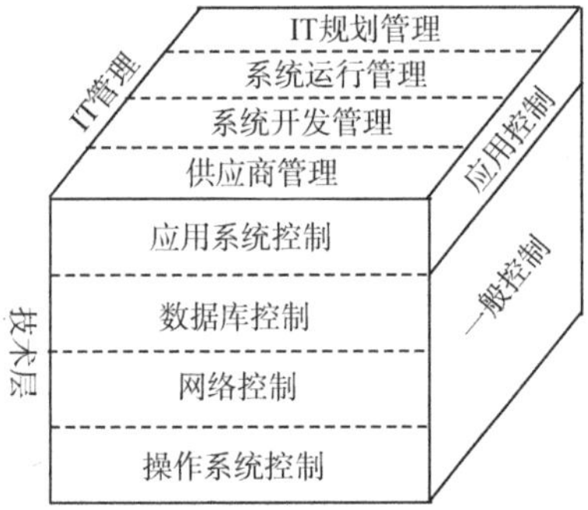

图 6.3 信息系统内部控制分类方法（依据技术和管理的视角）

2. 信息系统审计的主要内容

如第 1 章所述，信息系统审计一般理解为对计算机系统的审计，国际信息系统审计与控制协会将信息系统审计定义为：信息系统审计是收集和评估证据，以确定信息系统与相关资源能否适当地保护资产、维护数据完整、提供相关和可靠的信息、有效完成组织目标、高效率地利用资源并且存在有效的内部控制，以确保满足业务、运作和控制目标，在发生非期望事件的情况下，能够及时地阻止、检测或更正的过程。根据以上信息系统内部控制的内容，目前开展信息系统审计时一般从以下两个方面出发。

（1）一般控制审计，即对信息系统总体环境控制的审计。

（2）应用控制审计，即对应用系统控制的审计。

6.2.2　信息系统审计的基本步骤

一般来说，开展信息系统审计的基本步骤如下。

1. 审计准备阶段

在审计准备阶段，主要工作如下。

（1）审前调查，了解被审计单位和被审计信息系统的基本情况。

（2）成立审计小组。

（3）编制信息系统审计方案。

（4）下发审计通知书。

2. 审计实施阶段

在审计实施阶段，主要工作如下。

（1）根据审计方案，进一步调查被审计单位基本情况，识别其信息系统一般控制和应用控制。

（2）采用访谈、文档查看、现场观察等方法，进行设计和实施测试（design & implementation test，D&I）以及执行有效性测试（operating effectiveness，OE），收集审计证据。

根据国际内部审计师协会的相关文献，设计和实施测试指针对被审计单位内部控制制度设计的健全性进行测试，即被审计单位的控制政策和程序是否设计适当，是否可识别潜在的风险点并降低其发生的可能性和影响；执行有效性测试是指针对被审计单位内部控制制度执行的有效性进行测试，即被审计单位的控制政策和程序是否得到有效执行以发挥其应有的成效。

（3）编写审计工作底稿。

3. 审计报告形成阶段

在审计报告形成阶段，主要工作如下。

（1）整理、评价审计证据。

（2）起草审计事实确认书，征求被审计单位意见。

（3）在此基础上，撰写审计报告与审计建议。

4. 审计结果执行阶段

在审计结果执行阶段，主要工作如下。

（1）执行审计结果。

（2）审计项目材料的归档和管理。

6.3 信息系统一般控制及审计

6.3.1 信息系统一般控制简介

简单地讲，信息系统一般控制是除了信息系统应用程序控制以外的其他控制，它应用于一个单位信息系统全部或较大范围的内部控制。其基本目标为：防止系统被非法侵入、保护信息系统、确保数据安全、保证在意外情况下的持续运行等。

根据以上信息系统一般控制的主要内容及目标，信息系统一般控制审计的主要内容包括信息系统开发、测试和维护审计，信息系统运行管理审计，信息系统安全审计，业务连续性管理审计，IT 外包审计等。

6.3.2 信息系统开发、测试和维护审计

1. 信息系统开发、测试和维护审计简介

良好的系统开发管理是一个信息系统能否稳健运行的必要前提，而充分的信息系统测试和周密的上线程序是保障信息系统正常稳定运行的重要环节。因此，加强信息系统开发的管理工作，确保充分的系统测试和完善的系统上线程序管理，对确保信息系统的稳定性和可靠性，防范系统风险具有重要意义。

在信息系统上线之后，信息系统维护是一项重要工作，信息系统维护是对信息系统的运行进行控制，记录其运行的状态，进行必要的修改和扩充，以便使信息系统在其生命周期内保持良好的可运行状态，保证其功能的发挥，满足单位的需要。信息系统维护包括纠错性维护、适应性维护、完善性维护、预防性维护。其中，纠错性维护是为了识别和纠正软件错误、改正软件性能上的缺陷；适应性维护是为了使软件适应外部环境（如新的硬、软件配置）或数据环境（如数据库、数据格式、数据输入 / 输出方式、数据存储介质）可能发生的变化；完善性维护是为了满足在软件的使用过程中，用户对软件提出新的功能与性能要求；预防性维护是为了提高软件的可维护性、可靠性等，预防相关问题的发生。此外，对系统下线应按规范流程妥善处理，确保下线系统敏感数据的安全性和完整性。

为了保证信息系统开发、测试和维护过程的有效性，审计人员需要对其进行审计。概括来说，信息系统开发、测试和维护审计的主要目的如下。

（1）检查信息系统开发、测试和维护的方法与程序是否科学，是否含有恰当的控制。

（2）检查信息系统开发、测试和维护过程中产生的系统文档资料是否规范。

（3）确保信息系统开发、测试和维护目标的实现。

2. 信息系统开发、测试和维护审计主要内容

在开展信息系统开发、测试和维护审计时，审计人员可以关注以下内容。

（1）检查是否有系统开发的可行性研究、成本效益分析、风险评估等报告，是否对项目的可行性、成本效益核算以及可能出现的各种操作风险、财务损失、无效系统规划等进行了深入的分析；查看相关分析结果是否得到其管理部门（如信息科技管理委员会）的认可。

（2）分析其管理部门（如信息科技管理委员会）是否对系统开发的可行性、必要性以及与 IT 战略规划和业务发展目标的一致有充分认识。

（3）检查在信息系统实施过程中，实施部门是否定期向其管理部门（如信息科技管理委员会）提交进度报告（报告内容包括计划的重大变更、关键人员或供应商的变更以及主要费用支出情况等）。

（4）针对长期或临时聘用的技术人员和承包商，尤其是从事敏感性技术相关工作的人员，是否制定严格的审查程序，包括身份验证和背景调查。

（5）检查信息系统开发环境和运行环境是否分离，网络是否有效隔离，设备是否独立于生产系统，开发人员是否接触生产系统，开发过程中是否使用了生产数据，使用的生产数据是否得到高级管理层的批准并经过脱敏或相关限制。

（6）检查系统开发过程中，是否对源代码进行有效的管理和严格的审查。

（7）检查在信息系统投产后一定时期内，组织对该系统的后评价，是否根据评价结果及时对该系统功能进行调整和优化。

（8）对于信息系统项目相关的风险（这些风险包括潜在的各种操作风险、财务损失风险和因无效项目规划或不适当的项目管理控制产生的机会成本等），检查是否采取适当的项目管理方法进行控制。

（9）为了确保信息系统开发、测试和维护过程中数据的完整性、保密性和可用性，检查是否制定并落实相关制度、标准和流程。

（10）检查将完成开发和测试环境的程序或系统配置变更应用到生产系统时，是否得到信息科技部门和业务部门的联合批准。

（11）检查是否制定相关制度和流程，来控制信息系统升级过程。

（12）检查信息系统升级活动是否接受相关的管理和控制，包括用户验收测试。

（13）检查是否对信息系统变更进行及时记录和定期复查。

（14）检查对生产系统的紧急修复任务，应用程序开发和维护人员进入生产

系统是否得到管理层批准执行，所有的紧急修复活动是否都进行了记录。

（15）检查对于设备达到预期使用寿命或性能不能满足业务需求，基础软件（操作系统、数据库管理系统、中间件）或应用软件必须升级时，是否及时进行系统升级，有没有相关的管理制度。

（16）检查为确保全面地追踪、分析和解决信息系统问题，是否建立并完善有效的问题管理流程，是否对信息系统问题进行记录、分类和索引。

（17）检查是否制定了文档管理规范制度，查看项目开发设计、源代码、技术使用和运行维护说明书、用户使用手册、风险评估报告等项目文档管理是否符合规范，是否进行了文档的版本控制。

（18）检查信息系统下线后对应该保留的信息是否进行了有效保管，该删除的信息是否彻底销毁。

3. 信息系统开发、测试和维护审计案例

案例一

审计内容：

以某商业银行为例，检查针对长期或临时聘用的技术人员和承包商，尤其是从事敏感性技术相关工作的人员，是否制定严格的审查程序，包括身份验证和背景调查。

审计过程及审计发现：

通过调阅被审计单位提供的“微信银行”项目相关文档发现，在保密协议中缺少现场服务人员×××的身份证复印件材料；通过调阅被审计单位提供的“外网门户”项目文档，在“项目服务报告”“服务安全承诺书”现场服务人员名单中两位技术开发人员（×××、×××）没有在“现场服务人员名单”中签名。

案例二

审计内容：

以某商业银行为例，检查对生产系统的紧急修复任务，应用程序开发和维护人员进入生产系统是否得到管理层批准执行，所有的紧急修复活动是否都进行了记录。

审计过程及审计发现：

通过现场查看该商业银行的科技管理系统发现，尽管在系统开发与维护过程中，所有变更均在科技管理系统中记录管理，并按照电子流程进行审批，但在科技管理系统中一些变更内容是否被准确地记录到系统中得不到充分的保证，如某资产负债系统版本变更表中变更申请信息和变更内容不一致。

案例三

审计内容：

以某商业银行为例，检查是否制定了文档管理规范制度，查看项目开发设计、源代码、技术使用和运行维护说明书、用户使用手册、风险评估报告等项目文档管理是否符合规范，是否进行了文档的版本控制。

审计过程及审计发现：

抽查被审计单位相关文档管理情况，选取了“微信企业号、金融创新论坛、微信银行”等项目文档，通过调阅对方提供的“微信企业号”项目文档材料，发现该材料中：①“项目尽职调查报告”内容格式不规范；②该文档“项目尽职调查报告”和“项目服务报告”部分归档较乱；③该文档“项目质量及风险控制报告”误写成“项目质量风险控制及管理规范”。

经审阅被审计单位提供的“金融创新论坛”项目文档材料，发现该材料中：①文档“项目信息安全评估报告”“2.8 需要的资源配置”中的内容系拷贝的“微信企业号”项目文档 “2.8 需要的资源配置”的内容，造成“金融创新论坛”项目“2.8 需要的资源配置”中内容错误；②文档“代码安全监察报告”中提到“项目中存在 BUG 数量为 2 个”，但跟踪情况仅仅列举了一个。

6.3.3　信息系统运行管理审计

1. 信息系统运行管理审计简介

信息系统运行管理主要是对上线系统的日常运行进行管理。系统的日常运行要与系统开发和维护分离，确保一个单位信息科技部门内部的岗位制约。信息系统运行管理主要包括如下内容。

（1）人员管理。应加强对员工入职时的身份审查、日常工作管理、离职管理。

（2）职责分离。应将不相容岗位实现职责分离，以减少未授权访问、无意识修改以及故意犯罪给单位造成损失的机会。

（3）账号及权限管理。应保证只有经授权的用户才能访问，防止非授权访问。

（4）物理访问控制。应将关键或敏感的信息处理设施放置在安全区域内，并受到安全边界的保护，安全边界应包括入口控制，以避免未授权访问、损坏和干扰。

（5）逻辑访问控制。应清晰地描述每个用户或一组用户的访问控制规则和权利。

（6）操作管理。应制定详尽的信息系统运行操作程序。

（7）日常监控。应安排值班人员对系统运行情况进行全面监控。

（8）日志管理。应按照有关法律法规要求保存交易记录，采取必要的程序和技术，确保存档数据的完整性，满足安全保存和可恢复的要求。

（9）变更管理。应制定变更管理制度，对信息系统的软件打补丁和升级、硬件修正等变更进行管理，从而控制变更风险。

（10）问题管理。应建立问题管理台账，以确保全面地追踪、分析和解决信息系统问题，及时组织相关人员分析问题发生的根源，从根本上消除问题。

信息系统运行管理审计的目的就是确保被审计单位的信息系统运行管理符合以上相关要求。

2. 信息系统运行管理审计主要内容

在开展信息系统运行管理审计时，审计人员可以关注以下内容。

（1）检查被审计单位是否配备有专门的系统维护技术人员，操作人员是否经过培训。

（2）检查是否将信息系统运行与信息系统开发和维护分离，确保信息科技部门内部的岗位制约；是否对计算机中心的岗位和职责做出明确规定。

（3）检查业务系统是否能保证只有经授权的用户才能访问，能否防止非授权访问。

（4）检查是否严格控制第三方人员（如服务供应商）进入安全区域，如确需进入是否得到适当的批准，其活动是否受到监控。

（5）检查是否制定详尽的信息系统运行操作说明，如在信息系统运行手册中说明计算机操作人员的任务、工作日程、执行步骤，以及生产与开发环境中数据、软件的现场及非现场备份流程和要求（备份的频率、范围和保留周期）。

（6）检查是否按照有关法律法规要求保存交易记录，采取必要的程序和技术，确保存档数据的完整性，满足安全保存和可恢复要求。

（7）检查日志管理情况，确保每天记录系统的运行日志、记录出现故障的情况和相应的维护日志、记录操作人员的操作日志和各程序的运行日志、记录相关硬件的升级或更新日志、记录相关软件的升级或更新日志。

（8）检查是否建立事故管理及处置机制，及时响应信息系统运行事故，逐级向相关的 IT 管理人员报告事故的发生，并进行记录、分析和跟踪，直到完成彻底的处置和根本原因分析。是否建立服务台，为用户提供相关技术问题的在线支持，并将问题提交给相关信息科技部门进行调查和解决。

（9）检查是否建立与服务水平管理相关的制度和流程，对信息系统运行服务水平进行考核。

（10）检查是否建立连续监控信息系统性能的相关程序，及时、完整地报告例外情况；该程序是否能提供预警功能，在例外情况对系统性能造成影响前对其进行识别和修正。

（11）检查是否制订容量规划，以适应由于外部环境变化产生的业务发展和交易量增长。容量规划应涵盖生产系统、备份系统及相关设备。

（12）检查是否及时进行维护和适当的系统升级，以确保与技术相关服务的连续可用性，并完整保存记录（包括疑似和实际的故障、预防性和补救性维护记录），以确保有效维护设备和设施。

（13）检查是否制定有效的变更管理流程，以确保生产环境的完整性和可靠性。包括紧急变更在内的所有变更都应记入日志，由信息科技部门和业务部门共同审核签字，并事先进行备份，以便必要时可以恢复原来的系统版本和数据文件。检查紧急变更成功后，是否通过正常的验收测试和变更管理流程。

（14）检查信息系统是否具有以下重要文档：系统或软件的使用手册和操作指南、系统设计文档、数据库设计文档、软件的概要设计文档、软件的详细设计文档等。

（15）检查文档管理情况，确保文档管理规范，信息系统中重要的技术文档和业务文档由专人保管，信息系统中重要的文档只有通过授权才能阅读，对信息系统中重要的文档进行了备份，技术人员调离岗位时应收回其拥有的技术文档，业务人员调离岗位时应收回其拥有的操作文档。

（16）检查软件管理情况，确保信息系统中重要软件及其文档资料应有专人保管，对信息系统中重要的软件及其文档资料进行了备份，信息系统中重要的软件只有经过授权才能拷贝。

3. 信息系统运行管理审计案例

案例一

审计内容：

以某商业银行为例，检查业务系统是否能保证只有经授权的用户才能访问，能否防止非授权访问。

审计过程及审计发现：

通过现场查看该商业银行的管理系统发现，该商业银行手机银行系统的账号及权限管理方面存在一定的问题。例如，离职人员的账号在本管理系统中仍然存在，且账号状态为正常；一些账号为系统开发人员的测试账号，但目前这些账号在本管理系统中仍然存在，且账号状态为正常。

案例二

审计内容：

以某商业银行为例，检查是否制定详尽的信息系统运行操作说明，如在信息系统运行手册中说明计算机操作人员的任务、工作日程、执行步骤，以及生产与开发环境中数据、软件的现场及非现场备份流程和要求（备份的频率、范围和保留周期）。

审计过程及审计发现：

通过采取到计算机中心实地查看，验证值班室是否保存有较为完整的操作手册；对比值班人员职责，验证值班室的操作手册能否完整覆盖值班人员的职责，发现值班室没有保存有较为完整的关于信息科技运行的操作手册。

6.3.4 信息系统安全审计

1. 信息系统安全审计简介

信息系统安全是通过维护信息系统中信息的机密性、完整性和可用性，来管理和保护一个单位所有的信息资产。信息系统安全涉及管理、人员、技术等各个方面，因此，信息系统安全主要包含管理安全（如安全管理制度与管理组织）、人员安全以及技术安全（如计算机机房、操作系统、数据库系统、网络通信、软件、硬件等）三个方面，相关内容分析描述如下。

1）管理安全

一个单位应在信息系统安全管理方面建立相应的管理制度，并要求严格执行相关管理制度，各项操作要符合制度要求；另外，要建立相应的安全管理职能部门，设置相应的安全管理岗位，为信息系统的安全管理提供组织上的保障。

2）人员安全

人员安全要求一方面提高单位员工的安全意识、加强信息系统安全重要性教育，学习并掌握与其岗位相关的信息安全管理制度；另一方面，单位内部在岗位设置和人员安排方面要注意做到职责分离，职责分离的目的是：保证不同的人员承担不同的职责，人员之间可以互相监督和检查，从而防止错误和舞弊。其原则是：在分工协作的基础上明确各部门、人员的权限与责任。

常见职责分离情况如下。

（1）信息系统部门与业务部门的职责相分离。

（2）信息系统部门与业务部门内部的职责相分离。

（3）交易的授权与交易的执行相分离。

（4）资产的保管与记录相分离。

3）技术安全

技术安全用来防范信息系统运行环境中影响信息系统正常、可靠运行的安全隐患，保护信息系统中的各种资源免受毁坏、替换、盗窃和丢失的威胁。这些威胁主要包括：自然灾害风险；环境故障风险，如电力故障、设备故障、温度、湿度、静电、恐怖袭击等。为保证技术安全，主要控制措施如下。

（1）物理位置。远离地下室、蓄水池、化工厂、加油站、储气站、机场等。

（2）水灾控制。计算机中心具备水灾探测器。

（3）火灾控制。计算机中心具备防火能力、火灾警报器和灭火系统，要定期检测消防设施。

（4）电力供应相关风险的控制。计算机中心具备电力中断控制能力，如具有UPS（uninterruptible power system，不间断电源系统）、后备发电机供电等设施；具备电源线中断控制能力，如备份电力系统等。

（5）防潮和防尘控制。

信息系统安全审计的目的就是确保被审计单位的信息系统安全管理符合以上相关要求。

2. 信息系统安全审计主要内容

在开展信息系统安全审计时，审计人员可以关注以下内容。

（1）检查是否建立配套的安全管理职能部门，通过管理机构的岗位设置、人员的分工以及各种资源的配备，为信息系统的安全管理提供组织上的保障。

（2）检查是否对各类信息系统进行风险评估，根据信息系统的重要程度等因素，建立和实施信息系统分类与保护体系，是否保证该体系在单位内部的贯彻落实。

（3）检查是否针对信息系统安全管理工作建立相应的管理制度，并要求管理人员或操作人员严格执行管理制度，各项操作符合制度要求，信息系统安全制度是否符合国家有关信息管理的法律、法规以及技术标准。

（4）检查是否建立信息系统安全计划和保持长效的管理机制（如信息系统安全管理机制，包括信息系统安全标准、策略、实施计划和持续维护计划；信息系统安全策略，包括安全制度管理、信息系统安全组织管理、资产管理、人员安全管理、物理与环境安全管理、通信与运营管理、访问控制管理、系统开发与维护管理、信息系统安全事故管理、业务连续性管理、合规性管理等）。

（5）检查是否采取相应的措施对人员进行管理，如岗位设置是否合理，是否做到分工明确、职责清晰，重要岗位是否相互制约；对涉密人员是否签订保密协议等。

（6）检查是否定期对管理层、信息部门技术人员、员工、客户等进行信息系统安全教育。

（7）检查是否提供必要的培训，使所有员工都了解信息系统安全的重要性，让员工充分了解其职责范围内的信息保护流程。

（8）检查是否定期对信息系统安全情况进行评估，并提交安全评估报告。对安全评估中发现的问题，是否及时整改。

（9）检查操作系统管理，如账号及密码管理、系统访问控制等。

（10）检查数据库系统管理，如数据库用户身份认证和权限管理，数据安全、备份及恢复和性能管理等。

（11）检查网络安全管理，如是否建立健全与网络管理相关的内部控制规章制度、技术规范、操作规程等，是否制订网络访问控制措施，是否制订网络日志管理措施，网络通信系统各项文档是否完备，是否定期对网络安全进行评估。

（12）检查是否制定相关策略和流程，管理所有生产系统的活动日志（包括交易日志和系统日志）。

（13）检查交易日志和系统日志的保存期限设定是否符合要求。

（14）检查是否有系统产生的信息安全相关日志记录。

（15）检查为防范涉密信息在传输、处理、存储过程中出现泄露或被篡改的风险，是否采取加密技术。

（16）检查是否建立密码设备管理制度（包括使用符合国家要求的加密技术和加密设备，管理和使用密码设备的员工经过专业培训与严格审查，加密强度满足信息机密性的要求，制定并落实有效的管理流程，尤其是密钥和证书生命周期管理）。

（17）检查是否确保所有终端用户设备（包括台式个人计算机、便携式计算机、柜员终端）的安全，是否定期对所有设备进行安全检查。

（18）检查是否制定相关制度和流程来严格管理客户信息的采集、处理、存储、传输、分发、备份、恢复、清理和销毁。

（19）检查计算机中心是否采取物理控制措施，监控对信息处理设备运行构成威胁的环境状况，并防止因意外断电或供电干扰影响计算机中心的正常运行。

（20）检查计算机中心的安全管理，如计算机中心的选址（如是否接近自然灾害多发区、危险或有害设施、繁忙或主要公路）、基础设施建设、环境要求、安全管理、访问控制、日常维护等。

3. 信息系统安全审计案例

案例一

审计内容：

以某商业银行为例，检查是否提供必要的培训，使所有员工都了解信息安全的重要性，让员工充分了解其职责范围内的信息保护流程。

审计过程及审计发现：

经审阅被审计单位提供的信息系统安全培训材料，发现基本达到了相关要求，但不足的是，从提供的培训记录材料来看，培训的范围较小，没有使所有员工都了解信息系统安全的重要性，安全教育培训的范围应该扩大到所有员工。

案例二

审计内容：

以某商业银行为例，检查交易日志和系统日志的保存期限设定是否符合要求。

审计过程及审计发现：

经审阅被审计单位提供的《××商业银行股份有限公司信息系统管理规范》，没有发现关于交易日志和系统日志保存期限的相关规定，不符合“交易日志应按照国家会计准则要求予以保存”和“系统日志保存期限按系统的风险等级确定，但不能少于一年”的要求。

6.3.5　业务连续性管理审计

1. 业务连续性管理审计简介

业务连续性管理是为了防止业务活动中断，保护关键业务流程不受信息系统失效或自然灾害的影响，将意外事件或灾难对业务的影响降到最低水平。业务连续性管理包括识别和降低风险，制订业务连续性计划，建立应对意外事件或灾难的响应与恢复机制，测试和检查业务连续性计划的有效性与合规性，维护业务连续性计划。

其中，IT 服务连续性管理是业务连续管理的重要领域。该管理的目的是在组织通过业务影响分析、风险分析、确定业务连续管理策略后，通过有效的 IT 可用性方案、IT 响应和恢复预案的设计、培训、测试、维护等措施，确保在意外事件或灾难发生后，在最短时间内恢复业务运作所需的 IT 基础设施、信息系统和 IT 服务，最终使机构能够按照 IT 服务连续管理方案中规定的水平与恢复时间等目标对外提供服务。

业务连续性管理审计的目的就是确保被审计单位的业务连续性管理符合相关要求。

2. 业务连续性管理审计主要内容

在开展业务连续性管理审计时，审计人员可以关注以下内容。

（1）检查是否建立一个专门组织或指定一个部门负责本机构业务连续性管理工作（该组织应包含但不限于风险管理部门、业务牵头管理部门、信息科技部门或跨部门的业务连续性管理委员会）。

（2）检查是否制订规范的业务连续性计划。

（3）检查是否评估因意外事件导致其业务运行中断的可能性及其影响，这些意外事件包括内外部资源的故障或缺失（如人员、系统或其他资产）、信息丢失或受损、外部事件（如战争、地震或台风等）。

（4）检查是否能提供业务连续性管理相关规章制度、文件以及人员名单。

（5）检查业务连续性计划是否有年度应急演练。

（6）检查是否制订规范的 IT 服务连续性计划。

（7）检查是否能提供与 IT 服务连续性计划执行相关的规章制度、文件以及人员名单。

（8）检查是否能提供与 IT 服务连续性计划组织相关的会议纪要、演练记录等资料。

（9）检查业务连续性计划和年度应急演练结果是否由信息科技风险管理部门或信息科技管理委员会确认。

3. 业务连续性管理审计案例

案例一

审计内容：

以某商业银行为例，检查是否制订规范的业务连续性计划。

审计过程及审计发现：

通过访谈该银行风险管理部相关人员，了解到目前已制定了详细的业务连续性管理相关规章制度，主要有：××商业银行业务连续性管理制度、业务连续性附件（附件 1：业务影响分析模板；附件 2：业务资源分析模板；附件 3：系统资源部署；附件 4：RTO 及 RPO 分析结果；附件 5：业务连续性风险评估；附件 6：恢复策略模板；附件 7：业务连续性总体应急预案；附件 8：××业务连续应急预案；附件 9：业务连续性演练方案；附件 10：业务连续性演练报告模板）等。然而，这些材料仅仅给出了详细的业务连续性管理制度和具体的执行方案模板，并没有形成规范的业务连续性计划。

案例二

审计内容：

以某商业银行为例，检查是否能提供与 IT 服务连续性计划执行相关的规章制度、文件以及人员名单。

审计过程及审计发现：

经审阅被审计单位提供的材料发现：①“总体应急预案”（信息系统突发事件应急预案）文件中应急组织人员通信名单中联系方式不完整；②文件名单中人员信息缺少更新（部分人员已离职，但仍然在名单中）。

6.3.6　IT 外包审计

1. IT 外包审计简介

为了满足需要，一些单位除了依靠内部力量开发一些信息系统，还常常依靠外部力量开发一些信息系统，这种依靠外部力量开发信息系统的行为被称为 IT 外包。

IT 外包审计主要审计被审计单位在进行信息系统外包时是否按照风险控制的原则，合理确定外包的范围和内容，分析和评估外包风险，建立健全相关规章制度，制订风险防范措施。

2. IT 外包审计主要内容

在开展 IT 外包审计时，审计人员可以关注以下内容。

（1）检查被审计单位有没有将其 IT 管理责任外包。

（2）检查是否建立外包管理制度，明确界定允许外包的内容、范围，对外包进行监督管理。

（3）检查是否制定外包审批制度，所有 IT 外包协议应经过信息科技风险管理部门、法律部门和信息科技管理委员会的审批。

（4）检查在外包协议方面，是否与外包服务商签订书面合同，明确双方的权利、义务，并明确规定外包服务商在安全、保密、知识产权等方面的义务，外包关系受此书面合同制约。

（5）检查为保证 IT 外包过程中外包服务商的服务水平，是否与外包服务商签订服务水平协议。外包服务水平协议是否包含以下因素：提出定性和定量的绩效指标，评估外包服务商所提供服务的充分性；通过服务水平报告、定期自我评估、内部或外部独立审计进行绩效考核；针对绩效不达标的情况调整流程，采取整改措施。

（6）检查为确保客户资料等敏感信息的安全，是否采取以下安全保密措施：按照“必须知道”和“最小授权”原则对外包服务商相关人员授权；要求外包服务商保证其相关人员遵守保密规定；严格控制外包服务商再次对外转包，采取足够措施确保本单位相关信息的安全；确保在中止外包协议时收回或销毁外包服务商保存的所有客户资料。

（7）检查是否充分审查、评估外包服务商的财务稳定性和专业经验，对外包服务商进行风险评估，是否考查其设施和能力能够足以承担相应的责任。

（8）检查对于外包项目，是否建立恰当的应急措施，来应对外包服务商在服务中可能出现的重大缺失（如外包服务商的重大资源损失、重大财务损失和重要人员的变动，以及外包协议的意外终止等）。

（9）检查是否制定 IT 外包项目监督管理机制，是否对外包服务商的服务水平进行定期的评估。

（10）检查是否妥善保存 IT 外包所产生的所有文档。

3. IT 外包审计案例

案例一

审计内容：

以某商业银行为例，检查是否充分审查、评估外包服务商的财务稳定性和专业经验，对外包服务商进行风险评估，是否考查其设施和能力能够足以承担相应的责任。

审计过程及审计发现：

通过调阅被审计单位提供的“微信银行”项目相关文档，在“项目尽职调查报告”中，发现服务商在公司规模及注册资金方面较弱（技术人员 12 人、注册资本 100 万元），在“微信银行”系统方面相关的开发经验及资质等有待进一步加强。

案例二

审计内容：

以某商业银行为例，检查对于 IT 外包项目，是否建立恰当的应急措施，来应对外包服务商在服务中可能出现的重大缺失。

审计过程及审计发现：

通过审阅被审计单位提供的外包项目相关文档，发现被审计单位已建立了恰当的应急措施来应对外包服务商在服务中可能出现的重大缺失，但没有发现相关应急预案演练的记录（针对外包服务商在服务中可能出现的重大缺失），不能证明已建立的应急措施是否得到有效执行。

6.4 信息系统应用控制及审计

6.4.1 应用控制简介

1. 应用控制的概念

简单地讲，信息系统应用控制是为了适应各种数据处理的特殊控制要求，保证数据处理完整、准确地完成而建立的内部控制，它针对的是与信息系统应用相关的事务和数据，目的是确保数据的准确性、完整性、有效性、可验证性、可靠性和一致性。

具体来说，应用控制的主要目标是确保如下条件的完成。

（1）输入的数据是准确、完整、授权和正确的。

（2）数据在可接受的时间内得到预期的处理。

（3）数据存储是准确和完整的。

（4）数据输出是准确和完整的。

（5）数据在从输入到存储，再到最终输出的整个过程中是可追溯的。

2. 应用控制和一般控制的关系

某些应用控制的有效性取决于一般控制的有效性。当一般控制薄弱时，应用控制就无法真正提供合理保障。因此，良好的一般控制是应用控制的基础，可以为应用控制的有效性提供有力的保障，如果一般控制审计结果很差，应用控制审计就没有必要进行。

3. 应用控制的主要内容

根据以上分析不难发现，应用控制是对数据输入、处理和输出过程的控制。因此，应用控制主要可以分为三类：输入控制、处理控制和输出控制。

1）输入控制

输入控制用来确保每笔要被处理的事务都被准确完整地输入、处理和记录。输入控制能够保证只有有效授权的信息才被输入，且事务只被处理一次。输入控制的目的如下。

（1）保证只有经授权批准的数据才能输入信息系统。

（2）保证经批准的数据完整、准确地输入信息系统，没有丢失、遗漏，也没有增加、重复或被做了不恰当的修改。

（3）被信息系统拒绝的错误数据能正确改正后重新向系统提交。

（4）能检查数据中是否仍然存在错误。

2）处理控制

处理控制是对信息系统进行的内部数据处理活动的控制措施，一般是通过计算机程序实现自动控制的。处理控制的目的是确保应用程序处理的可靠性。

3）输出控制

输出控制用来确保数据以一致和安全的方式传递给用户，且数据要符合一定的格式。输出控制的目的如下。

（1）保证输出信息的准确性、可靠性。

（2）保证输出信息能按要求及时送到指定的人手中，而未经批准的人不能接触。

（3）对敏感的电子数据应加密以后再输出。

6.4.2 应用控制审计的基本步骤

一般来说，应用控制审计的基本步骤如图 6.4 所示。

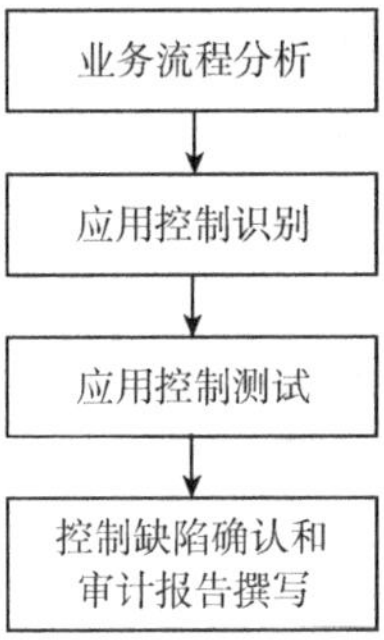

图 6.4 应用控制审计的基本步骤

1. 业务流程分析

在该步骤中，需要通过访谈和现场查看等方法了解被审计应用系统的业务流程，厘清业务流程中的信息流、资金流和文档流等。

2. 应用控制识别

在该步骤中，根据前面分析的业务流程，识别控制活动，并根据控制活动的类别，识别出应用控制或手工控制，同时确定这些应用控制的关键程度。

3. 应用控制测试

在该步骤中，根据识别的应用控制属性和控制活动描述，对其进行控制测试，如采用数据测试法，即在正常运行条件下，将测试数据输入内控流程，穿越全流程和所有关键环节，将运行结果与设计要求对比，从而发现内控流程的缺陷。

4. 控制缺陷确认和审计报告撰写

在该步骤中，对测试发现的控制缺陷进行汇总，并向被审计单位确认。在此基础上，撰写审计报告。

6.4.3 应用控制审计案例

在互联网金融时代，银行要快速应对客户使用习惯。从柜面银行，到网上银行、电话银行、手机银行、直销银行，再到微信银行，银行业的信息科技正经历快速的发展。本案例以某商业银行微信银行系统为例，来分析如何开展应用控制审计。该商业银行微信银行系统的功能结构如图 6.5 所示。

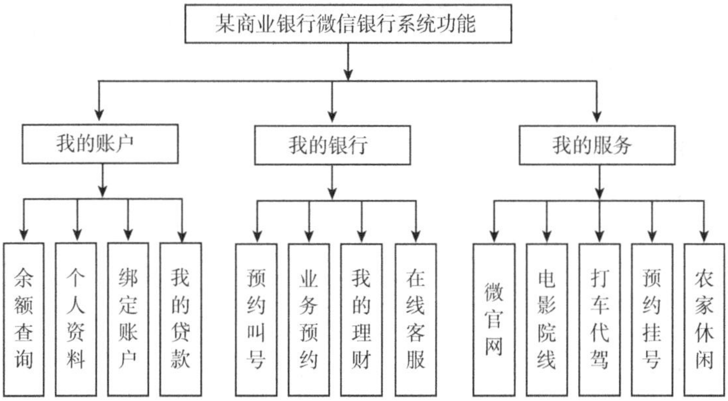

图 6.5　某商业银行微信银行系统的功能结构

以该微信银行系统中的“预约叫号”功能为例，来分析如何开展应用控制审计。

1. 业务流程分析

通过访谈和查看该微信银行系统，“预约叫号”功能的操作流程如图 6.6 所示。

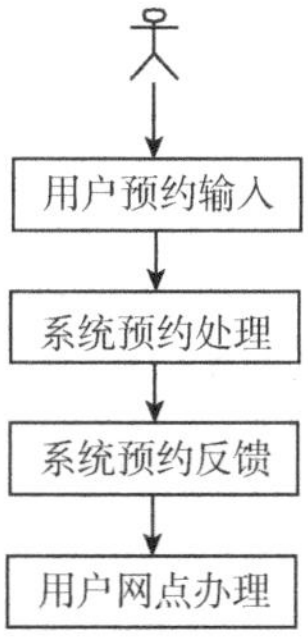

图 6.6　某商业银行微信银行系统“预约叫号”功能操作流程

2. 应用控制识别

根据上一步分析的业务流程，识别“预约叫号”的控制活动，其关键的应用控制点如下。

1）用户预约输入

是否有用户身份信息控制，是否设置了必需选项保证预约叫号关键数据的输入，是否设置了预约叫号关键数据的输入限定范围。

2）系统预约处理

“预约叫号”功能中系统能否预防重复预约取号（例如，存在同一个网点、同一个时间段、同一个手机号进行预约叫号）；是否具有同一个时间段内预约取号人数的限制功能；系统是否提供“更改预约”功能；是否具有对同一个手机号“预约叫号”申请次数的限制功能。

3）系统预约反馈

“预约叫号”成功的业务是否能给用户一个合理的短信反馈。

4）用户网点办理

“预约叫号”成功的业务是否能在网点方便、顺利地办理业务。

3. 应用控制测试

根据上一步分析的“预约叫号”流程中关键的应用控制点，主要控制活动描述及相关测试如下。

1）用户预约输入

用户预约输入控制活动描述（一）

控制活动：用户身份信息控制。

审计领域：输入控制。

控制描述：预约叫号的录入界面中用户身份信息必须输入，从而预防非法分子随意录入手机号进行预约叫号。

控制活动测试

测试步骤一：进入预约叫号的录入界面。

测试步骤二：查看“预约叫号”申请时系统是否需要用户输入身份信息。

用户预约输入控制活动描述（二）

控制活动：设置了必需选项保证预约叫号关键数据的输入。

审计领域：输入控制。

控制描述：预约叫号的录入界面中某些字段必须强制输入，某些字段可以选择性输入，从而确保关键的预约叫号信息均被录入。

控制活动测试

测试步骤一：进入预约叫号的录入界面。

测试步骤二：测试当关键的预约叫号信息未被录入时，预约叫号能否成功。

用户预约输入控制活动描述（三）

控制活动：设置了预约叫号关键数据的输入限定范围。

审计领域：输入控制

控制描述：系统可以对预约叫号录入界面中必需选项关键数据的输入范围进行限定，从而确保用户输入的关键预约叫号信息在合理的范围内。

控制活动测试

测试步骤一：进入预约叫号的录入界面。

测试步骤二：查看每个字段选择组中的字段输入范围是否符合银行的实际要求。

测试步骤三：测试当字段选择组中的字段输入范围不符合银行的实际要求时，是否仍能预约成功。

2）系统预约处理

系统预约处理控制活动描述（一）

控制活动：能预防重复预约取号（存在同一个网点、同一个时间段、同一个手机号进行预约叫号）。

审计领域：处理控制。

控制描述：系统可以对同一个网点、同一个时间段、同一个手机号的“预约叫号”申请进行限定，使申请次数不能超过 1 次，从而预防用户重复预约取号。

控制活动测试

测试步骤一：进入预约叫号的录入界面。

测试步骤二：测试当用同一个手机号选择同一个网点和同一个时间段时，是否仍能预约成功。

系统预约处理控制活动描述（二）

控制活动：具有同一个时间段内预约取号人数的限制功能。

审计领域：处理控制。

控制描述：系统可以对同一个网点、同一个时间段的“预约叫号”申请人数进行限定，使同一个时间段内预约取号人数控制在网点柜台在该时间段内能处理的能力范围内，从而保证预约取号功能的有效性。

控制活动测试

测试步骤一：通过访谈和查看相关文档，了解系统是否有预约取号人数的限制功能。

测试步骤二：若有，进入预约叫号的录入界面。

测试步骤三：根据一个网点某一时间段的处理能力，对该网点同一个时间段的预约叫号以超过处理能力的申请次数进行申请，测试是否仍能预约成功。

系统预约处理控制活动描述（三）

控制活动：提供“更改预约”功能。

审计领域：处理控制。

控制描述：对于提交成功的预约叫号申请，系统提供“更改预约”功能，即用户可以修改提交成功的预约叫号申请，也可以删除提交成功的预约叫号申请，从而保证“预约叫号”功能的合理性。

控制活动测试

测试步骤一：进入预约叫号的录入界面。

测试步骤二：检查系统是否提供“更改预约”功能，测试是否可以删除提交成功的预约叫号申请。

系统预约处理控制活动描述（四）

控制活动：具有同一个手机号的“预约叫号”申请次数的限制功能。

审计领域：处理控制。

控制描述：系统可以对同一个手机号的“预约叫号”申请次数进行限定，从而防止利用“预约叫号”功能进行骚扰行为。

控制活动测试

测试步骤一：通过访谈和查看相关文档，了解系统是否有“预约叫号”申请次数的限制功能。

测试步骤二：若有，进入预约叫号的录入界面。

测试步骤三：根据限制申请次数，用同一个手机号进行“预约叫号”，测试超过限定次数时是否仍能预约成功。

3）系统预约反馈

系统预约反馈控制活动描述

控制活动：“预约取号”成功业务的短信反馈控制。

审计领域：输出控制。

控制描述：“预约取号”成功的业务能给用户一个合理的短信反馈，从而保证用户知道“预约取号”成功。

控制活动测试

测试步骤一：选择某一“预约取号”业务。

测试步骤二：测试该“预约取号”成功的业务能否给用户一个合理的短信反馈。

4）用户网点办理

用户网点办理控制活动描述

控制活动：“预约取号”业务和网点叫号机的对接控制。

审计领域：输出控制。

控制描述：“预约取号”业务必须能和网点的叫号机方便、顺利地对接，从而保证“预约取号”成功的业务能在网点方便、顺利地办理业务。

控制活动测试

测试步骤一：选择某一“预约取号”成功的业务。

测试步骤二：到对应的网点查看“预约取号”成功的业务是否能在网点顺利办理业务。

4. 控制缺陷确认和审计报告撰写

通过以上测试，对发现的一些相关应用控制缺陷需要和被审计单位进行沟通确认。对于本实例，经被审计单位确认后，主要存在的相关应用控制缺陷如下。

1）系统“预约取号”功能输入控制存在一些问题

“预约取号”功能中，预约的范围在“9：00—23：30”，和银行的工作时间不一致，当选择下班时间进行预约取号时，系统仍然显示预约成功。经深入了解发现，“预约日期”输入框中，“预约日期”的选择范围没有做好最晚时间的设置。

2）系统“预约取号”功能处理控制存在一些问题

（1）不能预防重复预约取号（存在同一个网点、同一个时间段、同一个手机号进行预约叫号）。

（2）“预约取号”功能中，系统缺少对同一个网点、同一个时间段的“预约叫号”申请人数限定控制，不能做到使同一个时间段内预约取号人数控制在网点柜台在该时间段内能处理的能力范围内，不能保证“预约取号”功能的有效性。

（3）系统对同一个手机号只能同意预约 3 次，但系统没有提供“更改预约”功能，当用户删除一个已预约时，不能再增加一个，在功能上不够友好。

3）系统“预约取号”功能输出控制存在一些问题

“预约取号”成功的业务能给用户一个短信反馈，但短信内容没有考虑到对误发或恶意短信的友好提醒内容。

基于以上确认的问题，审计人员可以完成审计报告的撰写。

6.5　IT 治理审计

6.5.1　IT 治理审计简介

IT 治理用于描述一个单位是否采取有效的机制，使得 IT 的应用能够完成组织赋予它的使命，同时平衡信息技术与过程的风险，确保实现组织的战略目标。IT 治理是高级管理层的责任，考虑领导层、组织结构以确保业务目标和 IT 目标一致。例如，对商业银行来说，通过 IT 治理，其董事会和高级管理层应根据本银行的发展战略，运用先进管理理念加强信息科技治理，提高信息技术使用效益，推动商业银行的业务创新，增强核心竞争力和可持续发展能力。

IT 治理的主要目的如下。

（1）促进 IT 与组织战略目标融合互动。

（2）有效利用信息资源。

（3）合理管控信息化过程的风险。

（4）构建信息化可持续发展的长效机制。

IT 治理审计的主要目的就是确保被审计单位的 IT 治理符合以上相关要求。

6.5.2 IT 治理审计主要内容

在开展 IT 治理审计时，审计人员可以关注以下内容。

1. 高级管理层情况

（1）检查是否设立一个由来自高级管理层、信息科技部门和主要业务部门的代表组成的类似于信息科技管理委员会的专门机构。

（2）检查信息科技管理委员会是否定期向董事会和高级管理层汇报信息科技战略规划的执行、信息科技预算和实际支出、信息科技的总体状况。

（3）对于商业银行，检查是否向银保监会及其派出机构报送信息科技风险管理的年度报告。

2. 信息科技（或信息管理）部门情况

（1）检查是否建立与单位业务相适应的信息科技部门，负责信息科技产品的开发、外包、测试、上线和变更，负责相应信息系统的运行、维护和安全，为单位提供信息科技业务产品。

（2）检查信息科技部门是否根据工作内容，制定完整的内部工作流程和内部控制制度，建立与相关职能部门之间的协调配合机制，保证信息科技工作的有序、高效。

（3）检查为了确保单位所有员工充分理解和遵守经其批准的信息科技风险管理制度与流程，是否安排相关培训。

（4）检查是否对信息科技部门内部管理职责进行明确的界定。

（5）检查各岗位的人员是否具有相应的专业知识和技能。

（6）检查对信息科技部门内部重要岗位是否制定详细完整的工作手册。

（7）检查为了确保员工了解、遵守信息科技策略、指导原则、信息保密、授权使用信息系统、信息科技管理制度和流程等要求，是否同员工签订相关协议。

（8）检查对于关键岗位信息科技员工，当突然调离时，部门是否采取了相应的应急措施。

（9）检查是否设有信息科技突发事件应急响应小组。

（10）检查是否设立或指派一个特定部门负责信息科技风险管理工作。

3. 知识产权保护工作情况

（1）检查是否能确保购买和使用合法的软硬件产品，禁止侵权盗版。

（2）检查是否采取有效措施保护本部门所开发相关软件的自主知识产权，如外包服务协议和相关文件中是否有知识产权的保护条款。

6.5.3　IT 治理审计案例

案例一

审计内容：

对某商业银行进行 IT 治理审计，检查是否成立了信息科技管理委员会。

审计过程及审计发现：

通过访谈该商业银行科技信息部总经理周某，了解到该行成立了信息科技管理委员会。让对方进一步提供信息科技管理委员会的相关文件，主要提供的材料有：《××商业银行行长室各专门委员会工作职责》的通知、《××商业银行股份有限公司信息科技管理委员会工作规则》的通知。

经审阅以上文件，该商业银行信息科技管理委员会组成人员为：主任委员为行长、执行主任委员为分管科技信息副行长，成员为科技信息部、风险管理部、计划财务部、审计稽核部负责人。符合“设立一个由来自高级管理层、信息科技部门和主要业务部门的代表组成的专门信息科技管理委员会”，“在建立良好的公司治理的基础上进行信息科技治理，形成分工合理、职责明确、相互制衡、报告关系清晰的信息科技治理组织结构”的要求。如图 6.7 所示。

案例二

审计内容：

对某商业银行进行 IT 治理审计，检查是否能确保购买和使用合法的软硬件产品，禁止侵权盗版。

审计过程及审计发现：

经审阅被审计单位提供的文件发现，该商业银行科技信息部已制订了“正版化推进计划”，以及使用正版软件的相关措施，目前大部分软件均采用正版软件，但通过比较对方提供的文件“信息系统调查表”（该表列出了该行所使用的所有应用系统和数据库系统信息）和“软件正版化清单”，发现“信息系统调查表”中总行门禁卡权限管理系统等采用的数据库为 SQL Server 2008，而 SQL Server 2008 不在所提供的“软件正版化清单”中，这些盗版软件的使用会给该商业银行业务的运行带来很多安全隐患。

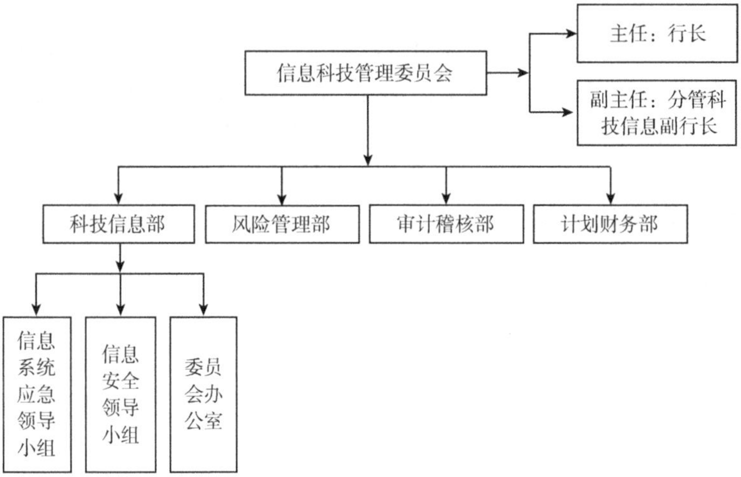

图 6.7　某商业银行信息科技管理委员会

案例三

审计内容：

对某商业银行进行 IT 治理审计，检查对信息科技部门内部重要岗位是否制定详细完整的工作手册。

审计过程及审计发现：

通过访谈和审阅被审计单位提供的相关材料发现，该商业银行科技信息部目前不能提供“信息科技部门内部重要岗位的详细完整的工作手册”方面的证明资料，只能提供一些岗位说明书，如软件研发岗岗位说明书、系统管理岗岗位说明书、网络管理岗岗位说明书、数据库管理岗岗位说明书、安全生产管理岗岗位说明书，这说明该商业银行科技信息部目前在这方面的工作尚不足。

6.6　信息系统审计准则与规范

6.6.1　信息系统审计准则与规范概述

审计准则与规范是审计人员开展审计工作时必须遵循的行为规范与要求，是审计人员执行审计业务，获取审计证据，形成审计结论，出具审计报告的专业标准。为了满足信息系统审计的需要，国内外制定了一系列信息系统审计准则与规范，本节对国内外制定的主要信息系统审计准则与规范进行简单介绍，从而为开展信息系统审计提供参考依据。

6.6.2　主要信息系统审计准则与规范简介

1. SOX 法案

SOX 法案（萨班斯法案）又被称为萨班斯-奥克斯利法案。2002 年，美国爆发了一系列财务和管理丑闻，如安然（美国最大的能源公司）和世通（世界通信公司）事件，这些丑闻严重破坏了美国金融证券制度，彻底打击了投资者对美国资本市场的信心。为了扭转这一局面，美国国会通过了《2002 年公众公司会计改革和投资者保护法案》。该法案由美国参议院银行委员会主席萨班斯（Paul Sarbanes）和众议院金融服务委员会主席奥克斯利（Mike Oxley）联合提出，又被称作《2002 年萨班斯-奥克斯利法案》（*Sarbanes-Oxley Act* 2002，简称“SOX 法案”）。该法案对美国《1933 年证券法》《1934 年证券交易法》做出大幅修订，在公司治理、会计职业监管、证券市场监管等方面做出了许多新的规定。2002 年 7 月，美国总统布什将此法案签署为法律。

SOX 法案共分 11 章。其中，第 1 章至第 6 章主要涉及对会计职业及公司行为的监管，第 8 章至第 11 章主要是提高对公司高管及白领犯罪的刑事责任。

SOX 法案第 404 条款的合规性实践，展示了改善 IT 治理和判断 IT 治理成效的一种有效方法。虽然 SOX 法案第 404 条款合规性的要求有其特有的局限性，因为其主要关注的是和财务报告相关的信息系统，但是由此产生的方法论和合规性实践对 IT 治理的理论发展与实践很有借鉴意义。

SOX 法案第 404 条款要求的 IT 一般性控制的合规性实践一般采用的方法如下。

（1）首先进行 IT 一般性控制的现状分析，然后参照 COBIT 的要求建立公司的 IT 控制目标以便进行差距分析，并在此基础上找出和确定能涵盖这些控制目标的 IT 一般性控制的关键控制点。

（2）每个关键控制点的控制活动都被清晰地描述和文档化，同时这些控制活动还必须具备可操作性和可检验性，最终形成所谓的 IT 控制矩阵（IT control matrix）。

（3）相关公司必须完成一整套与 IT 控制相关的文档，即所谓的 SOX 法案合规性文档，如 IT 政策、IT 控制矩阵、IT 控制活动描述、IT 控制的测试方法等。

（4）通过细致扎实的工作落实已被确定的 IT 控制点，从而使 IT 控制得到贯彻实施。

根据SOX法案第404条款的要求，管理层必须每年对这些控制点进行测试和评估，对测试得出的控制缺陷，则需要增设补救和改进措施，并再次测试。如果在规定的期限内，控制缺陷还是不能得到改正，外部审计人员将根据情况，针对控制缺陷和程度发表审计意见。

2. COSO内部控制框架

COSO内部控制框架实际上是COSO组织在1992年9月发布的一份报告，报告的正式名称是“内部控制——完整框架”。它是美国审计行业最广泛接受并使用的内部控制框架，包括政府审计和会计师事务所的审计都以COSO作为检查组织内部控制的标准框架。作为全球最具影响力的内部控制标准，COSO内部控制框架得到了世界许多国家的一致认可和广泛借鉴。2013年5月，COSO发布了更新后的《内部控制——整合框架》，受到国际内部控制理论界和实务界的广泛关注。2016年10月，COSO发布2016年版《全面风险管理框架的修订版》（征求意见稿）。

尽管COSO框架并不是信息技术方面的内部控制框架，但是由于它在审计领域的重要性，几乎所有信息系统审计的框架和指南都会考虑吸取它的主要思想作为内部控制的考虑出发点。特别是2002年《萨班斯-奥克斯利法案》颁布后，美国证券交易管理委员会把COSO框架作为组织加强内部控制的唯一参考框架，更进一步提升了COSO框架的重要地位。许多组织为了达到SOX法案对内部控制和信息真实性的要求，纷纷对信息系统进行控制评估和风险测试，开发了各种信息技术控制框架以符合COSO提出的要求，从而把信息技术的一般控制和应用控制方法与COSO框架结合起来。

3. COBIT

COBIT（信息及相关技术控制目标）是由国际信息系统审计与控制协会在1996年所公布的控制框架，分别在1998年、2000年、2005年、2012年进行了修订，目前的版本是COBIT 5.0。

COBIT主要目的是研究、发展、宣传权威的、最新的国际化的公认信息技术控制目标以供企业经理、IT专业人员和审计专业人员日常使用。COBIT框架包括34个IT的流程、4个领域，即PO（计划与组织）、AI（获取与实施）、DS（交付与支持）和ME（监控与评估）。

2005年，ISACA第三次修订了COBIT 4.0，它与COSO和SOX紧密结合，将IT治理和IT控制纳入组织治理与组织内部控制范畴，该框架的颁布，加速了信息系统审计与内部管理审计的结合。

SOX、COSO、COBIT三者之间的关系如图6.8所示。

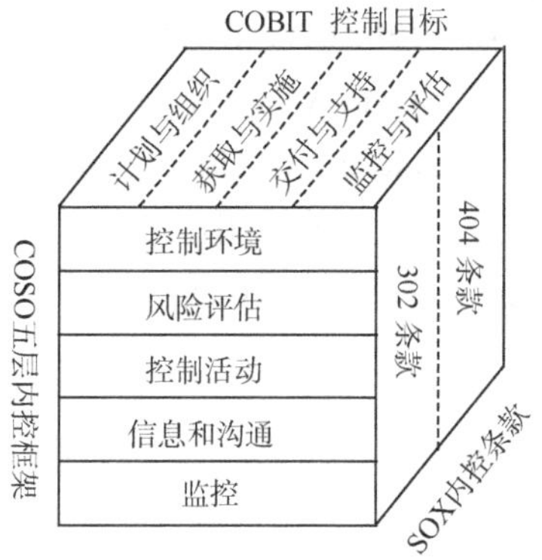

图 6.8　SOX、COSO、COBIT 三者之间的关系

4. GTAG

国际内部审计师协会对信息系统审计的相关内容进行了研究，发布了 GTAG，包括如下版本。

GTAG 1：信息技术风险和控制（Information Technology Risk and Controls，2012 年第 2 版）

GTAG 2：信息变更和补丁管理控制（Change and Patch Management Controls: Critical for Organizational Success，2005 年第 1 版，2012 年第 2 版）

GTAG 3：持续审计（Continuous Auditing：Implications for Assurance，Monitoring，and Risk Assessment，2005 年第 1 版，2015 年第 2 版）

GTAG 4：IT 审计管理（Management of IT Auditing，2006 年）

GTAG 5：隐私风险审计（Auditing Privacy Risks，2012 年第 2 版）

GTAG 6：IT 漏洞管理和审计（Managing and Auditing IT Vulnerabilities，2006 年）

GTAG 7：信息技术外包（Information Technology Outsourcing，2012 年第 2 版）

GTAG 8：应用控制审计（Auditing Application Controls，2007 年）

GTAG 9：身份和访问管理（Identity and Access Management，2007 年）

GTAG 10：业务连续性管理（Business Continuity Management，2008 年）

GTAG 11：制订 IT 审计计划（Developing the IT Audit Plan，2008 年）

GTAG 12：审计 IT 项目（Auditing IT Projects，2009 年）

GTAG 13：自动化环境下的舞弊防范和检查（Fraud Prevention and Detection in an Automated World，2009 年）

GTAG 14：审计用户开发的应用系统（Auditing User-developed Applications，2010 年）

GTAG 15：信息安全治理（Information Security Governance，2010 年）

GTAG 16：数据分析技术（Data Analysis Technologies，2011 年）

GTAG 17：IT 治理审计（Auditing IT Governance，2012 年）

另外，针对大数据在审计领域中的应用，GTAG2017 年还发布了“理解与审计大数据”（Understanding and Auditing Big Data）。

6.7 本章小结

信息系统审计是审计信息化的一项重要内容，本章根据信息系统审计的应用现状，从一般控制（信息系统开发、测试和维护，信息系统运行管理，信息系统安全，业务连续性管理，IT 外包等）和应用控制两个方面出发，分析了信息系统审计的相关理论以及如何开展信息系统审计，并结合某商业银行信息科技审计项目，给出了信息系统审计的相关案例。此外，本章还对主要的信息系统审计准则与规范进行了简要介绍。本章的内容为下一章研究大数据环境下的信息系统审计打下了基础。通过本章的内容，可以快速掌握信息系统审计的基本理论与应用，从而为今后研究与应用信息系统审计理论与方法打下基础。

第7章　大数据环境下的信息系统审计研究与应用

7.1　引　　言

如前文所述，信息系统审计是目前审计信息化的一项重要工作，大数据环境同样对信息系统审计产生了影响。因此，大数据环境下如何开展信息系统审计成为一个重要问题。本章结合大数据和信息系统审计的研究与应用现状，研究大数据环境下的信息系统审计问题。

7.2　大数据环境下信息系统审计的主要变化

1. 大数据环境对信息系统审计的需求越来越强

随着大数据环境的发展，信息系统中的数据量越来越大，数据的存储方式也不断变化，数据的安全性越来越重要。因此，大数据环境对信息系统审计的需求越来越强。

2. 大数据环境对信息系统审计的技术要求越来越高

随着大数据环境的发展，被审计单位信息化程度越来越高，信息化应用范围越来越广，对信息化的依赖程度越来越高，使用的应用系统也越来越多，业务系统也越来越复杂。因此，大数据环境对信息系统审计的技术要求越来越高。

3. 大数据环境下信息系统审计方法需要不断创新

大数据环境下，除了目前常用的信息系统审计方法，如访谈、现场观察、文档查看、抽样、穿行测试等，还可以探索如何采用大数据的相关技术开展信息系统审计。

7.3　基于大数据技术的信息系统用户及权限管理审计方法

7.3.1　用户及权限管理审计简介

如前文所述，信息系统运行管理审计是信息系统审计的一项重要内容。信息系统运行管理主要是对上线系统的日常运行进行管理。信息系统的日常运行要与信息系统开发和维护分离，确保一个单位信息科技部门内部的岗位制约。其中，用户及权限管理是信息系统运行管理中的一项重要内容，它要求应保证只有经授权的用户才能访问，防止非授权访问。因此，在开展信息系统运行管理审计时，审计人员需要检查业务系统是否能保证只有经授权的用户才能访问，能否防止非授权访问。本节以用户及权限管理审计为例，分析大数据环境下如何开展信息系统审计。

传统环境下，被审计单位信息化程度低，应用系统较少，操作用户较少，因此，对于用户及权限管理审计只需要做简单的访谈或现场查看一下被审计单位的应用系统即可。但目前大数据环境下，被审计单位信息化程度高，应用系统较多，一些单位应用系统多达几百个，甚至上千个。另外，操作用户较多。因此，用户及权限管理是一个重要挑战。特别是对一些员工流动（离职或单位内部岗位调整等）比较频繁的单位，这种问题更为严重。

7.3.2 用户及权限管理审计的数据来源

大数据环境下，对于复杂信息系统的用户及权限管理审计需要全方位分析相关数据，一般可以对以下数据进行分析。

1. 数据库中的操作用户信息数据

从被审计单位信息管理部门采集相关操作用户信息数据，通过该数据，可以掌握目前被审计单位所有应用系统中的操作用户情况，如用户状态、用户相关信息等。

2. 人力资源部门数据

从被审计单位人力资源部门采集相关员工信息数据，通过该数据，可以掌握目前被审计单位所有员工变化情况，如用户离职或单位内部岗位调整等信息。

3. 系统操作日志数据

从被审计单位信息管理部门采集相关应用系统操作日志数据，通过该数据，可以掌握目前被审计单位所有应用系统中的员工在该应用系统中的相关操作信息。

4. 被审计单位内部非结构化数据

除了以上结构化数据之外，还可以从被审计单位采集被审计单位的部门年度工作总结、风险分析报告、信息系统的相关审计报告等相关非结构化数据。通过这些文本数据，可以了解目前被审计单位应用系统曾经发生过哪些风险，便于审计人员辅助判断应用系统的用户及权限管理问题。

5. 被审计单位外部数据

除了通过以上方法获得被审计单位内部的数据之外，审计人员还可以通过一些大数据工具抓取相关网上公开数据，或者通过一些大数据工具自动搜索网上关于被审计单位的一些公开报道的风险信息，这些外部数据便于审计人员辅助判断被审计单位在应用系统用户及权限管理方面存在的风险情况。

7.3.3　用户及权限管理审计的数据分析方法

大数据环境下，为了开展用户及权限管理审计，对于获得的以上数据可以采用以下审计技术方法进行分析。

1. 大数据多数据源综合分析技术

大数据环境下，审计人员可以采用大数据多数据源综合分析技术，通过比较数据库中的操作用户数据和人力资源数据，查找离职员工账号仍然正常或员工单位内部岗位调整的相关信息，并可以通过比较离职或单位内部岗位调整员工信息和应用系统操作日志数据，分析这些员工在应用系统中的相关操作信息。

2. 审计软件中的数值分析（重号分析）方法

数值分析是根据被审计数据记录中某一字段具体的数据值的分布情况、出现频率等指标，对该字段进行分析，从而发现审计线索的一种审计数据分析方法。这种方法是从“微观”的角度对电子数据进行分析，审计人员在使用时不用考虑具体的被审计对象和业务。在完成数值分析之后，针对分析出的可疑数据，再结合具体的业务进行审计判断，从而发现审计线索，获得审计证据。相对于其他方法，这种审计数据分析方法易于发现被审计数据中的隐藏信息。常用的数值分析方法主要有重号分析、断号分析和 Benford 定律分析。其中，重号分析用来查找被审计数据某个字段（或某些字段）中重复的数据。

通过数值分析（重号分析）方法，审计人员可以查找被审计系统中用户的账号是否重复。

3. 文本文件可视化分析方法

大数据环境下，审计人员可以借助大数据可视化分析工具，分析被审计单位的相关会议纪要、部门年度工作总结、风险分析报告、信息系统的相关审计报告等非结构化数据，查找风险，发现用户权限管理方面的问题。另外，审计人员可以借助大数据可视化分析工具，分析不同部门人员的离职、内部调动频率，从而为用户及权限管理审计提供决策依据。

4. 被审计单位外部数据分析

在必要的情况下，审计人员可以借助数据库工具、审计软件、大数据可视化分析工具、文本分析软件等对采集来的被审计单位外部数据进行分析，便于辅助判断应用系统的用户及权限管理问题。

7.3.4 用户及权限管理审计方法原理

根据对被审计单位的调查，在访谈和现场观察等基础上，采集被审计单位的员工变动信息、全单位操作用户信息、用户操作日志等结构化数据，以及相关会议纪要、部门年度工作总结、风险分析报告、信息系统的相关审计报告等非结构化数据；在审计大数据集成和预处理的基础上，基于“总体分析，分散核查”的审计思路，采用大数据可视化分析工具对相关数据进行分析，审计人员通过对可视化的分析结果进行观察，快速从被审计大数据信息中发现异常数据，获得审计线索。另外，审计人员可以根据需要，对异常数据做细化分析，从不同的方面获得对被审计数据的理解，从而全面地分析被审计数据。在可视化分析结果的基础上，审计人员可以借助SQL查询方法和审计软件对被审计数据进行建模与分析，进一步获得相关证据。在此基础上，通过对这些结果数据做进一步的延伸审计和审计事实确认，最终获得审计证据。

综上分析，基于大数据技术的信息系统用户及权限管理审计方法的原理如图7.1所示。

7.3.5 大数据环境下用户及权限管理审计方法应用案例及分析

基于大数据技术的信息系统用户及权限管理审计的关键过程环节分析如下。

1. 相关文本数据可视化分析

为了便于审计人员从总体上把握被审计大数据情况，快速发现可疑数据，提高审计效率，实现“总体分析，分散核查”的审计方式，采集相关文本数据，如被审计单位的相关会议纪要、部门年度工作总结、风险分析报告、信息系统的相关审计报告等，以及从网上采集来的被审计单位相关风险信息，采用大数据可视化分析工具对其进行分析，其结果示例如图 7.2 所示。

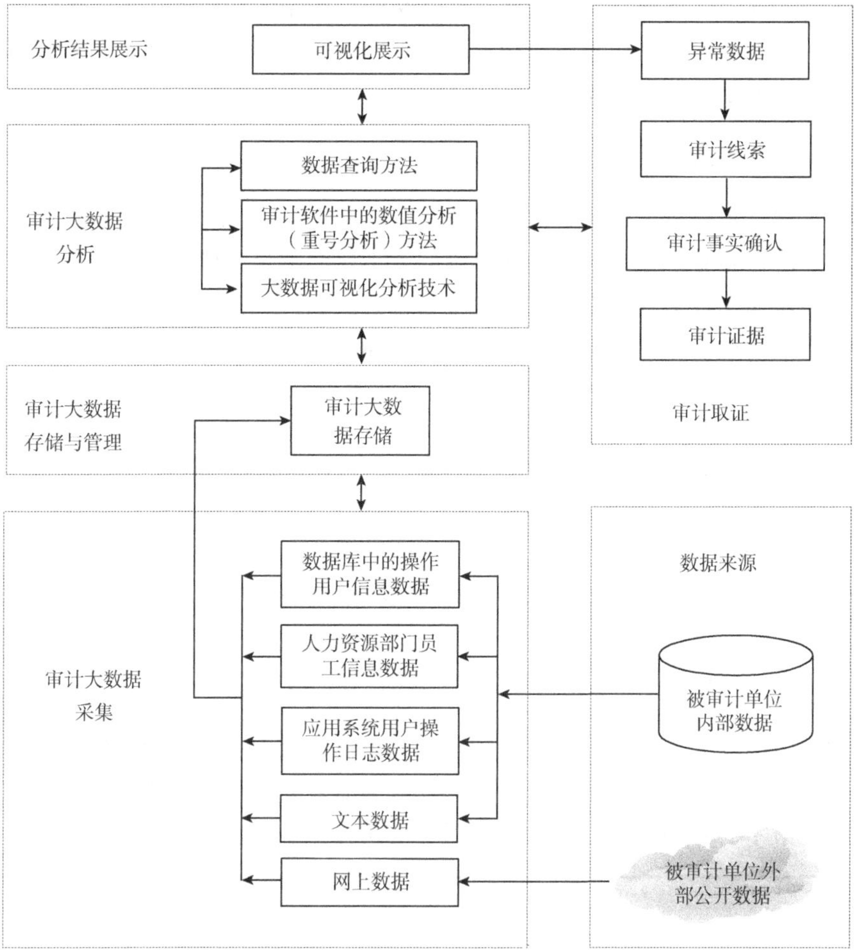

图 7.1　基于大数据技术的信息系统用户及权限管理审计方法原理

图 7.2　相关文本数据可视化分析结果示例

由图 7.2 可以发现，被审计单位的信息系统在密码、权限、账号等管理上一直受到相关部门的重视。另外，通过查阅从网上采集来的被审计单位相关风险信息发现，被审计单位存在多次被相关监管部门通告的情况，因此，信息系统的用户和权限管理存在一定的风险。

2. 结构化数据分析

为了进一步分析被审计单位那些离职、内部调动人员的权限和用户管理是否存在风险，需要对采集来的被审计单位的人力资源部员工信息、全单位操作用户信息、用户操作日志等结构化数据进行分析。例如，分析该数据中“离职人员用户权限尚未消户情况”方面的数据，相应的 SQL 语句分别如下。

```
    SELECT  *
    FROM 所有操作用户信息 a，员工离职和内部调动名单表 b
    WHERE to_number(trim(a.operator_card))=to_number(trim
(b.operator_card))
    and a.oper_status!='2'—状态 2 表示账号冻结
    and a.oper_status='0' —状态 0 表示账号正常
    and a.operator name=b.operator name;
```

由于数据量大，可以把采集来的被审计单位的人力资源部员工信息、全单位操作用户信息、用户操作日志等结构化数据全部采集到 Oracle 数据库中，并借助 Oracle 数据库中的 PL/SQL Developer 进行分析，结果示例如图 7.3 所示。

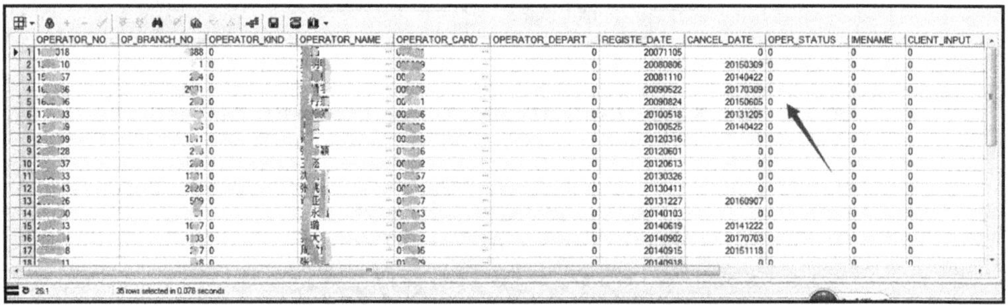

图 7.3 “离职人员用户权限尚未消户情况”数据分析结果示例

由图 7.3 可以发现，被审计单位存在 35 名离职员工的账号及权限尚未中止的情况。为进一步确认这些尚未中止的账号是否仍在使用，考虑到数据量大，仍借助 Oracle 数据库中的 PL/SQL Developer 分别分析这些离职但权限尚未消户人员的“用户操作日志”信息，并把以上日志导出，其中某一员工的“用户操作日志”信息如图 7.4 所示。结合采集来的被审计单位的人力资源部员工信息，通过对比该员工的离职时间，发现该员工离职后账号仍在使用［图 7.4 中从箭头指向位置起，字体颜色较浅的“用户操作日志”信息为离职后账号仍在使用的日志信息］。同理可分析其他离职但权限尚未消户员工的“用户操作日志”信息。

	O	P	Q	R	S	T	U	V	W	X	Y	Z	AA	AB
1	FUND_AC	TRADE	OCCUR_AMC	MONEY_TYF	OCCUR_BAL	JOIN_DATE	JOIN_SERI	OP_REMARK	POSITION	RECEIPT_F	AUDIT_FLA	AUDIT_OPE	AUDIT_DAT	AUDIT_TIME
4062			0.00		0.00	0	0	用户登录认证	20160809	0	0		0	0
4063			0.00		0.00	0	0	用户密码校验：user_id = '1[illegible]3' , fund_	20160809	0	0		0	0
4064			0.00		0.00	0	0	增加用户在线信息：userid = '[illegible]' , op	20160809	0	0		0	0
4065			0.00		0.00	0	0	用户登录：operator_no = '1[illegible]' , op_s	20160809	0	0		0	0
4066			0.00		0.00	0	0	用户退出:operator_no = '1[illegible]', user_	20160921	0	0		0	0
4067			0.00		0.00	0	0	用户登录认证	20160921	0	0		0	0
4068			0.00		0.00	0	0	用户密码校验：user_id = '1[illegible]8' , fund_	20160921	0	0		0	0
4069			0.00		0.00	0	0	增加用户在线信息：userid = '1[illegible]8' , op	20160921	0	0		0	0
4070			0.00		0.00	0	0	用户登录：operator_no = '1[illegible]8' , op_s	20160921	0	0		0	0
4071			0.00		0.00	0	0	用户退出:operator_no = '1[illegible]8', user_	20160907	0	0		0	0
4072			0.00		0.00	0	0	用户登录认证	20160907	0	0		0	0
4073			0.00		0.00	0	0	用户密码校验：user_id = '1[illegible]8' , fund_	20160907	0	0		0	0
4074			0.00		0.00	0	0	修改用户在线信息：userid = '1[illegible]8' , op	20160907	0	0		0	0
4075			0.00		0.00	0	0	用户登录：operator_no = '1[illegible]3' , op_s	20160907	0	0		0	0
4076			0.00		0.00	0	0	用户退出:operator_no = '1[illegible]8', user_	20161010	0	0		0	0
4077			0.00		0.00	0	0	用户信息校验	20161124	0	0		0	0
4078			0.00		0.00	0	0	用户密码校验：user_id = '1[illegible]3' , fund_	20161124	0	0		0	0
4079			0.00		0.00	0	0	用户密码校验：user_id = '1[illegible]8' , fund_	20161124	0	0		0	0
4080			0.00		0.00	0	0	用户登录认证	20161124	0	0		0	0
4081			0.00		0.00	0	0	用户密码校验：user_id = '1[illegible]8' , fund_	20161124	0	0		0	0
4082			0.00		0.00	0	0	增加用户在线信息：userid = '1[illegible]8' , op	20161124	0	0		0	0
4083			0.00		0.00	0	0	用户登录：operator_no = '1[illegible]8' , op_s	20161124	0	0		0	0
4084			0.00		0.00	0	0	用户登录认证	20161124	0	0		0	0
4085			0.00		0.00	0	0	用户密码校验：user_id = '1[illegible]8' , fund_	20161124	0	0		0	0
4086			0.00		0.00	0	0	修改用户在线信息：userid = '1[illegible]8' , op	20161124	0	0		0	0
4087			0.00		0.00	0	0	用户登录：operator_no = '1[illegible]8' , op_s	20161124	0	0		0	0
4088			0.00		0.00	0	0	用户退出:operator_no = '1[illegible]8', user_	20161124	0	0		0	0
4089			0.00		0.00	0	0	用户退出:operator_no = '1[illegible]8', user_	20161124	0	0		0	0

图 7.4　“离职人员操作日志”数据分析结果示例

根据以上分析结果发现，被审计单位存在 33 名离职员工的账号仍在使用的情况。经向被审计单位延伸取证，最终确认除了 1 名人员为姓名重复，2 名人员为离职后又复职外，其余 30 名离职员工的账号仍在正常使用。通过以上过程，不难看出，被审计单位对于离职员工在应用系统中的权限管理缺少有效的控制，给被审计单位信息系统的运行管理造成严重的风险隐患。

同理，审计人员可以分析“内部调动人员的用户权限尚未调整情况”。

3. 审计软件重号分析

为了进一步确认被审计单位的员工是否存在一人拥有多个账号的情况，采用自主研发的易智通审计软件（电子数据审计模拟实验室软件）对采集来的全单位操作用户信息数据进行分析，结果示例如图 7.5 所示。

由图 7.5 可以发现，被审计单位有 664 名员工有多个用户账号，且账号均能正常使用。经向被审计单位延伸取证，最终确认除了 128 名员工的多个用户账号需要保留外，其他 536 名员工的多个用户账号需要修改。不难看出，多名员工有多个均能正常使用的用户账号的情况对被审计单位信息系统的运行管理造成潜在的风险隐患。

4. 离职、内部调动人员部门分布情况可视化分析

一般来说，人员变动频率比较高的部门在用户和权限管理方面容易出现问

题，需要审计人员重点关注。为了进一步分析哪些部门人员变动频率比较高，可以采用大数据可视化分析工具对采集来的离职、内部调动人员数据进行综合分析，结果示例如图 7.6 所示。

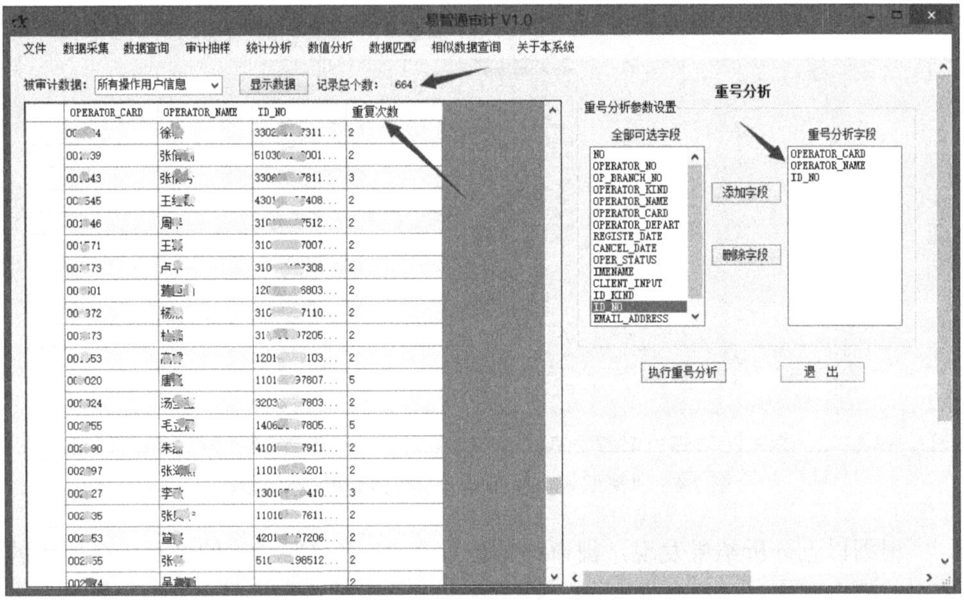

图 7.5　操作用户信息数据重号分析结果示例

图 7.6　离职、内部调动人员部门分布情况可视化分析结果示例

图 7.6 的分析结果表明，该被审计单位在营业部、信息技术中心、分公司等部门工作的员工离职和内部调动情况频率较高，建议该被审计单位今后注重对这些部门用户和权限的管理。

7.3.6　小结

本节首先分析了大数据环境下开展信息系统审计的原理及方法；在此基础上，

以应用系统用户及权限管理审计为例，分析大数据环境下如何开展信息系统审计，并采用数据库工具、大数据可视化分析工具、自主研发的审计软件等分析了如何实施用户及权限管理审计，进而证明本节研究的可行性和有效性。本节研究的方法已应用于某大型审计项目之中，取得了良好的效果。

7.4　大数据环境下基于自然语言处理的 IT 治理审计方法

信息系统审计是目前审计信息化的一项重要工作，大数据环境同样对信息系统审计产生了影响。由于目前被审计单位信息化程度高，信息系统复杂，需要采集和审计的各类数据较多，且不仅是数据库中的电子数据，还包括一些政策文件、项目信息、会议记录、会议决议、办公会通知、办公文件，以及一些内部控制手册、信息系统使用手册等非结构化材料。因此，如何对文本格式的非结构化数据进行分析是开展大数据审计的一项重要内容。

因此，大数据环境下如何开展信息系统审计成为一个重要问题。IT 治理审计是目前信息系统审计领域研究与应用的一个重点，本节中，作者结合目前大数据审计和信息系统审计的研究与应用现状，以 IT 治理审计为例，研究大数据环境下的信息系统审计问题。

7.4.1　大数据环境下 IT 治理审计的数据来源

1. 被审计单位主要内部数据

大数据环境为 IT 治理审计提供了全方位分析的相关数据，审计人员可以从被审计单位采集被审计单位的相关业务介绍、部门年度工作总结、风险分析报告、审计报告等相关文本数据，通过这些文本数据，审计人员可以了解目前被审计单位的相关业务情况、相关风险等，便于审计人员开展相关审计工作。

（1）风险分析报告。通过分析被审计单位的相关风险分析报告等文本数据，如被审计单位的“公司交易系统故障事件总结报告”等，审计人员可以判断该单位的信息系统建设、运行等工作中是否发生过相关风险。

（2）业务办公会会议纪要。通过分析被审计单位的业务办公会会议纪要等文本数据，审计人员可以判断该单位的会议纪要中都关注哪些问题，是否重视信息系统建设、运行以及风险管理等方面的工作。

（3）相关 IT 治理管理制度。通过分析被审计单位的相关 IT 治理管理制度等文本数据，审计人员可以判断该单位是否有相关 IT 治理管理制度，以及相关 IT 治理管理制度的内容是否合理等。

2. 被审计单位主要外部数据

（1）相关监管部门网站警示函数据。通过分析从外部相关监管部门网站上采集来的相关文本数据，如监管部门出具的相关警示函等，审计人员可以判断被审计单位是否存在信息系统建设、运行等方面的风险。

（2）其他网站上公开的信息安全事件的新闻报道数据。通过分析从外部其他相关网站上公开数据源采集来的相关文本数据，如相关网站关于被审计单位的相关信息安全事件的新闻报道等，审计人员可以判断被审计单位是否存在信息系统建设、运行等方面的风险。

7.4.2　基于自然语言处理技术的 IT 治理审计方法原理

为了便于审计人员从总体上把握被审计单位的信息系统风险等情况，快速发现可疑问题，提高审计效率，实现“总体分析，分散核查”的审计方式，基于自然语言处理技术的 IT 治理审计方法原理可概述为：根据对被审计单位的调查，在访谈和现场观察等基础上，采集被审计单位的内外 IT 治理相关信息，包括业务办公会会议纪要、风险报告、审计报告、相关 IT 治理管理制度等非结构化数据，以及从外部相关监管部门网站或其他网站上公开数据源采集来的相关文本数据等非结构化数据，如监管部门出具的相关警示函等。然后，在审计大数据预处理的基础上，基于“总体分析、发现疑点、分散核查、系统研究”的审计思路，采用自然语言处理技术实现标签云分析，并对警示函、业务办公会会议纪要等相关非结构化数据进行建模和总体分析，审计人员结合自己的审计背景知识，通过对可视化结果进行分析和观察，快速从被审计大数据信息中检查是否存在信息系统风险情况，发现异常数据，获得审计线索。在此基础上，对相关 IT 治理管理制度等非结构化数据进行相似度分析，检查被审计单位的相关制度是否随着机构变更而更新。通过对这些异常数据做进一步的延伸审计和事实确认，发现被审计单位 IT 治理方面的风险线索，最终获得审计证据。综上分析，基于自然语言处理技术的 IT 治理审计方法原理如图 7.7 所示。

7.4.3　基于自然语言处理技术的 IT 治理审计方法应用案例及分析

1. 案例背景

为了全面防范化解金融风险，目前在金融审计中需要关注被审计金融机构的重大风险隐患情况，如以下两个方面。

（1）各业务板块存在的风险隐患。主要包括金融类企业不良资产状况和化解处置情况以及互联网金融等创新业务中存在的风险隐患；非金融类企业在经营过程中存在的投资、运营、财务、创新等风险隐患。

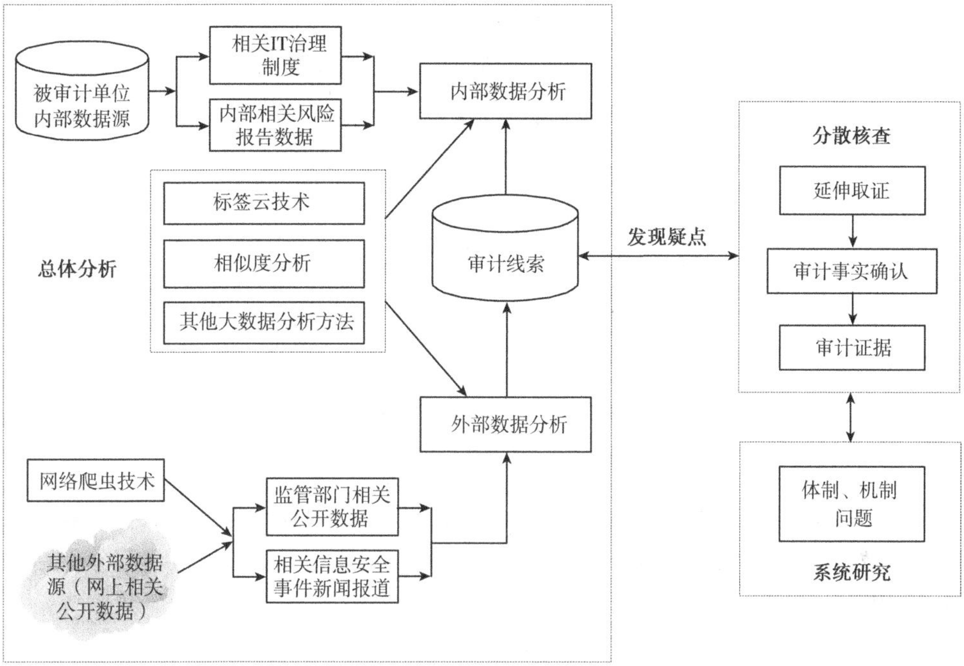

图 7.7　基于自然语言处理技术的 IT 治理审计方法原理

（2）信息系统建设、运行管理中存在的风险隐患。主要包括信息系统的安全性、有效性、经济性等，揭示信息系统管理和运行中的风险隐患。

根据前文对基于自然语言处理技术的 IT 治理审计方法原理的分析，本案例以某商业银行审计为背景，以 IT 治理审计为例，探究该商业银行目前的信息科技运行与风险情况（注：本案例中相关数据已经过脱密处理）。

2. 文本数据总体分析

1）通过外部公共数据分析获得相关审计线索

为了发现相关信息系统建设与运行风险，审计人员首先可以采用网络爬虫技术获得相关监管部门网站或其他网站上的相关信息，如监管部门出具的相关警示函等，或者通过一些大数据工具自动搜索网上关于被审计单位一些公开报道的风险信息等。在此基础上，采用标签云技术等进行综合分析，审计人员借助分析结果，辅助判断被审计单位的相关 IT 治理情况，其分析结果示例如图 7.8 所示。

由图 7.8 可以发现，该被审计单位存在一些信息科技风险，表明在 IT 治理方面存在一定的不足。

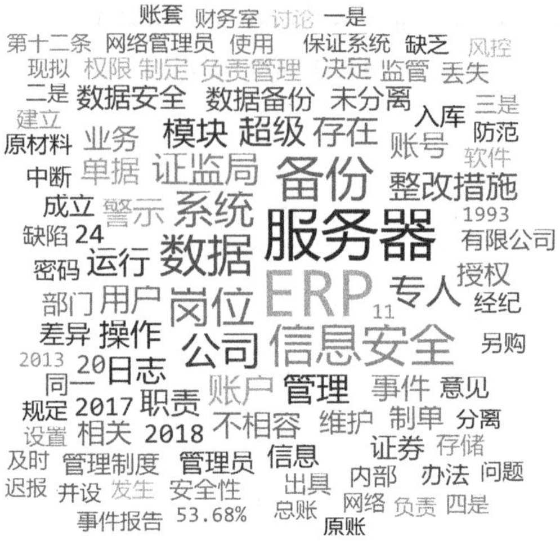

图 7.8　外部相关警示函数据标签云分析结果示例

2）通过内部相关数据分析获得相关审计线索

审计人员通过采集被审计单位的“公司交易系统故障事件总结报告”等文本数据，然后采用标签云技术进行综合分析，从而发现相关审计线索，其分析结果示例如图 7.9 所示。

图 7.9　公司内部相关交易系统故障事件总结报告标签云分析结果示例

由图 7.9 可以发现，该被审计单位存在一些信息科技风险，表明 IT 治理水平存在一定的不足。

3）相关办公会会议纪要等文本数据分析

通过前两部分的分析，审计人员可以推断被审计单位的信息系统存在部分风险，但尚不能确定是哪一方面的风险。

为了做进一步的分析，通过采集被审计单位的“业务办公会会议纪要”等文本数据，然后采用标签云技术对“业务办公会会议纪要”相关会议主题进行综合分析，其分析结果示例如图 7.10 所示。由图 7.10 可以发现，该被审计单位的业务办公会大多和信息系统无关，表明该公司在 IT 治理方面不重视，信息技术委员会方面的会议议题很少。

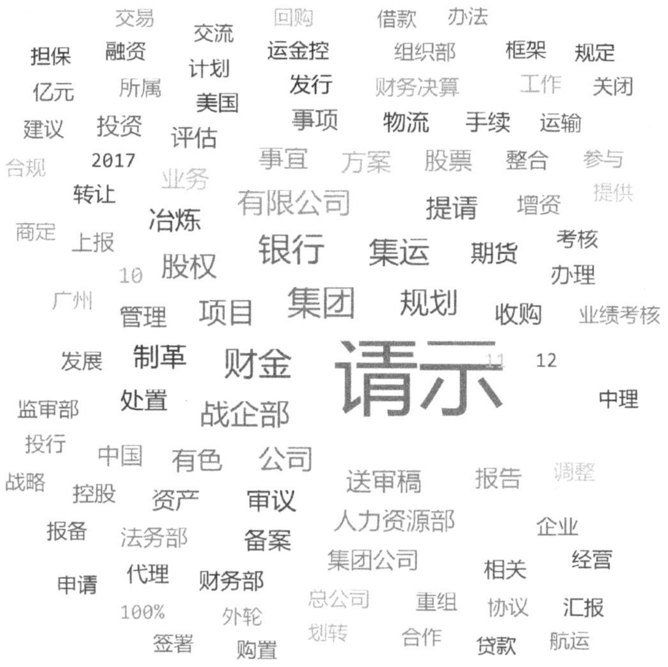

图 7.10　近 5 年业务办公会议题标签云分析结果示例

4）相关 IT 治理管理办法内容分析

由前文发现该被审计单位在 IT 治理方面不重视，向被审计单位调取相关 IT 治理管理办法，发现尽管该被审计单位为了提高 IT 治理水平，成立了相关机构信息技术委员会，但自成立以来，由于该被审计单位对 IT 治理不重视，没有定期召开相关会议，信息技术委员会效果和作用不明显，该信息技术委员会的功能由业务办公会顺便执行，即被审计单位的 IT 治理机构发生了变化。为了了解 IT 治理机构变更后相关管理制度是否进行了同步更新，可以采用文本相似分析技术综合分析信息技术委员会的《公司信息技术委员会章程》和变更后的公司办公会的《公司信息技术委员会章程》等文本数据，其分析过程和结果示例如图 7.11 所示。

由图 7.11 的分析结果发现，二者的内容相似度为 0.9935127，相似度极高，也就是说，尽管被审计单位的 IT 治理机构发生了变化，但该被审计单位的信息技术委员会章程基本没有变化，值得审计人员进一步关注。

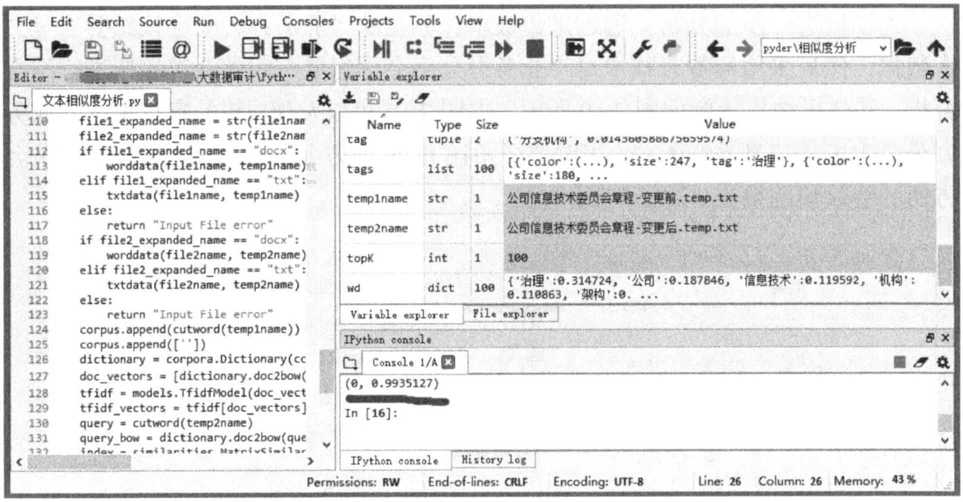

图 7.11 信息技术委员会章程变更前后内容相似度分析过程和结果示例

3. 分散核实

根据以上线索，通过进一步的延伸调查最终发现，该被审计单位曾撤销信息技术委员会，造成该信息技术委员会最终以失败而告终。信息技术委员会被撤销后，由业务办公会顺便履行其职责，相关制度未及时更新，IT 治理执行与已有制度描述不符。

4. 系统研究

综上分析发现，被审计单位 IT 治理制度的不足，导致目前 IT 治理结构、各部门间职责划分不明确，影响 IT 治理的有效性，进而给被审计单位的信息系统建设、运行管理造成潜在风险隐患，从而发生了上述监管部门警示函和被审计单位内部系统故障事件总结报告中提及的信息系统故障。因此，被审计单位今后应加强 IT 治理，方可从根源上解决上述信息系统建设运行管理中存在的潜在风险隐患。

7.4.4 小结

大数据时代的到来为信息系统审计工作提供了机遇，如何借助大数据环境和大数据技术从总体上把握被审计单位相关信息系统风险情况，并发现隐藏的审计线索，成为大数据环境下开展信息系统审计工作的一项重要任务。另外，大数据环境下，大量的非结构化数据为审计工作提供了条件，对文本数据进行分析是大数据审计的一项重要内容，但由于目前常用审计软件中缺少针对文本数据的审计方法，审计人员无法采用这一方法进行审计。本节根据这一需要，结合大数据的研究与应用现状，研究了基于自然语言处理的 IT 治理审计方法，并结合案例，采用易于实现的大数据开源分析语言 Python 实现了文本数据审计方法，并分析了该方法的应用。研究结果为今后审计人员开展相关审计项目、防范化解金融科技风险提供了理论方法和经验数据。本节研究的方法已应用于某大型审计项目之中，取得了良好的效果。

当然，本节研究的方法尽管不能解决 IT 治理审计的所有问题，但该方法能有效地弥补常用 IT 治理审计方法的不足，从而使审计人员更全面地发现被审计单位在 IT 治理方面存在的一些隐蔽风险问题，更好地帮助被审计单位发现相关风险。

7.5 基于大数据技术的业务连续性管理审计方法

如前文所述，大数据环境下如何开展信息系统审计成为一个重要问题。大数据环境下，仅仅靠常用的访谈、现场观察、文档查看、抽样、穿行测试等信息系统审计方法很难发现相关潜在的系统风险，丰富的内外部数据为探索如何采用大数据相关技术开展信息系统审计提供了基础。

因此，大数据环境下如何开展信息系统审计成为一个重要问题。本节中，作者结合大数据审计和信息系统审计的研究与应用现状，以业务连续性管理审计为例，研究大数据环境下的信息系统审计问题。

7.5.1 研究背景分析

1. 业务连续性管理审计简介

业务连续性管理是为了防止业务活动中断，保护关键业务流程不受信息系统失效或自然灾害的影响，将意外事件或灾难对业务的影响降低到最低水平。业务连续性管理包括识别和降低风险，制订业务连续性计划，建立应对意外事件或灾难的响应与恢复机制，测试和检查业务连续性计划的有效性与合规性，维护业务连续性计划。业务连续性管理审计的目的就是确保被审计单位的业务连续性管理符合相关要求。

2. 目前常用信息系统审计方法存在的不足

在开展业务连续性管理审计时，审计人员一般根据业务连续性管理的相关要求，逐项检查被审计单位是否有业务连续性管理相关制度，以及相应的执行落实情况。例如，在开展业务连续性管理审计时，审计人员可以关注以下内容。

检查是否建立一个专门组织或指定一个部门负责本机构业务连续性管理工作；检查是否制订规范的业务连续性计划（包括业务连续性管理相关规章制度、文件以及人员名单）；检查是否制订规范的 IT 服务连续性计划（包括与 IT 服务连续性计划执行相关的规章制度、文件以及人员名单）；检查业务连续性计划是否有年度应急演练等。

目前常用的信息系统审计方法，如访谈、现场观察、文档查看、抽样、穿行测试等多是依据相关法律、法规、规章制度，基于审计人员的审计经验对相关问题进行地毯式排查或重点式查找，不能很好地发现一些隐藏的审计线索，因此，需要探索如何采用相关大数据技术开展信息系统审计。

3. 大数据分析技术方法的选择

根据目前业务连续性管理审计的需要和大数据分析技术的应用现状，可以采用以下审计方法。

（1）大数据多数据源综合分析技术。大数据环境下，可以通过大数据多数据源综合分析技术发现相关线索，例如，审计人员可以通过采用大数据多数据源综合分析技术比较业务连续性管理相关数据和人力资源数据，或通过数值分析（重号分析）方法查找被审计系统中业务连续性管理数据是否重复，从而确认业务连续性管理相关制度的有效性。

（2）大数据可视化分析技术。本节根据业务连续性管理审计的需要，选择了适合文本数据分析需要的标签云技术（Koh，2010）。

7.5.2 基于大数据技术的业务连续性管理审计方法原理

1. 大数据环境下业务连续性管理审计所需的主要数据

1）被审计单位主要内部数据

大数据环境为业务连续性管理审计提供了全方位分析的相关数据，审计人员可以从被审计单位采集被审计单位的相关业务介绍、部门年度工作总结、风险分析报告、审计报告等相关文本数据，通过这些文本数据，审计人员可以了解目前被审计单位的相关业务情况、相关风险等，便于审计人员开展相关审计工作。

（1）风险分析报告。通过分析被审计单位的相关风险分析报告等文本数据，审计人员可以判断该单位的信息系统建设、运行等工作中是否发生过相关风险。例如，审计人员通过采集被审计单位的“公司交易系统故障事件总结报告”等文本数据来分析该单位是否发生过相关风险。

（2）人力资源部门数据。从被审计单位人力资源部门采集相关员工信息数据，通过该数据，可以掌握目前该被审计单位所有员工信息以及变化情况，如员工的相关信息（工号等）、员工离职或单位内部岗位调整等信息。

（3）办公系统数据。从被审计单位办公系统中采集公布的业务连续性管理应急人员名单等相关数据，通过该数据，可以掌握目前该被审计单位业务连续性管理应急人员变化情况，如用户离职或单位内部岗位调整等信息。

（4）相关业务连续性管理制度。通过分析被审计单位的相关业务连续性管理制度等文本数据，审计人员可以判断该单位是否有相关业务连续性管理制度，相关业务连续性管理制度的内容是否合理等。

2）被审计单位主要外部数据

除了通过以上方法获得被审计单位的内部数据之外，审计人员还可以通过一些大数据工具抓取外部相关网站上的数据，如被审计单位相关信息安全事件的新闻报道、监管部门出具的相关警示函等，对这些数据的采集和分析，便于审计人员辅助判断被审计单位在业务连续性管理方面是否出现过相关风险。

2. 基于大数据技术的业务连续性管理审计方法原理

基于大数据技术的业务连续性管理审计方法主要是充分利用被审计单位内部和外部的数据，通过对这些数据的对比分析以及借助大数据可视化分析技术等分析方法，发现被审计单位业务连续性管理方面的相关风险。相对目前常用的方法，这种方法的优点是：能发现相关隐蔽的系统风险；靠数据说话、靠数据决策；能通过可视化的方式更好地反映出体制和机制上的问题。具体原理分析如下。

根据对被审计单位的调查，在访谈和现场观察等基础上，采集被审计单位的内外部业务连续性管理相关信息，包括人力资源部门数据、风险报告、审计报告、相关业务连续性管理制度等结构化和非结构化数据，以及从外部相关监管部门网站或其他网站公开数据源采集来的相关文本数据，如监管部门出具的相关警示函等。然后，在审计大数据预处理的基础上，一方面，审计人员可以采用标签云等大数据可视化分析技术，对相关警示函、业务办公会会议纪要等相关非结构化数据进行建模和总体分析，审计人员结合自己的审计背景知识，通过对可视化的分析结果进行分析和观察，快速从被审计大数据信息中发现异常数据，检测是否存在信息系统风险情况，获得审计线索；另一方面，审计人员可以借助数据查询方法和审计软件对被审计单位的结构化数据进行建模与分析，获得相关证据。在此基础上，通过对这些结果数据做进一步的延伸审计和审计事实确认，最终获得审计证据。综上分析，基于大数据技术的业务连续性管理审计方法原理如图 7.12 所示。

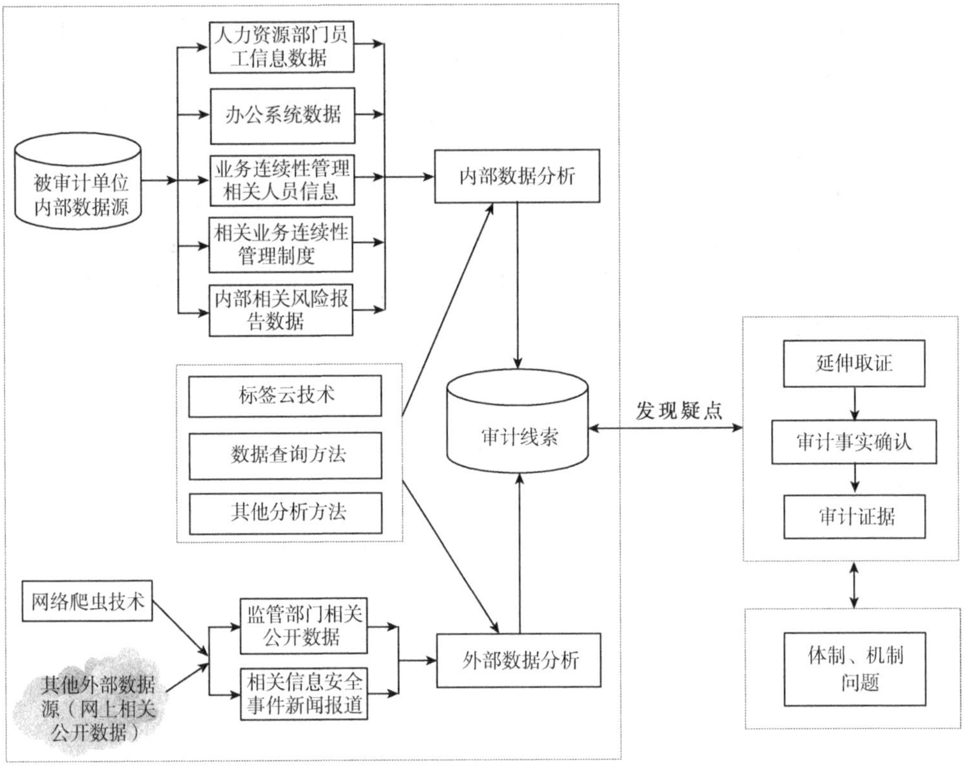

图 7.12　基于大数据技术的业务连续性管理审计方法原理

7.5.3　基于大数据技术的业务连续性管理审计方法应用案例及分析

1. 案例简介

根据前文对基于大数据技术的业务连续性管理审计方法原理的分析，本案例以某商业银行审计为背景，以业务连续性管理审计为例，分析大数据技术在业务连续性管理审计方法中的部分应用（注：本案例中相关数据已经过脱密处理）。

2. 基于文本数据可视化分析的业务连续性管理风险分析

为了便于从总体上把握被审计单位业务连续性计划的年度应急演练执行情况等，快速发现可疑数据，审计人员可以采集相关文本数据，如被审计单位的业务连续性计划相关制度、年度应急演练执行总结材料等，采用大数据可视化分析工具对其进行分析，其结果示例如图 7.13 所示。

由图 7.13 可以发现，被审计单位的年度应急演练执行情况与业务连续性计划相关制度描述相一致，因此，可以初步判断该单位在业务连续性管理方面有年度应急演练，相关业务连续性管理制度内容合理。

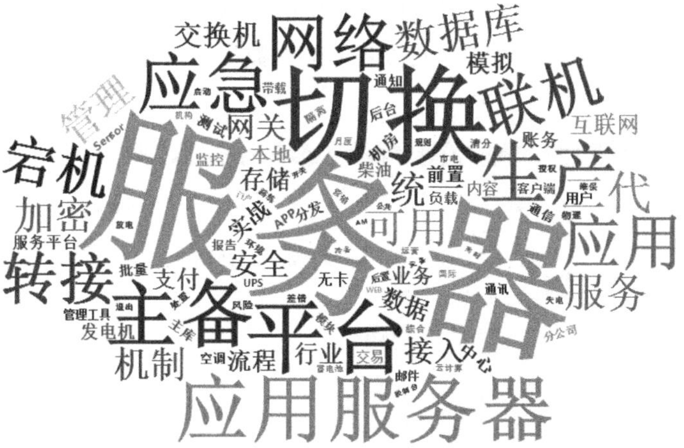

图 7.13　年度应急演练执行情况可视化分析结果示例

3. 基于大数据多数据源综合分析技术的业务连续性管理风险分析

1）应急人员名单中存在离职人员的风险分析

为了分析被审计单位业务连续性管理相关规章制度是否存在风险，可以对相关大数据进行分析。例如，为了分析“应急人员名单中是否有离职人员”，可以对采集来的被审计单位的人力资源部员工信息、业务连续性管理的应急人员名单信息等结构化数据进行分析，相应的 SQL 语句分别如下。

```
SELECT   *
FROM 离职人员名单，应急联络人信息
WHERE 离职人员名单.姓名 = 应急联络人信息.姓名;
```

审计人员可以采用数据库工具或审计软件完成以上分析。假设采用自主研发的易智通审计软件（电子数据审计模拟实验室软件）对采集来的人力资源部员工信息、业务连续性管理的应急人员名单信息等数据进行分析，其结果示例如图 7.14 所示。

由图 7.14 可以发现，被审计单位业务连续性管理的应急人员名单中存在 3 名离职员工。业务连续性管理的应急人员名单中存在离职员工给被审计单位业务连续性管理的有效执行造成严重的风险隐患。

同理，审计人员可以对类似情况进行更多的分析，如内部调动人员对被审计单位业务连续性管理的风险分析。

2）应急人员信息不准确风险分析

为了进一步确认被审计单位业务连续性管理的应急人员名单中是否存在不同

人的联系方式相同的情况，现采用自主研发的易智通审计软件（电子数据审计模拟实验室软件）对采集来的应急人员名单信息数据进行重号分析，其结果示例如图 7.15 所示。

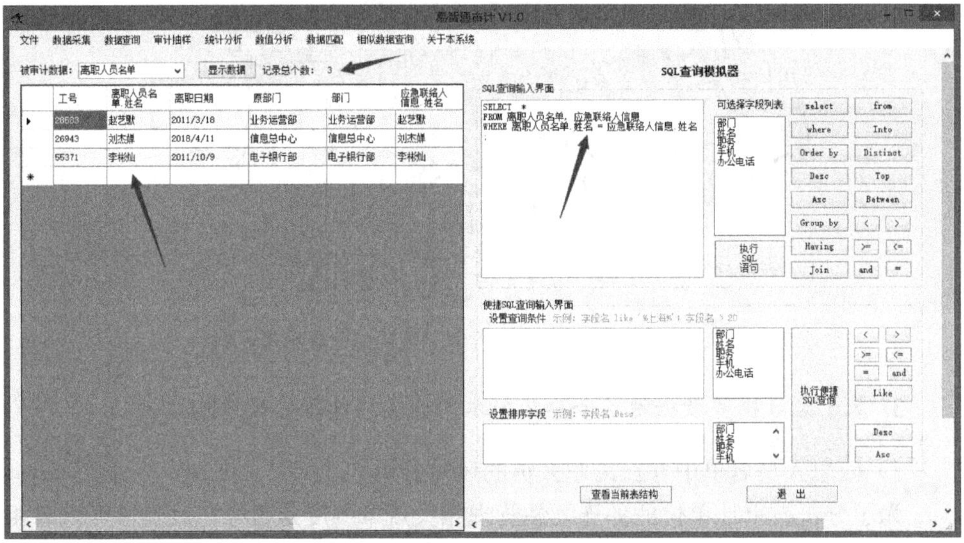

图 7.14 应急人员名单中是否存在离职人员数据分析结果示例

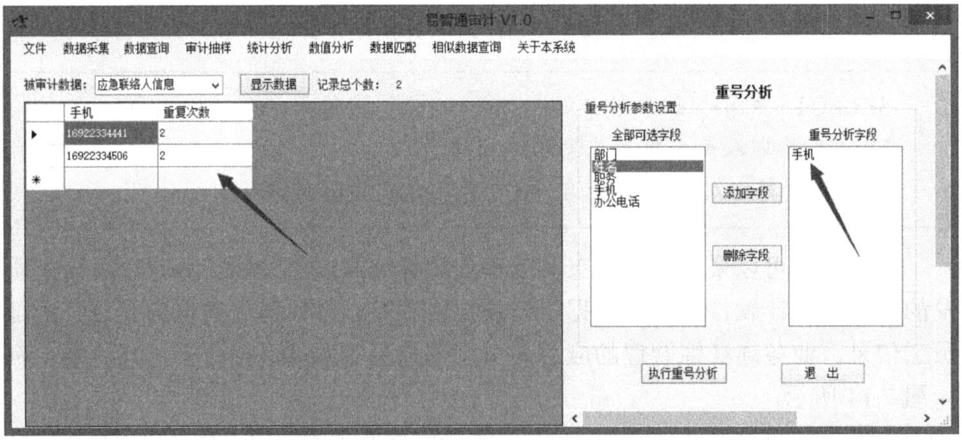

图 7.15 应急人员联系方式重号分析结果示例

由图 7.15 中的分析结果可以发现，被审计单位的应急人员名单中存在联系方式重复的情况。经向被审计单位延伸取证，最终确认原因为业务连续性管理的应急人员名单信息不准确，造成被审计单位有 2 名员工的手机信息为其他人的信息。该被审计单位业务连续性管理的应急人员名单信息的不准确对被审计单位信息系统的业务连续性管理造成潜在的严重风险隐患。

7.5.4　小结

大数据时代的到来为信息系统审计提供了机遇，目前常用的信息系统审计方法不能有效地满足大数据环境下信息系统审计的需要，如何借助大数据技术发现被审计单位隐藏的相关信息系统风险成为大数据环境下开展信息系统审计工作的一项重要任务。本节根据这一需要，结合大数据审计的研究与应用现状，研究了基于大数据技术的业务连续性管理审计方法，并结合案例，采用大数据可视化分析工具、自主研发的审计软件分析了如何实施业务连续性管理审计，进而证明了本节研究结果的可行性和有效性。研究结果为今后审计人员开展相关审计项目、防范化解金融科技风险提供了理论方法和经验数据。本节研究的方法已应用于某大型审计项目之中，取得了良好的效果。

当然，本节研究的方法不能解决业务连续性管理审计的所有问题，但该方法能有效地弥补常用业务连续性管理审计方法的不足，从而使审计人员更全面地发现被审计单位在业务连续性管理方面存在的一些隐蔽问题，更好地帮助被审计单位发现相关风险。

7.6　本 章 小 结

大数据审计主要内容包括大数据环境下的电子数据审计（如何利用大数据技术审计电子数据、如何审计大数据环境下的电子数据）和大数据环境下的信息系统审计（如何利用大数据技术审计信息系统、如何审计大数据环境下的信息系统）两个方面。本章根据信息系统审计以及大数据审计的研究与应用现状，分析了大数据环境下信息系统审计的主要变化，在此基础上，结合审计实务，以信息系统用户及权限管理审计、IT 治理审计、业务连续性管理审计为例，研究了大数据环境下如何开展信息系统审计。通过本章的内容，可以快速掌握大数据环境下信息系统审计的理论、方法与应用，从而为开展大数据环境下的信息系统审计打下基础。

主要参考文献

陈伟, 高嘉文. 2019. 基于大数据可视化分析技术的大气污染防治审计方法研究[J]. 财务与会计, (7): 65-68.

陈伟, 李晓鹏, 居江宁. 2019. 基于大数据技术的信息系统用户及权限管理审计研究[J]. 中国注册会计师, (2): 74-79.

陈伟, 李晓鹏, 杨建荣. 2019. 大数据环境下基于自然语言处理技术的 IT 治理审计方法[J]. 财务与会计, (6): 69-72.

陈伟, 李信. 2019. 面向扶贫审计的大数据审计案例研究[J]. 商业会计，(6): 4-7.

陈伟，Robin Qiu，刘思峰. 2008. 持续审计（CA）研究综述[J]. 小型微型计算机系统，29（9）：1755-1760.

陈伟，Robin Qiu，刘思峰. 2008. 数据库技术在计算机辅助审计中的应用研究[J]. 计算机应用研究，25（6）：1908-1910.

陈伟，Robin Qiu，刘思峰. 2008. 一种基于数据匹配技术的审计证据获取方法[J]. 计算机科学，35（8）：183-187，194.

陈伟，Robin Qiu. 2008. 面向大型数据库的审计数据采集方法[J].计算机应用，28（8）：2144 -2146，2149.

陈伟，Robin Qiu. 2009. 审计软件现状及发展趋势研究[J]. 计算机科学，36（2）：1-4，25.

陈伟，Smieliauskas W. 2012. 云计算环境下的联网审计实现方法探析[J].审计研究，（3）：37-44.

陈伟，Smieliauskas W. 2016.大数据环境下的电子数据审计：机遇、挑战与方法[J].计算机科学，（1）：8-13，34.

陈伟，Smieliauskas W. 2017. 大数据环境下基于数据可视化技术的电子审计方法[J].中国注册会计师，（1）：101-106.

陈伟，陈耿，朱文明，等. 2005. 基于业务规则的错误数据清理方法[J].计算机工程与应用，41（14）：172-174.

陈伟，丁秋林，谢强. 2004.交互式数据迁移系统及其相似检测效率优化[J]. 华南理工大学学报（自然科学版），32（2）：58-61.

陈伟，丁秋林. 2003. 数据清理中编辑距离的应用及 Java 编程实现[J].电脑与信息技术，11（6）：33-35.

陈伟，丁秋林. 2005. 数据清理中不完整数据的清理方法[J].微型机与应用，24（2）：44-45，55.

陈伟，丁秋林. 2006. 可扩展数据清理软件平台的研究[J]. 电子科技大学学报，35（1）：100-103.

陈伟，高杰，居江宁. 2018. 基于大数据技术的经济责任审计[J]. 财务与会计，（21）：51-53.

陈伟，勾东升，徐发亮. 2018. 基于文本数据分析的大数据审计方法研究[J].中国注册会计师，（11）：80-84.

陈伟，居江宁. 2017. 大数据审计：现状与发展[J].中国注册会计师，（12）：77-81.

陈伟，刘思峰，Robin Qiu. 2008. 审计数据质量评估方法研究[J]. 计算机工程与应用，44（3）：20-23.
陈伟，刘思峰，邱广华. 2006. 计算机审计中数据处理新方法探讨[J].审计与经济研究，21（1）：37-39，48.
陈伟，刘思峰，邱广华. 2006. 计算机审计中一种基于孤立点检测的数据处理方法[J]. 商业研究，21（17）：44-47.
陈伟，牛艳芳，Wally Smieliauskas. 2013. 国内外 IT 审计教育比较及其对我国的启示[J].中国注册会计师，（11）：86-92.
陈伟，孙梦蝶. 2018. 基于网络爬虫技术的大数据审计方法研究[J].中国注册会计师，（7）：76-80.
陈伟，王昊，陈丹萍. 2006. 一种基于交互式数据迁移技术的数据采集方法[J].计算机工程，32（9）：62-63，66.
陈伟，王昊，朱文明. 2005. 基于孤立点检测的错误数据清理方法[J]. 计算机应用研究，22（11）：71-73.
陈伟，王昊，朱文明. 2006. 一种提高相似重复记录检测精度的方法[J]. 计算机应用与软件，23（10）：29-30，42.
陈伟，吴正，刘海. 2017. 基于 Benford 定律的大数据审计方法研究与实现[J].中国注册会计师，（9）：80-84.
陈伟，尹平. 2007. 基于成本效益视角的联网审计可行性分析[J]. 审计与经济研究，22（1）：36-39.
陈伟，张金城，Robin Qiu. 2007. 审计数据处理实验中模拟数据生成系统的研究[J]. 计算机工程，33（19）：54-56.
陈伟，张金城，Robin Qiu. 2007.计算机辅助审计技术（CAATs）研究综述[J]. 计算机科学，34（10）：290-294.
陈伟. 2010. 一种基于等级法的联网审计绩效评价方法[J]. 计算机科学，37（11）：111-116.
陈伟. 2011. 一种基于 AHP 的联网审计绩效评价方法[J]. 审计与经济研究，26（5）：47-52.
陈伟. 2012. 计算机辅助审计原理及应用[M]. 2 版. 北京：清华大学出版社.
陈伟. 2012. 联网审计技术方法与绩效评价[M]. 北京：清华大学出版社.
陈伟. 2015. 电子数据审计模拟实验室研究[J].中国注册会计师，（7）：86-92.
陈伟. 2016. 电子数据审计模拟实验[M]. 北京：清华大学出版社.
陈伟. 2016. 计算机辅助审计原理及应用[M]. 3 版. 北京：清华大学出版社.
陈伟. 2016. 大数据环境下基于模糊匹配的审计方法[J].中国注册会计师，（11）：84-88.
陈伟. 2017. 计算机审计[M]. 北京：中国人民大学出版社.
陈伟. 2017. 审计信息化[M]. 北京：高等教育出版社.
陈伟. 2018. 大数据环境下的联网审计风险控制研究[J]. 中国注册会计师，（9）：58-63.
陈伟. 2018. 大数据技术在扶贫审计中的应用[J]. 财务与会计，（15）：69-71.
陈伟. 2019. 基于大数据技术的 BCM 审计方法研究[J]. 会计之友, (11): 113-116.
陈伟. 2019. 基于可视化分析技术的大数据审计案例研究[J]. 中国注册会计师, (6): 61-64.
宫学庆，金澈清，王晓玲，等. 2012.数据密集型科学与工程：需求和挑战[J].计算机学报，35（8）：1563-1578.
国家 863 计划审计署课题组. 2006. 计算机审计数据采集与处理技术研究报告[M]. 北京：清华大学出版社.
国家发改委. 2016. 推进医疗服务价格改革的意见[EB/OL]. http：//www.sdpc.gov.cn.

国务院. 2015.关于进一步做好防范和处置非法集资工作的意见[EB/OL]. http：//www.gov.cn.
人民网. 2017. 国务院深化医药卫生体制改革领导小组关于进一步推广深化医药卫生体制改革经验的若干意见[EB/OL].http：//bj.people.com.cn.
审计署. 2014.党政主要领导干部和国有企业领导人员经济责任审计规定实施细则[EB/OL]. http：//www.audit.gov.cn.
尹平，陈伟. 2008. 信息化环境下审计机关审计成本控制对策探究[J].审计研究，（4）：21-24.
张进，易仁萍，陈伟. 2004. 计算机审计中电子数据的清理研究[J]. 审计研究，（6）：21-25.
中国银保监会. 2018.关于防范以“虚拟货币”“区块链”名义进行非法集资的风险提示[EB/OL]. http：//www.cbrc.gov.cn.
中国银监会. 2015.关于进一步做好防范和处置非法集资工作的通知[EB/OL].http：//www.cbrc.gov.cn.
中国注册会计师协会. 2017. 中注协向行业代表征求促进会计师事务所信息化的意见[EB/OL]. http：//www.cicpa.org.cn/news/201702/t20170210_49506.html.
AICPA. 2014. Reimagining auditing in a wired world[EB/OL]. http：//www. aicpa.org.
Alali A F，Pan F. 2011. Use of audit software：review and survey[J]. Internal Auditing，26（5）：29-36.
Alles M G，Kogan A，Vasarhelyi M A. 2013. Collaborative design research：Lessons from continuous auditing[J]. International Journal of Accounting Information Systems， 14： 104-112.
Armbrust M， Fox A， Griffith R， et al. 2010. A view of cloud computing[J]. Communications of the ACM， 53（4）：50-58.
Bell G， Hey T， Szalay A. 2009. Beyond the data deluge[J]. Science， 323（5919）： 1297-1298.
Brown L H， Issa H， Lombardi D R. 2015. Behavioral Implications of Big Data's Impact on Audit Judgment and Decision Making and Future Research Directions[J]. Accounting Horizons， 2015， 29（2）：150119134654004.
Chen C L P，Zhang C Y. 2014. Data-intensive applications，challenges，techniques and technologies：a survey on big data[J]. Information Sciences（8）：314-347.
Chen W， Liu S F， Smieliauskas W， et al. 2012. Influence factors analysis of online auditing performance assessment：a combined use between AHP and GIA[J]. Kybernetes：The International Journal of Cybernetics， Systems and Management Sciences， 41（5/6）：587-598.
Chen W， Liu S F， Zheng H Y. 2008. Study on audit evidence gathering cost under online auditing environment. IEEE International Conference on Systems， Man， and Cybernetics[C]. IEEE Press：2876-2880.
Chen W， Menzefricke U， Smieliauskas W. 2011. Dynamic analysis of the performance of bayesian audit strategies with reliability modeling of internal control. IEEE International Conference on Grey Systems and Intelligent Services[C]. IEEE Press：642-646.
Chen W， Smieliauskas W， Liu S F. 2010. Performance assessment of online auditing in China from the perspective of audit cost control. IEEE International Conference on Systems， Man， and Cybernetics[C]. IEEE Press：833-837.
Chen W， Smieliauskas W， Trippen G. 2011. An audit evidence gathering model in online auditing environments. IEEE International Conference on Systems， Man， and Cybernetics[C]. IEEE Press.
Chen W，Wang H，Zhu W M. 2005. Study on data-oriented IT audit used in China. Proceedings of the 11th Joint International Computer Conference[C]. Singapore： World Scientific Publishing：

666-669.

Chen W，Zhang J C，Jiang Y Q. 2007. One Continuous Auditing Practice in China：Data-oriented Online Auditing（DOOA）. IFIP International Federation for Information Processing，Volume 252，Integration and Innovation Orient to E-Society Volume 2. Boston：Springer：521 - 528.

Chou C L，Du T，Lai V S. 2007. Continuous auditing with a multi-agent system[J]. Decision Support Systems，42（4）：2274-2292.

CICA/AICPA.1999. Continuous auditing research report[R]. The Canadian Institute of Chartered Accountants，Toronto，Ontario.

Combe D，Largeron C，Egyed-Zsigmond E，et al. 2010. A comparative study of social network analysis tools [C]. International Workshop on Web Intelligence and Virtual Enterprises.

Deam J，Ghemawat S. 2008. Mapreduce：simplified data processing on large clusters[J]. Communications of the ACM，51（1）：107-113.

Divyakant A，Philip B，Elisa B，et al. 2011. Challenges and Opportunities with Big Data[R]. Cyber Center Technical Reports，Purdue University.

Durtschi C. 2004. The effective use of benford's law to assist in detecting fraud in accounting data [J]. Journal of Forensic Accounting，5（1）：17-33.

Earley C E. 2015. Data analytics in auditing：opportunities and challenges [J]. Business Horizons（5）：493-500.

Gartner E S. 2012. 10 Critical Tech Trends for the Next Five Years [EB/OL]. http：//www.forbes.com/sites/ericsavitz/ 2012/10/22/gartner-10-critical-tech-trends-for-the-next-five-years/.

Geng B，Li Y，Tao D C，et al. 2012. Parallel lasso for large-scale video concept detection[J]. IEEE Transactions on Multimedia，14（1）：55-65.

Gepp A，Linnenluecke M K，O'Neill T，et al. 2018. Big data techniques in auditing research and practice：current trends and future opportunities[J]. Journal of Accounting Literature，40（1）：102-115.

Gonzalez G C，Sharma P N，Galletta D F. 2012. The antecedents of the use of continuous auditing in the internal auditing context [J]. International Journal of Accounting Information Systems，13（3）：248-262.

Gonzalez G C，Sharma P N，Galletta D F. 2012. The antecedents of the use of continuous auditing in the internal auditing context [J]. International Journal of Accounting Information Systems，13（3）：248-262.

GTAG. 2017. Understanding and auditing big data [EB/OL]. http：//www. theiia.org.

Gulisano V，Ricardo J P，Marta P M，et al. 2012. Streamcloud：an elastic and scalable data streaming system[J]. IEEE Transactions on Parallel and Distributed Systems，23（12）：2351-2365.

Heer J，Mackinlay J D，Stolte C，et al. 2008. Graphical histories for visualization：supporting analysis，communication，and evaluation[J]. IEEE Transactions on Visualization and Computer Graphics，14（6）：1189-1196.

Hey T，Tansley S，Tolle K. 2009. The fourth paradigm：data-intensive scientific discovery[R]. Microsoft Research.

IIA. 2012. Global technology audit guide（GTAG）：Information technology risk and controls（2nd Edition）[M]. The Institute of Internal Auditors.

Information system audit and control association. 2015. CISA Review Manual 2015. http：//www.isaca.org.

INTOSAI audit committee. 2004. Principles of computer assisted audit techniques - student notes.

James P A，Bruce H，Gabrielle L，et al. 2011. Data-intensive science in the us doe：case studies and future challenges[J]. Computing in Science and Engineering，13（6）：14-24.

Julie S，Noah I. 2011. 数据可视化之美[M]. 北京：机械工业出版社.

Kelly J. 2013. Apache drill brings sql-like，ad hoc query capabilities to big data[EB/OL]. http：//wikibon.org/ wiki/v/Apache-Drill-Brings-SQL-Like-Ad-Hoc-Query- Capabilities-to-Big-Data.

Koh K，Lee B，Kim B. 2010. Mani wordle：providing flexible control over wordle[J]. IEEE Trans. on Visualization and Computer Graphics，16（6）：1190-1197.

Lambrechts A J，Lourens J E，Millar P B，et al. 2011. Global technology audit guide（GTAG）：Data analysis technologies[M]. The Institute of Internal Auditors.

Lavigne A, Émond C. 2002. A study group examines the issues auditors face in gathering electronic information as evidence and its impact on the audit [EB/OL]. http://www.camagazine.com.

Lee G. 2012. Using in-memory analytics to quickly crunch big data[J]. IEEE Computer Society，45（10）：16-18.

Li Y B，Gai K K，Qiu L F，et al. 2017. Intelligent cryptography approach for secure distributed big data storage in cloud computing [J]. Information Sciences，387（5）：103-115.

Lynch C. 2008. Big data：how do your data grow? [J]. Nature，455（7209）: 28-29.

Manyika J，Chui M，Brown B，et al. 2011. Big data：the next frontier for innovation，competition，and productivity[R]，McKinsey Global Institute.

Marco A，Giuseppe D，Rob M，et al. 2011. What's next for internal auditing? [R]. The Institute of Internal Auditors.

Melnik S，Gubarev A，Long J J，et al. 2010. Dremel：interactive analysis of webscale datasets[C]. Proceeding of the 36th International Conference on Very Large Data Bases. 3（1）：330-339.

Nathan M，James W. 2012.Big data：principles and best practices of scalable realtime data systems [M].Manning.

Nigrini M J，Mittermaier L J. 1997. The use of Benford's law as an aid in analytical procedures[J]. Auditing：A Journal of Practice and Theory，（16）：52 -67.

Nigrini M J. 1999. Adding value with digit analysis[J]. the InternalAuditor，（56）：21-23.

Philip D D，Mark J N. 2000. Computer assisted analytical procedures using Benford's law [J]. Journal of Accounting Education，18（2）：127-146.

PwC.2015. Data driven：What students need to succeed in a rapidly changing business world[EB/OL]. http：//www.pwc.com/us/en/ faculty-resource/data-driven.html.

Robert L B, Harold E D. 2003. Computer-assisted audit tools and techniques: analysis and perspectives[J]. Managerial Auditing Journal, 18 (9):725-731.

Rutgers Accounting Web. 2017. http：//accounting.rutgers.edu.

Sakr S，Liu A，Batista D M，et al. 2011. A survey of large scale data management approaches in cloud environments[J]. IEEE Communications Surveys & Tutorials，13（3）：311-336.

Science.2011. Dealing with data [J]. Science，（6018）：639-806.

Simeon S，Michael H B，Arturas M. 2008.Visual data mining：theory，techniques and tools for visual analytics[M]. Springer.

Smieliauskas W，Bewley K. 2010. Auditing：An International Approach（Fifth Edition）[M]. McGraw-Hill Ryerson.

Sookhak M，Gania A，Khan M K，et al. 2017. Dynamic remote data auditing for securing big data storage in cloud computing [J]. Information Sciences，380（2）：101-116.

Sqlstream. 2012. http：//www.sqlstream.com/products/server.

Tableau. 2014. http：//www.tableausoftware.com.

Tayi G K，Ballou D P. 1998. Examining data quality [J]. Communications of the ACM，41（2）：54-57.

Thompson D，Levine J A，Bennett J C，et al. 2011. Analysis of large-scale scalar data using hixels[C]. IEEE Symposium on Large Data Analysis and Visualization（LDAV）：23-30.

Vasarhelyi M，Alles M，Kuenkaikaew S，et al. 2012. The acceptance and adoption of continuous auditing by internal auditors：A micro analysis [J]. International Journal of Accounting Information Systems，13（3）：267-281.

Vitaly F. 2007. Data visualization：modern approaches[EB/OL]. http：//www.smashingmagazine.com.

Wang T，Cuthbertson R. 2015. Eight issues on audit data analytics we would like to see researched [J]. Journal of Information Systems. 29（1）：155-162.

Weber R. 1999. Information Systems Controls and Audit [M]. New Jersey：Prentice Hall.

Zhang J H，Dong Q C. 2016. Efficient ID-based public auditing for the outsourced data in cloud storage [J]. Information Sciences，343-344（C）：1-14.

附录A 相关阅读

阅读一 关于实行审计全覆盖的实施意见①

新华社北京2015年12月8日电 近日，中共中央办公厅、国务院办公厅印发了《关于完善审计制度若干重大问题的框架意见》及《关于实行审计全覆盖的实施意见》等相关配套文件，并发出通知，要求各地区各部门结合实际认真贯彻执行。

《关于实行审计全覆盖的实施意见》全文如下。

为全面履行审计监督职责，对公共资金、国有资产、国有资源和领导干部履行经济责任情况实行审计全覆盖，根据《关于完善审计制度若干重大问题的框架意见》，制定本实施意见。

一、实行审计全覆盖的目标要求

对公共资金、国有资产、国有资源和领导干部履行经济责任情况实行审计全覆盖，是党中央、国务院对审计工作提出的明确要求。审计机关要建立健全与审计全覆盖相适应的工作机制，科学规划，统筹安排，分类实施，注重实效，坚持党政同责、同责同审，通过在一定周期内对依法属于审计监督范围的所有管理、分配、使用公共资金、国有资产、国有资源的部门和单位，以及党政主要领导干部和国有企事业领导人员履行经济责任情况进行全面审计，实现审计全覆盖，做到应审尽审、凡审必严、严肃问责。对重点部门、单位要每年审计，其他审计对象1个周期内至少审计1次，对重点地区、部门、单位以及关键岗位的领导干部任期内至少审计1次，对重大政策措施、重大投资项目、重点专项资金和重大突发事件开展跟踪审计，坚持问题导向，对问题多、反映大的单位及领导干部要加大审计频次，实现有重点、有步骤、有深度、有成效的全覆盖。充分发挥审计监督作用，通过审计全覆盖发现国家重大决策部署执行中存在的突出问题和重大违纪违法问题线索，维护财经法纪，促进廉政建设；反映经济运行中的突出矛盾和风险隐患，维护国家经济安全；总结经济运行中好的做法和经验，注重从体制机

① 资料来源：http：//www.gov.cn/zhengce/2015-12/08/content_5021393.htm

制层面分析原因和提出建议，促进深化改革和体制机制创新。

二、对公共资金实行审计全覆盖

审计机关要依法对政府的全部收入和支出、政府部门管理或其他单位受政府委托管理的资金，以及相关经济活动进行审计。主要检查公共资金筹集、管理、分配、使用过程中遵守国家法律法规情况，贯彻执行国家重大政策措施和宏观调控部署情况，公共资金管理使用的真实性、合法性、效益性以及公共资金沉淀等情况，公共资金投入与项目进展、事业发展等情况，公共资金管理、使用部门和单位的财政财务收支、预算执行和决算情况，以及职责履行情况，以促进公共资金安全高效使用。根据公共资金的重要性、规模和管理分配权限等因素，确定重点审计对象。坚持以公共资金运行和重大政策落实情况为主线，将预算执行审计与决算草案审计、专项资金审计、重大投资项目跟踪审计等相结合，对涉及的重点部门和单位进行重点监督，加大对资金管理分配使用关键环节的审计力度。

三、对国有资产实行审计全覆盖

审计机关要依法对行政事业单位、国有和国有资本占控股或主导地位的企业（含金融企业，以下简称国有企业）等管理、使用和运营的境内外国有资产进行审计。主要检查国有资产管理、使用和运营过程中遵守国家法律法规情况，贯彻执行国家重大政策措施和宏观调控部署情况，国有资产真实完整和保值增值情况，国有资产重大投资决策及投资绩效情况，资产质量和经营风险管理情况，国有资产管理部门职责履行情况，以维护国有资产安全，促进提高国有资产运营绩效。根据国有资产的规模、管理状况以及管理主体的战略地位等因素，确定重点审计对象。对国有企业资产负债损益情况进行审计，将国有资产管理使用情况作为行政事业单位年度预算执行审计或其他专项审计的内容。

四、对国有资源实行审计全覆盖

审计机关要依法对土地、矿藏、水域、森林、草原、海域等国有自然资源，特许经营权、排污权等国有无形资产，以及法律法规规定属于国家所有的其他资源进行审计。主要检查国有资源管理和开发利用过程中遵守国家法律法规情况，贯彻执行国家重大政策措施和宏观调控部署情况，国有资源开发利用和生态环境保护情况，相关资金的征收、管理、分配和使用情况，资源环境保护项目的建设情况和运营效果、国有资源管理部门的职责履行情况，以促进资源节约集约利用和生态文明建设。根据国有资源的稀缺性、战略性和分布情况等因素，确定重点审计对象。加大对资源富集和毁损严重地区的审计力度，对重点国有资源进行专项审计，将国有资源开发利用和生态环境保护等情况作为领导干部经济责任审计的重要内容，对领导干部实行自然资源资产离任审计。

五、对领导干部履行经济责任情况实行审计全覆盖

审计机关要依法对地方各级党委、政府、审判机关、检察机关，中央和地方各级党政工作部门、事业单位、人民团体等单位的党委（党组、党工委）和行政正职领导干部（包括主持工作 1 年以上的副职领导干部），国有企业法定代表人，以及实际行使相应职权的企业领导人员履行经济责任情况进行审计。主要检查领导干部贯彻执行党和国家经济方针政策、决策部署情况，遵守有关法律法规和财经纪律情况，本地区本部门本单位发展规划和政策措施制定、执行情况及效果，重大决策和内部控制制度的执行情况及效果，本人遵守党风廉政建设有关规定情况等，以促进领导干部守法、守纪、守规、尽责。根据领导干部的岗位性质、履行经济责任的重要程度、管理资金资产资源规模等因素，确定重点审计对象和审计周期。坚持任中审计和离任审计相结合，经济责任审计与财政审计、金融审计、企业审计、资源环境审计、涉外审计等相结合，实现项目统筹安排、协同实施。

六、加强审计资源统筹整合

适应审计全覆盖的要求，加大审计资源统筹整合力度，避免重复审计，增强审计监督整体效能。加强审计项目计划统筹，在摸清审计对象底数的基础上，建立分行业、分领域审计对象数据库，分类确定审计重点和审计频次，编制中长期审计项目规划和年度计划时，既要突出年度审计重点，又要保证在一定周期内实现全覆盖。整合各层级审计资源，开展涉及全局或行业性的重点资金和重大项目全面审计，发挥审计监督的整体性和宏观性作用。在充分总结经验的基础上，完善国家审计准则和审计指南体系，明确各项审计应遵循的具体标准和程序，提高审计的规范性。集中力量、重点突破，对热点难点问题进行专项审计，揭示普遍性、典型性问题，深入分析原因，提出对策建议，推动建立健全体制机制、堵塞制度漏洞，达到以点促面的效果。建立审计成果和信息共享机制，加强各级审计机关、不同审计项目之间的沟通交流，实现审计成果和信息及时共享，提高审计监督成效。加强内部审计工作，充分发挥内部审计作用。有效利用社会审计力量，除涉密项目外，根据审计项目实施需要，可以向社会购买审计服务。

七、创新审计技术方法

构建大数据审计工作模式，提高审计能力、质量和效率，扩大审计监督的广度和深度。有关部门、金融机构和国有企事业单位应根据审计工作需要，依法向审计机关提供与本单位本系统履行职责相关的电子数据信息和必要的技术文档，不得制定限制向审计机关提供资料和开放计算机信息系统查询权限的规定，已经制定的应予修订或废止。审计机关要建立健全数据定期报送制度，加大数据集中力度，对获取的数据资料严格保密。适应大数据审计需要，构建国家审计数据系统和数字化审计平台，积极运用大数据技术，加大业务数据与财务数据、单位数据与行业数据以及跨行业、跨领域数据的综合比对和关联分析力度，提高运用信息化技术查核问题、评价判断、宏观分析的能力。探索建立审计实时监督系统，实施联网审计。

阅读二 国务院关于加强审计工作的意见①

各省、自治区、直辖市人民政府，国务院各部委、各直属机构：

为切实加强审计工作，推动国家重大决策部署和有关政策措施的贯彻落实，更好地服务改革发展，维护经济秩序，促进经济社会持续健康发展，现提出以下意见：

一、总体要求

（一）指导思想

坚持以邓小平理论、“三个代表”重要思想、科学发展观为指导，深入贯彻落实党的十八大和十八届二中、三中全会精神，依法履行审计职责，加大审计力度，创新审计方式，提高审计效率，对稳增长、促改革、调结构、惠民生、防风险等政策措施落实情况，以及公共资金、国有资产、国有资源、领导干部经济责任履行情况进行审计，实现审计监督全覆盖，促进国家治理现代化和国民经济健康发展。

（二）基本原则

——围绕中心，服务大局。紧紧围绕国家中心工作，服务改革发展，服务改善民生，促进社会公正，为建设廉洁政府、俭朴政府、法治政府提供有力支持。

---

① 资料来源：http：//www.gov.cn/zhengce/content/2014-10/27/content_9170.htm

——发现问题，完善机制。发现国家政策措施执行中存在的主要问题和重大违法违纪案件线索，维护财经法纪，促进廉政建设；发现经济社会运行中的突出矛盾和风险隐患，维护国家经济安全；发现经济运行中好的做法、经验和问题，注重从体制机制制度层面分析原因和提出建议，促进深化改革和创新体制机制。

——依法审计，秉公用权。依法履行宪法和法律赋予的职责，敢于碰硬，勇于担当，严格遵守审计工作纪律和各项廉政、保密规定，注意工作方法，切实做到依法审计、文明审计、廉洁审计。

二、发挥审计促进国家重大决策部署落实的保障作用

（三）推动政策措施贯彻落实

持续组织对国家重大政策措施和宏观调控部署落实情况的跟踪审计，着力监督检查各地区、各部门落实稳增长、促改革、调结构、惠民生、防风险等政策措施的具体部署、执行进度、实际效果等情况，特别是重大项目落地、重点资金保障，以及简政放权推进情况，及时发现和纠正有令不行、有禁不止行为，反映好的做法、经验和新情况、新问题，促进政策落地生根和不断完善。

（四）促进公共资金安全高效使用

要看好公共资金，严防贪污、浪费等违法违规行为，确保公共资金安全。把绩效理念贯穿审计工作始终，加强预算执行和其他财政收支审计，密切关注财政资金的存量和增量，促进减少财政资金沉淀，盘活存量资金，推动财政资金合理配置、高效使用，把钱用在刀刃上。围绕中央八项规定精神和国务院“约法三章”要求，加强“三公”经费、会议费使用和楼堂馆所建设等方面审计，促进厉行节约和规范管理，推动俭朴政府建设。

（五）维护国家经济安全

要加大对经济运行中风险隐患的审计力度，密切关注财政、金融、民生、国有资产、能源、资源和环境保护等方面存在的薄弱环节和风险隐患，以及可能引发的社会不稳定因素，特别是地方政府性债务、区域性金融稳定等情况，注意发现和反映苗头性、倾向性问题，积极提出解决问题和化解风险的建议。

（六）促进改善民生和生态文明建设

加强对“三农”、社会保障、教育、文化、医疗、扶贫、救灾、保障性安居工程等重点民生资金和项目的审计，加强对土地、矿产等自然资源，以及大气、水、

固体废物等污染治理和环境保护情况的审计，探索实行自然资源资产离任审计，深入分析财政投入与项目进展、事业发展等情况，推动惠民和资源、环保政策落实到位。

（七）推动深化改革

密切关注各项改革措施的协调配合情况，促进增强改革的系统性、整体性和协调性。正确把握改革和发展中出现的新情况，对不合时宜、制约发展、阻碍改革的制度规定，及时予以反映，推动改进和完善。

三、强化审计的监督作用

（八）促进依法行政、依法办事

要加大对依法行政情况的审计力度，注意发现有法不依、执法不严等问题，促进法治政府建设，切实维护法律尊严。要着力反映严重损害群众利益、妨害公平竞争等问题，维护市场经济秩序和社会公平正义。

（九）推进廉政建设

对审计发现的重大违法违纪问题，要查深查透查实。重点关注财政资金分配、重大投资决策和项目审批、重大物资采购和招标投标、贷款发放和证券交易、国有资产和股权转让、土地和矿产资源交易等重点领域和关键环节，揭露以权谋私、失职渎职、贪污受贿、内幕交易等问题，促进廉洁政府建设。

（十）推动履职尽责

深化领导干部经济责任审计，着力检查领导干部守法守纪守规尽责情况，促进各级领导干部主动作为、有效作为，切实履职尽责。依法依纪反映不作为、慢作为、乱作为问题，促进健全责任追究和问责机制。

四、完善审计工作机制

（十一）依法接受审计监督

凡是涉及管理、分配、使用公共资金、国有资产、国有资源的部门、单位和个人，都要自觉接受审计、配合审计，不得设置障碍。有关部门和单位要依法、及时、全面提供审计所需的财务会计、业务和管理等资料，不得制定限制向审计机关提供资料和开放计算机信息系统查询权限的规定，已经制定的应予修订或废止。对获取的资料，审计机关要严格保密。

（十二）提供完整准确真实的电子数据

有关部门、金融机构和国有企事业单位应根据审计工作需要，依法向审计机关提供与本单位、本系统履行职责相关的电子数据信息和必要的技术文档；在确保数据信息安全的前提下，协助审计机关开展联网审计。在现场审计阶段，被审计单位要为审计机关进行电子数据分析提供必要的工作环境。

（十三）积极协助审计工作

审计机关履行职责需要协助时，有关部门、单位要积极予以协助和支持，并对有关审计情况严格保密。要建立健全审计与纪检监察、公安、检察以及其他有关主管单位的工作协调机制，对审计移送的违法违纪问题线索，有关部门要认真查处，及时向审计机关反馈查处结果。审计机关要跟踪审计移送事项的查处结果，适时向社会公告。

五、狠抓审计发现问题的整改落实

（十四）健全整改责任制

被审计单位的主要负责人作为整改第一责任人，要切实抓好审计发现问题的整改工作，对重大问题要亲自管、亲自抓。对审计发现的问题和提出的审计建议，被审计单位要及时整改和认真研究，整改结果在书面告知审计机关的同时，要向同级政府或主管部门报告，并向社会公告。

（十五）加强整改督促检查

各级政府每年要专题研究国家重大决策部署和有关政策措施落实情况审计，以及本级预算执行和其他财政收支审计查出问题的整改工作，将整改纳入督查督办事项。对审计反映的问题，被审计单位主管部门要及时督促整改。审计机关要建立整改检查跟踪机制，必要时可提请有关部门协助落实整改意见。

（十六）严肃整改问责

各地区、各部门要把审计结果及其整改情况作为考核、奖惩的重要依据。对审计发现的重大问题，要依法依纪作出处理，严肃追究有关人员责任。对审计反映的典型性、普遍性、倾向性问题，要及时研究，完善制度规定。对整改不到位的，要与被审计单位主要负责人进行约谈。对整改不力、屡审屡犯的，要严格追责问责。

六、提升审计能力

（十七）强化审计队伍建设

着力提高审计队伍的专业化水平，推进审计职业化建设，建立审计人员职业保障制度，实行审计专业技术资格制度，完善审计职业教育培训体系，努力建设一支具有较高政治素质和业务素质、作风过硬的审计队伍。审计机关负责人原则上应具备经济、法律、管理等工作背景。招录审计人员可加试审计工作必需的专业知识和技能，部分专业性强的职位可实行聘任制。

（十八）推动审计方式创新

加强审计机关审计计划的统筹协调，优化审计资源配置，开展好涉及全局的重大项目审计，探索预算执行项目分阶段组织实施审计的办法，对重大政策措施、重大投资项目、重点专项资金和重大突发事件等可以开展全过程跟踪审计。根据审计项目实施需要，探索向社会购买审计服务。加强上级审计机关对下级审计机关的领导，建立健全工作报告等制度，地方各级审计机关将审计结果和重大案件线索向同级政府报告的同时，必须向上一级审计机关报告。

（十九）加快推进审计信息化

推进有关部门、金融机构和国有企事业单位等与审计机关实现信息共享，加大数据集中力度，构建国家审计数据系统。探索在审计实践中运用大数据技术的途径，加大数据综合利用力度，提高运用信息化技术查核问题、评价判断、宏观分析的能力。创新电子审计技术，提高审计工作能力、质量和效率。推进对各部门、单位计算机信息系统安全性、可靠性和经济性的审计。

（二十）保证履行审计职责必需的力量和经费

根据审计任务日益增加的实际，合理配置审计力量。按照科学核算、确保必需的原则，在年度财政预算中切实保障本级审计机关履行职责所需经费，为审计机关提供相应的工作条件。加强内部审计工作，充分发挥内部审计作用。

七、加强组织领导

（二十一）健全审计工作领导机制

地方各级政府主要负责人要依法直接领导本级审计机关，支持审计机关工作，定期听取审计工作汇报，及时研究解决审计工作中遇到的突出问题，把审计结果作为相关决策的重要依据。要加强政府监督检查机关间的沟通交流，充分利用已有的检查结果等信息，避免重复检查。

（二十二）维护审计的独立性

地方各级政府要保障审计机关依法审计、依法查处问题、依法向社会公告审计结果，不受其他行政机关、社会团体和个人的干涉，定期组织开展对审计法律法规执行情况的监督检查。对拒不接受审计监督，阻挠、干扰和不配合审计工作，或威胁、恐吓、报复审计人员的，要依法依纪查处。

国务院

2014 年 10 月 9 日

附录 B　名词术语中英文对照

ACL：audit command language，审计命令语言
ACs：application controls，应用控制
AICPA：American Institute of Certified Public Accountants，美国注册会计师协会
AO：auditor office，现场审计实施系统
BCP：business continuity plan，业务连续计划 / 业务持续计划
big data auditing，大数据审计
big data，大数据
CA：continuous auditing，持续审计
CAA：computer assisted audit，计算机辅助审计
CAATs：computer assisted audit techniques，计算机辅助审计技术
CAATTs：computer assisted audit tools and techniques，计算机辅助审计工具与技术
CICA：Canadian Institute of Chartered Accountants，加拿大特许会计师协会
cloud computing，云计算
COBIT：control objectives for information and related technology，信息及相关技术控制目标
COSO：The Committee of Sponsoring Organizations of the Treadway Commission，全美反舞弊性财务报告委员会发起组织
data-intensive science，数据密集型科学
DBMS：data base management system，数据库管理系统
DBS：data base system，数据库系统
DOOA：data-oriented online auditing，面向数据的联网审计
DRP：disaster recovery plan，灾难恢复计划
EAE：electronic audit evidence，电子审计证据
EDA：electrical data auditing，电子数据审计
ERP：enterprise resource planning，企业资源计划
GAS：generalized audit software，通用审计软件
GCs：general controls，一般控制/整体控制
GTAG：global technology audit guide，全球技术审计指南
IaaS：infrastructure as a service，设施服务
IAASB：International Audit and Assurance Standards Board，国际审计与鉴证准则委员会
IDE：integrated development environment，集成开发环境
IDEA：interactive data extraction and analysis，交互式数据抽取与分析
IIA：Institute of Internal Auditors，国际内部审计师协会
INTOSAI：International Organization of Supreme Audit Institutions，国际最高审计组织
ISA：information system audit，信息系统审计

ISACA：Information System Audit and Control Association，国际信息系统审计与控制协会
IT：information technology，信息技术
NLP：natural language processing，自然语言处理
OA：office automation，办公自动化
ODBC：open database connectivity，开放数据库互连
online auditing，联网审计
PaaS：platform as a service，平台服务
SaaS：software as a service，软件服务
SNA：social network analysis，社会网络分析
SQL：structured query language，结构化查询语言
tag cloud，标签云
TF-IDF：term frequency-inverse document frequency，词频-逆文档频率
UPS：uninterruptible power system，不间断电源系统
web crawler：网络爬虫
XML：extensible markup language，可扩展标记语言